大党优势

百年大党何以永葆活力

黄明哲 ◎ 著

民主与建设出版社
·北京·

© 民主与建设出版社，2021

图书在版编目（CIP）数据

　　大党优势 / 黄明哲著. -- 北京：民主与建设出版社，2021.3
　　ISBN 978-7-5139-3441-1

　　Ⅰ. ①大… Ⅱ. ①黄… Ⅲ. ①中国共产党 - 党的领导 - 研究 Ⅳ. ① D25

　　中国版本图书馆 CIP 数据核字（2021）第 056188 号

大党优势
DADANG YOUSHI

著　　者	黄明哲
责任编辑	程　旭　周　艺
封面设计	张合涛
出版发行	民主与建设出版社有限责任公司
电　　话	（010）59417747　59419778
社　　址	北京市海淀区西三环中路 10 号望海楼 E 座 7 层
邮　　编	100142
印　　刷	北京温林源印刷有限公司
版　　次	2021 年 5 月第 1 版
印　　次	2021 年 5 月第 1 次印刷
开　　本	690 毫米 ×980 毫米　　1/16
印　　张	20
字　　数	200 千字
书　　号	ISBN 978-7-5139-3441-1
定　　价	68.00 元

注：如有印、装质量问题，请与出版社联系。

序 言

中国共产党之所以能够由小到大并长期执政，靠的就是拥有独特的优势。首次提出"党的优势"这一概念的是邓小平。1941年，他在《党与抗日民主政权》一文，明确提出党的优势主要在于群众的拥护。

习近平总书记指出：回顾我们党的历史可以清楚地看到，在长期奋斗中党所形成的独特优势是全面的，包括理论优势、政治优势、组织优势、制度优势和密切联系群众的优势。这些优势，保证了我们党坚持马克思主义中国化并用中国化的理论成果武装起来，独立自主、自力更生地不断开创事业发展新局面；保证了我们党坚持远大理想与具体历史阶段奋斗纲领相统一，始终站在时代前列引领着中国社会前进的正确方向；保证了我们党能够集中中国工人阶级和中国人民、中华民族的先进分子，集中全国各个领域中德才兼备的优秀人才，充分发挥出他们在人民群众中的先锋模范作用；保证了我们党坚持按照民主集中制原则建立严密的组织体系和铁的纪律，形成又有民主又有集中基础上的坚强团结统一，因而具有强大的战斗力。正是这些优势的全面形成和坚持发挥，使我们党能够由小到大、由弱到强，团结带领全国各族人民谱写了中国革命、建设、改革的壮丽篇章，开创和发展了中国特色社会主义，不可逆转地开启了中华民族不断发展壮大、走向伟大复兴的历史进程，从根本上改变了中国人民和中华民族的前途和命运。我们一定要十分珍惜这些优势，一定要在建设中国特色社会主义历史进程中始终坚持和充分发挥这些优势。

从有历史以来，中国不曾有过这样一个政治集团。它从一个只有几十人的小党，历经磨难，在不长的时间内，发展成为成熟而强有力的马克思主义大党，领导一个东方大国沿着中国特色社会主义道路阔步前进，取得了举世瞩目的成就。这个历史现象绝不是偶然的，有其深层次的内在原因，是由中国共产党的自身性质及其独特优势所决定的。党成立百年、执政70多年，形成和保持了独一无二的自身优势，团结带领中国人民创造了人类发展史奇迹，深刻改变了中华民族的前途和命运。这些独特优势突出体现在：旗帜鲜明的政治优势、与时俱进的理论优势、集中统一的组织优势、人民至上的群众优势、凝心铸魂的文化优势、特色鲜明的制度优势、自我革命的品格优势、精英汇聚的人才优势、独立自主的精神优势、接续奋斗的传统优势。党之所以能够由小到大并长期执政，靠的就是拥有这些独特的优势，才书写出了经得起实践、人民、历史检验的优异答卷。

不忘初心和使命方能砥砺前行，弘扬传统与优势才能开辟未来。在习近平新时代中国特色社会主义思想的指引下，中国共产党一定能够带领全党和全国人民战胜前进道路上的各种风险挑战，推动新时代中国特色社会主义事业走向新的伟大胜利。

目 录
CONTENTS

※ 第一章 旗帜鲜明的政治优势

> 政治优势是党治国理政的重要法宝，是代表社会发展方向、符合社会发展规律的社会新生事物的一种本质属性，是事业的正义性、路线的正确性、理论的科学性、政治工作的有效性及其总和。在长期革命、建设和改革实践中，中国共产党形成了自己的鲜明特色和巨大政治优势。在中国，从来没有任何一个政治组织像我们党这样，集中了那么多的先进分子，组织得那么严密和广泛，为中华民族作出那么多牺牲，同人民保持着那么密切的联系，在前进中善于总结经验，郑重对待自己的失误，形成并坚持正确的理论和路线。这些政治优势是中国共产党的先进性、凝聚力的集中体现，是中国共产党在百年的风风雨雨中能够应对复杂局面、抵御各种风险，能够焕发出并且今天依然保持着强大生命力的根本所在。

"政治"到底是个啥 …………………………………… 002
党的政治优势从哪里来 ……………………………… 003
讲政治是党的优良传统和立党之本 ………………… 006
政治信仰是真正优势 ………………………………… 009
创造奇迹的政治密码 ………………………………… 012
始终把稳政治方向之舵 ……………………………… 015
筑牢政治建设"压舱石" ……………………………… 018
把讲政治刻在党旗上 ………………………………… 022

※第二章　与时俱进的理论优势

> 马克思说过："理论一经掌握群众，也会变成物质力量。"我们党历来注重理论创新，注重理论在社会发展中的价值。思想建党、理论强党是我们党制胜法宝和根本经验。中国共产党在其诞生以来的近百年里，能够运用马克思主义解决中国问题，改变中国命运，关键莫过于能将马克思主义与中国实际相结合，不断进行理论创新。党的成立本身就是马克思主义科学理论与中国工人运动实践相结合的产物。我们党不但能在实践中不断创造新奇迹、开创新局面、铸就新辉煌，而且能在理论上不断作出新论断、形成新思想、创造新理念。在生动的实践中探寻科学的理论，在创新理论的指导下推动成功的实践，始终坚持理论联系实际，努力学习科学理论，着力丰富科学理论，创新发展科学理论。这是中国共产党独具特色的巨大优势，为实现中华民族伟大复兴提供了精神动力。

理论优势从何而来 …………………………………… 028
把主义写在党的旗帜上 ……………………………… 030
思想建党理论强党 …………………………………… 034
理论创新是党的巨大优势 …………………………… 038
善用科学理论"铸魂" ………………………………… 041
与时俱进的理论品格 ………………………………… 045
以理论自信筑事业之基 ……………………………… 049
领航新时代的思想魅力 ……………………………… 053

※第三章 集中统一的组织优势

> 组织优势是党稳定有序的力量支撑。中国共产党之所以有强大的凝聚力和战斗力，能够成为领导核心，就在于全党有建立在共同理想信念基础上的团结一致和集中统一。"党的力量来自组织。"马克思主义政党力量的凝聚和运用，在于科学的组织。我们党形成的科学严密的组织体系，具有世界上任何其他政党都不具有的强大优势。组织优势是中国共产党与生俱来的潜在优势，重视发挥党的组织优势是立党兴党、成就伟业的一个优良传统。在发挥党的组织优势的过程中，我们党积累了丰富的历史经验：必须始终坚持科学的理论指导、正确的政治方向、正确的组织路线、有效的集中统一和以人民为中心的价值取向，来解决组织优势发挥的主题、方向、基础、保障和根基。独特而强大的组织优势，是一把解开"中国共产党为什么能"的"金钥匙"。

独特强大的组织优势 …………………………… 058
党的力量来自组织 ……………………………… 061
集中统一领导是最显著优势 …………………… 064
自觉维护党的领导核心 ………………………… 067
看齐意识是胜利的"秘密武器" ……………… 071
凝心聚力的重要法宝 …………………………… 075
党的力量在于党的团结 ………………………… 079
让党的组织优势更加充分彰显 ………………… 083

※第四章　人民至上的群众优势

> 英国著名元帅蒙哥马利结束访华后在英国《星期日泰晤士报》上撰文指出："毛泽东的基本哲学非常简单——就是'人民起决定作用'。"人民群众是历史的创造者，永远保持密切联系群众，是中国共产党人不可动摇的信念和意志，是中国共产党立于不败之地的最大政治优势。我们党作为马克思主义执政党，根基在人民，血脉在人民，力量在人民。中国共产党坚持人民至上的根本政治立场，坚持为人民服务的宗旨，坚持把人民对美好生活的向往作为奋斗目标，代表了最广大人民群众的根本利益，站在了道义的制高点上。"人民对美好生活的向往就是我们的奋斗目标"接续"为人民服务"的初心与宗旨，不断推进全体人民的共同富裕，因此获得了最广大人民群众的支持，成为中国共产党创造历史奇迹的不竭动力。

群众拥护是最大优势 …………………………………… 088
人民至上：为人民服务的真谛 ………………………… 090
从"人民万岁"到"人民必胜" ………………………… 094
从"全心全意"到"我将无我" ………………………… 097
让人民当家作主最管用 ………………………………… 100
让老百姓幸福就是党的事业 …………………………… 102
人民是我们党执政的最大底气 ………………………… 106
时刻不忘"人民是阅卷人" …………………………… 109

※第五章　凝心铸魂的文化优势

> 文化是民族的血脉，是人民的精神家园。中国共产党的文化优势体现在有科学的指导思想指引，有巩固的主流意识形态，有优秀的传统文化，有传承初心和使命的革命文化，有以人民为中心的先进文化，有全国各族人民取得共识的价值观念，有构建人类命运共同体的广阔胸襟，有更基础更广泛更深厚的文化自信。中华民族五千多年文明历史所孕育的中华优秀传统文化，是中国共产党治国理政、参与全球治理的重要思想文化资源。毛泽东思想、邓小平理论、"三个代表"重要思想、科学发展观、习近平新时代中国特色社会主义思想，无不是在实践中把马克思主义与中华优秀传统文化相结合的典范之作。中国共产党在革命、建设、改革中创造出革命文化和社会主义文化，催生了丰富的中国特色"文化谱系"，激励一代代中国共产党人初心不改、接续奋斗。历史和现实都告诉我们，有中国共产党的坚强领导，有绵延不断的文化血脉，有坚毅恒定的文化自信，我们就一定能认准道路方向，在实现中华民族伟大复兴中国梦的道路上阔步前行。

文化的价值与力量……………………………… 114
文化优势从何而来……………………………… 117
共产党人的文化自信…………………………… 122
以革命精神坚定文化自信……………………… 124
价值观自信彰显文化自信……………………… 126
党内政治文化彰显独特优势…………………… 131
党建文化：党的力量之根……………………… 134
为文化自信注入时代内涵……………………… 138

※第六章　特色鲜明的制度优势

> 中国共产党的领导是中国特色社会主义的最本质特征，是中国特色社会主义制度的最大优势，彰显出强大的生命力。中国共产党领导的多党合作和政治协商制度，是中国共产党和中国人民的伟大创造，是中国土生土长的新型政党制度。坚持党总揽全局、协调各方的原则，切实保证了党领导人民有效治理国家，具有集中力量办大事的优势。坚持党对一切武装力量的绝对领导，坚持和加强党对宣传思想文化工作的全面领导，确保了中国社会的稳定，为改革发展奠定了坚实的基础。党领导的国家治理体系，是在我国历史传承、文化传统、经济社会发展的基础上长期发展、渐进改进、内生性演化的结果，具有独特性和优越性，具有西方制度不可比拟的治理能力。中国特色社会主义制度是当代中国发展进步的根本制度保障，是具有鲜明中国特色、明显制度优势、强大自我完善能力的先进制度。

制度优势源自哪里…………………………………………… 144
中国制度何以管用…………………………………………… 147
从制度优势到制度自信……………………………………… 152
党的领导制度是最大优势…………………………………… 157
凝聚共识和力量的新型政党制度…………………………… 160
铸牢中华民族共同体意识…………………………………… 164
集中力量办大事的显著优势………………………………… 169
用制度优势创造更大奇迹…………………………………… 173

※第七章　自我革命的品格优势

> 自我革命是党永葆生命力的力量之基。一条红船造就一个大党，一个政党改变一个民族的命运。回顾党的百年历程，一部中国共产党党史，从某种意义上说也是一部自我净化、自我完善、自我革新、自我提高的自我革命史。中国共产党自成立以来，为实现民族独立、人民解放和国家富强、人民幸福两大历史任务，不断进行自我革命。党之所以能够不断应对挑战、抵御风险、克服阻力、战胜困难，在很大程度上得益于党伟大的自我革命精神和政治勇气，这是我们党区别于其他政党最鲜明的品格。习近平总书记指出："勇于自我革命，是我们党最鲜明的品格，也是我们党最大的优势。"这集中概括了中国共产党的本质属性和根本特点，揭示了中国共产党从胜利走向胜利的动力源泉。勇于自我革命，既是中国共产党区别于世界其他政党的优良传统，又是领航中国特色社会主义事业源源不断的动力。

我们党最鲜明的品格优势 ………………… 178
自我革命的勇气从哪里来 ………………… 181
推进自我革命的重要基石 ………………… 186
用好自我革命的锐利武器 ………………… 188
在斗争中实现自我革命 …………………… 192
引领社会革命成功的密码 ………………… 195
纪律和规矩的伟大力量 …………………… 199
以自我革命引领新时代 …………………… 203

※第八章　精英汇聚的人才优势

> 《党章》讲："中国共产党是中国工人阶级的先锋队，同时是中国人民和中华民族的先锋队。"中国共产党十分重视党员素质和质量的建设，强调通过严格的党性修养和党性锻炼，全面提高党员的马克思主义水平和各项工作能力；通过强化党的每一个细胞，建立整个党组织的坚强肌体。在革命战争年代，为民族解放、国家独立、人民幸福自由而牺牲的共产党员，有名有姓的就有370多万人，无名英雄更是不计其数。在和平建设和改革开放时代，我们党海纳百川，精英荟萃，人才济济。正是拥有了一大批勇于担当、甘于奉献、勤政为民的优秀骨干，中国共产党才赢得了事业的大发展、大进步、大繁荣。中国共产党强调干部的政绩要经得起历史、实践、人民的检验，对攸关长远的事情"一届接着一届干"，这在那些热衷于"一届隔着一届干"甚至"一届对着一届干"的西方国家是不可想象的。这是中国共产党独具特色的巨大优势。

精英汇聚的最美集体 …………………………… 208

从五湖四海到聚天下英才 ……………………… 211

坚持"任人唯贤"路线 ………………………… 214

为何共产党胜国民党败 ………………………… 218

以人才强党保证人才强国 ……………………… 224

握紧组织路线的"方向盘" …………………… 227

打造铁一般的干部队伍 ………………………… 231

培养造就伟大复兴的接班人 …………………… 235

※第九章　独立自主的精神优势

独立自主是立党兴党之魂。对中国共产党来说，"独立自主"包含着十分深刻而丰富的经历和内涵。遵义会议是中国共产党走上独立自主道路的开端和标志。回顾中国共产党走上独立自主道路的历程，经过大革命的洗礼，懂得了在中国实行民主革命必须从农村开始，并与其他力量合作建立统一战线的问题；经过土地革命战争的锻炼，找到了农村包围城市这个适合中国国情的革命道路，并系统总结出了如何走这条道路的方法。也正是在这样一个过程中，中国共产党逐步实现了党的缔造者们从建党之前就渴望已久的"独立自主"。百年来，中国共产党始终把马克思主义基本原理同中国具体实践相结合，制定正确的理论、路线和方针政策，带领全国各族人民走上中国特色社会主义道路，国家综合国力显著增强，各项事业蓬勃发展，人民生活水平不断提高，党的执政能力不断提高。

伟大而独特的精神气质 …………………… 242
精神上由被动转为主动 …………………… 246
独立自主是兴党兴国之本 ………………… 251
"中国人的事要自己干" …………………… 255
从独立自主到"四个自信" ………………… 259
高擎自力更生的伟大旗帜 ………………… 263
在改革开放中坚持独立自主 ……………… 267
从独立自主到人类命运共同体 …………… 270

※第十章　奋斗不息的传承优势

> 中国共产党在长期的革命斗争中，形成了许多优良传统。这些传统深刻反映了我们党的性质和宗旨、理想与信念，是无数革命先烈用鲜血和生命凝结而成的，表达了千千万万共产党人对人民事业的忠诚和牺牲精神，也凝聚了广大人民群众对党的事业支持、参与所表现的革命精神和智慧。这些优良传统，具有鲜明的无产阶级政党的特色，是党的光荣传统和独特优势，是党的精神力量所在，是党之魂。在近百年奋斗历程中，一代又一代中国共产党人始终坚守为中国人民谋幸福、为中华民族谋复兴初心使命，团结带领全国各族人民进行艰苦卓绝的斗争，中华民族迎来了从站起来、富起来到强起来的伟大飞跃。新时代的任务依然艰巨复杂，当代中国共产党人要在习近平新时代中国特色社会主义思想的指引下，以永不懈怠的精神状态和一往无前的奋斗姿态，继续朝着实现中华民族伟大复兴的宏伟目标奋勇前进。

弥足珍贵的优良传统 …………………………… 276

从"绰号"中看优良作风 ………………………… 280

战无不胜的"东方魔力" ………………………… 282

从历史中汲取营养和智慧 ……………………… 285

永远值得珍视的历史经验 ……………………… 289

赓续"永久奋斗"的伟大传统 …………………… 292

永葆"赶考"的清醒和坚定 ……………………… 295

努力建设世界上最强大的政党 ………………… 300

第一章

旗帜鲜明的政治优势

政治优势是党治国理政的重要法宝,是代表社会发展方向、符合社会发展规律的社会新生事物的一种本质属性,是事业的正义性、路线的正确性、理论的科学性、政治工作的有效性及其总和。在长期革命、建设和改革实践中,中国共产党形成了自己的鲜明特色和巨大政治优势。在中国,从来没有任何一个政治组织像我们党这样,集中了那么多的先进分子,组织得那么严密和广泛,为中华民族作出那么多牺牲,同人民保持着那么密切的联系,在前进中善于总结经验,郑重对待自己的失误,形成并坚持正确的理论和路线。这些政治优势是中国共产党的先进性、凝聚力的集中体现,是中国共产党在百年的风风雨雨中能够应对复杂局面、抵御各种风险,能够焕发出并且今天依然保持着强大生命力的根本所在。

◎ "政治"到底是个啥

政治,是关于权力以及权力运用、维护、变动的思想、态度、观念、规则、制度、活动,它回答谁支配谁,资源如何分配等问题。政治是上层建筑领域中各种权力主体维护自身利益的特定行为以及由此结成的特定关系,它是人类历史发展到一定时期产生的一种重要社会现象。从政治学的角度来说,政治的本质是民众将自己的权利让出来,委托给公共机构及其人员代为行使。孙中山说:政治是"管理众人之事"。

首先,政治的根源是经济。政治是经济的集中表现,政治关系归根到底是由经济关系决定的。其次,政治是阶级之间的关系和斗争。在阶级社会中,政治的实质就是阶级关系和阶级斗争,政治的根本属性就是阶级性,政治的核心是国家政权问题,国家政权是统治阶级和客观阶级利益的工具。政治考虑的是以阶级为最终归属的群体性的利益关系。再次,政治的核心是政治权力。国家政权问题是政治的根本核心问题。国家是政治权力的最终载体。从这个意义上说,政治就是围绕国家政权而展开社会关系和社会活动。最后,政治活动是科学,是艺术。政治作为一种社会现象,它是有规律可循的。政治是统治阶级如何利用政权扩大自己,如何争取同盟者,如何打击敌人的一种艺术。现在,我们可以对政治概念作如下界定:政治是阶级社会中以经济为基础的上层建筑,是经济的集中表现,以政治权力为核心展开的各种社会活动和社会关系的总和。

政治是一个工具,一个集结我们每一个人的力量帮助我们的工具。一个人的力量或许是渺小的,但无数人汇聚起的力量是无与伦比的,政治集结了我们所有人的力量,它所拥有的力量超乎我们每一个人的想象,如果不能够锻造好它,运用好它,那么它带来的灾难也是超乎想象的。在国家政治中，政治素养政治意识政治立场就是对国家、政党、领导的尊重，对国家、政党、领导的领导权的尊重。在得到公认和法律确认的共同目标确立之后，政治稳定、政治秩序和良好的政策治理，是向着目标迈进，促进社会发展的基本工具。

中国共产党的政治理念是：坚持为人民执政、靠人民执政，支持和保证人民当家作主，坚持和完善人民民主，坚持和完善民主集中制，以发展党内民主带动人民民主，壮大最广泛的爱国统一战线。中国共产党总结党的执政经验是："权为民所用，情为民所系，利为民所谋"，为人类政治的发展开辟了新的前景。各级领导干部特别是高级干部要不断提高政治判断力、政治领悟力、政治执行力，对"国之大者"了然于胸，把贯彻党中央精神体现到谋划重大战略、制定重大政策、部署重大任务、推进重大工作的实践中去，经常对表对标，及时校准偏差。

◎ 党的政治优势从哪里来

在长期革命、建设和改革实践中，党形成了自己的鲜明特色和巨大政治优势。在中国，从来没有任何一个政治组织像我们党这样，集中了那么多的先进分子，组织得那么严密和广泛，为中华民族作出那么多牺牲，同人民保持着那么密切的联系，在前进中善于总结经验，郑重对待自己的失误，形成并坚持正确的理论和路线。这些政治优势是党的先进性、凝聚力的集中体现，是党在百年风风雨雨中能够应对复杂局面、抵御各种风险、焕发出强大生命力的源泉所在，是党能够提出宏伟目标的底气所在，是党能够带领全国人民如期实现既定目标的自信所在。

党的政治优势来自对马克思主义科学真理的深刻理解和坚定信仰。马克思主义是立党立国的根本指导思想。近代以来的中华民族灾难深重，无数仁人志士奋斗牺牲、前仆后继，努力探索救国救民的真理，但直到找到马克思主义这个最好的武器，中国革命的面貌才焕然一新。仁人志士对于马克思主义真理和共产主义理想的坚定信仰和无比热爱，产生了数不清的感人故事。陈望道翻译《共产党宣言》时全神贯注、废寝忘食，误把墨水当红糖蘸着吃粽子竟浑然不觉，还连说"可甜了可甜了"。当南昌起义后仅剩下一支队伍时，朱德铿锵有力地告诉大家"中国革命终会成功"，挽留下了800人的队伍，为中国革命事业保留下珍贵的火种，支撑朱老总的正是他对共产主义理想的必胜信念。当年一批批革命志士接受马克思主义真理后为之倾倒、信仰终生，哪怕赴汤蹈火、流血牺牲也在所不惜，显示出真理和信仰的无穷力量。

党的政治优势来自与最广大人民群众的血脉相连和同心同德。全心全意为人民服务是我们党的根本宗旨。同人民风雨同舟、血脉相通、生死与共，是我们党带领人民取得革命胜利的根本保证，也是我们战胜一切困难和风险的根本保证。古今中外，还没有一个政党像中国共产党这样与人民的命运如此紧密地联系在一起。毛泽东在《为人民服务》中这样阐述党和人民的关系："我们这个队伍完全是为着解放人民的，是彻底地为人民的利益工作的。"我们党来自人民，为了人民，依靠人民，始终坚持群众观点、走群众路线，所以总能组织动员最广大人民群众凝聚起磅礴的伟力。陈毅曾形象地说，"淮海战役的胜利是人民群众用小车推出来的"。当时解放区的老百姓发出"倾家荡产、支援前线"的口号，展现浩浩荡荡的小推车向前线运送物资的壮观场面，成为解放军在敌强我弱的情况下取得淮海战役全面胜利的力量源泉，这个真实故事是对"得民心者得天下"的最好注解。到今天，中国共产党人继续传承红色基因、发扬革命传统，秉持人民至上、以人民为中心的根本理念，始终与人民心心相印、同甘共苦、团结奋斗。

党的政治优势来自无数具有献身精神的优秀分子。党十分重视党员素质和质量的建设，要求共产党员应当全心全意为人民服务，个人利益服从党的利益、服从革命利益、服从群众利益。强调通过严格的党性修养和党性锻炼，全面提高党员的马克思主义理论水平和各项工作能力，通过强化党的每一个细胞，建立整个党组织的坚强肌体。毛泽东提出，共产党员尤其是党的干部，应当成为"民族的阶级的英雄"，应当"懂得马克思列宁主义，有政治远见，有工作能力，富于牺牲精神，能独立解决问题，在困难中不动摇，忠心耿耿地为民族、为阶级、为党而工作"。要求共产党员在领导人民群众前进的过程中，应当站在斗争的最前列，"高度地发挥其先锋模范的作用"。党的精心培育和革命领袖的率先垂范，造就了一大批富有崇高理想和献身精神的优秀党员。正是这些奉献在社会各行各业的优秀共产党人，牢记宗旨，一心为民，开拓进取，踏实干事，用行动践行了党为人民谋幸福的初心，用他们高尚的人生境界和人格魅力，树立了共产党人的良好形象，展示了我们党先锋队的风采。

党的政治优势来自对中华优秀传统文化的传承和发扬光大。在5000多年文明发展中孕育的中华优秀传统文化，在党和人民伟大斗争中孕育的革命文化和社会主义先进文化，积淀着中国人民最深层的精神追求，为中华民族克服困难、生生不息提供了强大精神支撑。历史和现实都证明，中华民族有着强大的文化包容力和创造力，这片土地上生长起来的中国共产党人，具有高度的文化和理论自觉，既准确认识了马克思主义的科学性、先进性从而用来指导中国革命和建设，又特别善于根据中国实际与时俱进、创造性地发展马克思主义，不断赋予其崭新的时代内涵。近代以来，唯独马克思主义在中国日益根深叶茂，从文化的角度看，不能不说马克思主义与中国文化有着更为普遍、更为深刻的契合性。如马克思主义的人民立场与中国自古以来形成的崇仁爱、重民本、求大同的理想，马克思主义实践的观点与中国古人强调的"知行合一"哲学思想等，在价值追求及认识论、方法论上都具有内在一致性，这样的例证还有很多。在马克思主义的科学指导下,中国共产党人始终是中华优秀传统文化的忠实继承者和有力弘扬者,让中国精神、中国智慧、中国道路显扬于世界民族之林。

党的政治优势来自党坚持独立自主、自力更生的原则,坚定不移地走自己的路。我们党和国家半个多世纪以来一贯坚持不结盟、不当头、不称霸,也不屈服于任何大党大国的压力,坚定不移地走独立自主的和平发展道路,坚定不移地维护国家主权完整、领土完整,坚定不移地保护国家核心利益。独立自主、自力更生是我们党革命建设始终坚持的指导方针,是我们党得以不断发展壮大的精神力量。我们党不同历史时期形成的井冈山精神、苏区精神、长征精神、延安精神、西柏坡精神、"两弹一星"精神、抗洪精神、抗震救灾精神、载人航天精神等,都是独立自主、自力更生的集中体现。

百年来,党始终把马克思主义基本原理同中国具体实践相结合,制定正确的理论、路线和方针政策,带领全国各族人民走上中国特色社会主义道路,国家综合国力显著增强,各项事业蓬勃发展,人民生活水平不断提高,党的执政能力不断提高。这个世界上最大的执政党将继续带领14亿中国人民,瞄准实现社会主义现代化、实现中华民族伟大复兴的目标,斗志昂扬地行进在全面建设社会主义现代化国家的新征程上。

◎ 讲政治是党的优良传统和立党之本

回顾历史,我们党在内忧外患中诞生,在磨难挫折中成长,在攻坚克难中壮大。敢于斗争、敢于胜利,是中国共产党人鲜明的政治品格,也是我们的政治优势。我们党是以科学理论为指导,有着崇高的政治理想、严明的政治纪律、完整的政治纲领和正确的政治路线的马克思主义政党。我们党所讲的政治,是马克思主义的政治,是为最广大人民谋幸福的政治,是坚持和发展中国特色社会主义的政治,这是我们党能够始终站在道义制高点的根本所在。

讲政治是我们党的优良传统。中国共产党自成立之日起就公开地表明自己的政治立场,党的一大通过的《中国共产党纲领》就指明中国共产党是以共产主义为奋斗目标的党。《中国共产党第二次全国代表大会宣言》提出了党的最高纲领和最低纲领,最高纲领是"要组织无产阶级,用阶级斗争的手段,建立劳农专政的政治,铲除私有财产制度,渐次达到一个共产主义的社会"。最低纲领是:消除内乱,打倒军阀,建设国内和平;推翻国际帝国主义的压迫,达到中华民族完全独立;统一中国为真正的民主共和国。因此,党领导中国革命的道路分两步走,第一步是进行反帝反封建的新民主主义革命,第二步是进行无产阶级革命,最终实现共产主义。党的七大在党章中规定:"中国共产党,以马克思列宁主义的理论与中国革命的实践之统一的思想——毛泽东思想,作为自己一切工作的指针,反对任何教条主义的或经验主义的偏向。"鲜明地表明了我们党的政治纲领、政治方向和政治立场。

井冈山时期,工农红军就"经过政治教育,红军士兵都有了阶级觉悟,都有了分配土地、建立政权和武装工农等项常识,都知道是为了自己和工农阶级而作战"。1929年的古田会议以政治建军著称。毛泽东在这个会上针对当时红军中将军事与政治对立起来的观点,甚至认为军事好政治自然会好、军事不好政治也不会好的观点,进行严肃批评,强调"红军是一个执行革命的政治任务的武装集团","红军决不是单纯地打仗的……还要负担宣传群众、组织群众、武装群众、帮助群众建立革命政权以至于建立共产党的组织等项重大的任务"。纠正的方法是"从教育上提高党内的政治水平","加紧官兵的政治训练"。毛泽东还把"政治观念没有错误"作为新党员入党的重要条件。革命年代,正因为我们注重从政治上要求共产党人,才使得我们的队伍更加团结、更加有力量。

中华人民共和国成立后，毛泽东一再提醒共产党人要保持清醒的政治头脑，高度重视政治工作。在1955年召开的中国共产党全国代表会议上，毛泽东要求"所有的省委书记、市委书记、地委书记以及中央各部门的负责同志，都要奋发努力，在提高马克思列宁主义水平的基础上使自己成为精通政治工作和经济工作的专家。一方面要搞好政治思想工作，一方面要搞好经济建设"。随后他还提出了"政治工作是一切经济工作的生命线""没有正确的政治观点，就等于没有灵魂"等一系列重要观点。在改革开放的进程中，邓小平一再强调各级干部要讲政治，要善于从政治上观察问题和处理问题。比如，在1979年召开的理论工作务虚会上，他指出："马克思主义的思想理论工作是不能离开现实政治的"。1986年8月，他提出了"到什么时候都得讲政治"的重要观点。20世纪90年代，党中央决定在县级以上党政领导班子、领导干部中深入开展以"讲学习、讲政治、讲正气"为主要内容的党性党风教育活动。后来，又提出建设一支高素质的干部队伍。高素质显然也包含对政治的高要求。党的十八大以来，习近平总书记着眼长远、居安思危，强调发扬我们党讲政治的优良传统，"党的政治建设是党的根本性建设，决定党的建设方向和效果。保证全党服从中央，坚持党中央权威和集中统一领导，是党的政治建设的首要任务"。增强全党的政治意识、提高全党讲政治水平，不断提高政治安全，必将推动共产党人敢于讲政治、善于讲政治，使讲政治这一优良传统继续成为推进党和国家事业的强大武器。

讲政治一要牢固树立政治理想，对马克思主义的信仰，对社会主义和共产主义的信念，是共产党人的政治灵魂，是共产党人经受住任何考验的精神支柱。二要始终站稳以人民为中心的政治立场，与人民群众保持密切的联系。三要坚定把握政治方向，自觉维护党中央权威，维护党中央集中统一领导，在思想上政治上行动上同以习近平同志为核心的党中央保持高度一致。四要严守政治规矩和政治纪律。党章是全党必须遵循的总章程，也是总规矩。政治纪律更是全党在政治方向、政治立场、政治言论、政治行动方面必须遵守的刚性约束。同时我们要严肃党内政治生活，形成健康的政治文化，培育良好的政治生态。五要提高政治能力、保持政治定力。政治能力就是在错综复杂的情况下把握方向、把握大势、把握全局的能力，就是驾驭政治局面、防范政治风险的能力。领导干部还要增加政治历练，积累政治经验，提高政治能力。六要坚持真理、修正错误，要求有自我革命的精神。当前，旗帜鲜明地讲政治，就是要以自我革命的精神，随时准备坚持真理、随时准备修正错误；就是要有坚持永不自满、永不懈怠的政治品格。

历史和现实表明，什么时候全党讲政治、党内政治生活正常健康，党就风清气正、团结统一、充满生机活力，党的事业就蓬勃发展；反之，就弊病丛生、人心涣散、丧失斗志，各种错误思想得不到及时纠正，给党的事业造成严重损失。讲政治是党一以贯之的原则和规矩，是党秉持自我革命勇气、增强政治免疫力的根本途径，也是党凝心聚魂、激浊扬清、注入强大正能量的根本法宝。西方国家的中国问题专家曾这样评价中国共产党领导的中国革命：中国共产党在短短20多年的时间内，用他们天才的政治动员能力和精湛的社会组织艺术，把一个近代以来一直被西方国家称为东亚病夫、被孙中山先生称为一盘散沙的国度，一举变成了一个具有强大内聚力的现代民族国家。这种评价是客观的。中国共产党百年的历史，之所以能够取得如此辉煌的发展成就和治理绩效，与我们党通过讲政治不断提升自身的政治能力是密不可分的。

◎ 政治信仰是真正优势

信仰是人类对崇高价值目标的敬仰和追求。政治信仰反映了一种政治理性，它是特定政治形态的心理基础，这种心理基础是政治稳定和发展的基本要求；政治信仰是政治方向、政治立场、政治观点、政治态度等方面的综合反映。"对马克思主义的信仰，对社会主义和共产主义的信念，是共产党人的政治灵魂，是共产党人经受住任何考验的精神支柱。"这一铿锵有力、深刻透彻的重要论述，充分揭示了共产党人的政治本色和政治优势，向世人宣示了中国共产党人的坚定意志和坚守情怀。

对于许多人特别是国外观察者来说，中国共产党简直就是一个"谜"。从成立之初50多人的小党发展成为现在拥有9000多万党员的全世界最大的执政党；将一个积贫积弱的半殖民地半封建国家，建成了东方第一个社会主义国家；挺过了苏东剧变的严冬，毅然坚守住了社会主义的阵地；用40多年的改革开放让中国走完西方国家二三百年走过的工业化道路，成为世界第二大经济体……是什么让中国共产党如此之"能"？是政治信仰，表现为中国道路的正确抉择，表现为马克思主义理论本身的巨大说服力，表现为中国共产党政党文化的独特魅力。党在百年光辉历程中形成了具有鲜明特征的政党文化，深刻地引领、影响着其他人群、其他组织的世界观和价值观。正如马基雅维利说的："造就最强大国家的首要条件不在于造枪炮，而在于能够造就其国民的坚定信仰。"

百年的历史发展中，我们党曾经历了无数的艰难曲折，度过了数不清的暗礁险滩，付出了旷古少有的牺牲和代价，一步步地走过来了，一步步地成功了、胜利了。中国共产党能够一次次从血泊中爬起来，揩干身上的血迹又继续战斗，能够一次次从危机中转出来，总结经验教训又继续前行，根本的一点，就是共同的目标没有丧失，共同的信仰没有垮掉，有一个为共同信仰而奋斗的优秀群体。人是要有一点精神的，党也是这样，信仰就是中国共产党人最坚强的精神支柱。

习近平说："一个政党，如一个人一样，最宝贵的是历尽沧桑，还怀有一颗赤子之心。"这颗赤子之心，就是忠诚于最初的信仰。"在我们党百年的历史中，一代又一代共产党人为了追求民族独立和人民解放，不惜流血牺牲，靠的就是一种信仰，为的就是一个理想。"革命战争年代，革命先烈在生死考验前之所以能够赴汤蹈火、视死如归，就是因为他们对崇高的理想信念坚贞不渝。毛主席一家为革命牺牲6位亲人，徐海东大将家族牺牲70多人，贺龙元帅的贺氏宗亲中有名有姓的烈士就有2050人。据不完全统计，从1927年到1949年的22年间，能够查清作战名称、作战地区、我方参战部队、敌方参战部队、作战结果等基本要素的主要战斗、战役共计3203个，全国有名可查的革命烈士有370多万人。贺龙元帅生前经常讲，满门忠烈都是为国家献身，那是革命事业的需要，不必要常提我们自己。正是这样一种国而忘家、公而忘私、默默奉献的精神，推动中国革命取得成功。

方志敏不幸被捕后，拒绝国民党达官显贵的拉拢利诱。在狱中，尽管条件极其恶劣，他仍写下了《可爱的中国》《清贫》《狱中纪实》《我从事革命斗争的略述》等著作，成为一代代共产党人的精神食粮，给无数共产党人以巨大精神鼓舞。在中国共产党人的行列中，从焦裕禄、孔繁森、郑培民，到李保国、廖俊波、黄大年，我们的事业是靠千千万万党员的忠诚奉献不断铸就的。重温这些感人的故事，你会听到县委书记的榜样焦裕禄在临终时向党组织的倾诉："我活着，没有治好兰考的沙丘，死后，希望把我埋在兰考的沙丘上看兰考人民把沙丘治好。"这就是共产党人关于信仰的真实写照。

邓小平说过：我们党有强大的战斗力，是因为有"马克思主义和共产主义的信念。……无论过去、现在和将来，这都是我们的真正优势"。回望党走过的百年历程，曾数度面临生死攸关的考验，却每每总能峰回路转，转危为安。追根溯源，正是由于中国共产党忠于信仰，敢于担当，并由此激发出战胜艰难的磅礴力量，才能一路艰辛，栉风沐雨，终得凤凰涅槃，迎来辉煌。

◎ 创造奇迹的政治密码

从1921年到2021年，中国共产党走过了整整一百年的历程。这是用鲜血、汗水、泪水、勇气、智慧、力量写就的百年；是筚路蓝缕、披荆斩棘、艰苦创业、砥砺前行、充满艰险、充满奇迹的百年；是苦难中铸就辉煌、挫折后毅然奋起、探索中收获成功、失误后拨乱反正、转折中开创新局、奋斗后赢得未来的百年。

1927年，面对白色恐怖，共产党人没有被吓倒，他们从血泊中爬起来，掩埋好先烈的尸体，又继续战斗。他们以武装的革命对付武装的反革命，奇迹般地生存下来，发展壮大，探索出农村包围城市的道路。

1930年到1934年，历经国民党反动势力的五次残酷"围剿"，中央苏区面临灭顶之灾，中央红军不得不撤离中央苏区，开始艰苦卓绝的长征，最后在陕北黄土地落脚，神奇地开辟出一片红彤彤的边区新天地，迎接新的革命高潮。

中华人民共和国成立以来特别是改革开放40多年创造了中国和平崛起的世界奇迹。中国国内生产总值从1978年的3679亿元增长至2020年的破100万亿元，人均GDP约1万美元；1949年到2018年，全国人均可支配收入从50元增至28228元，人均国内生产总值从119元提高到6.46万元，实际增长70倍。2020年，我国国内生产总值首破100万亿元，是20年前的10倍；"世纪疫情"下，成为全球唯一实现经济正增长的主要经济体；在世界经济总量中占比超过17%，40年前仅为1.8%；对世界经济增长贡献率连续13年达到30%左右。粮食总产量连续5年在1.3万亿斤以上，稳居世界第一。220多种工业产品产量居世界第一。制造业增加值连续11年稳居世界第一。高铁营运总里程3.9万多公里，高速公路里程15万多公里,均居世界第一。与此同时,一系列重大科技成果亮相世界:"天问一号"逐梦而行,"嫦娥五号"奔月取壤,"奋斗者号"万米探海,"北斗三号"建成开通,页岩油气勘探取得重大突破,5G终端连接数世界第一。中国人民从温饱迈向全面小康,对全球减贫贡献率超过70%。人们不禁要问,中国共产党究竟有何种取之不尽的力量之源,能够历经磨难而数度凤凰涅槃?

习近平总书记强调,在实现中华民族伟大复兴的前进征程上,要坚持中国共产党领导,坚持人民主体地位,坚持中国特色社会主义道路。这些"坚持",是新中国取得举世瞩目伟大成就的宝贵经验,也是新中国根本改变近代中国积贫积弱、受人欺凌的悲惨命运,走上实现民族复兴、创造"中国奇迹"的政治密码。

创造"中国奇迹"的政治密码是不断推进马克思主义中国化。建党百年来,中国共产党致力于马克思主义中国化,一方面努力用马克思主义立场观点方法观察分析解决中国革命、建设、改革和发展中的重大问题;另一方面把马克思主义基本原理与中国革命、建设、改革和发展中的实际相结合,赋予马克思主义鲜明的中国特色、中国风格、中国气派,创造出中国化的马克思主义——毛泽东思想、邓小平理论、"三个代表"重要思想、科学发展观和习近平新时代中国特色社会主义思想。

创造"中国奇迹"的政治密码是始终坚持党的领导。党的领导是中国特色社会主义最本质的特征,是中国特色社会主义制度的最大优势。党的领导是我们一切事业成功的关键,是总体战略布局的核心和灵魂,党的领导能力也直接关乎国家与社会的治理能力。通过全面从严治党,我们刮骨疗伤,扶正祛邪,使党的肌体更加健康,社会风气更加清新,各项改革顺利推进。

创造"中国奇迹"的政治密码是始终坚持人民主体地位。人民群众既是物质财富的创造者,也是精神财富的创造者,更是推动社会变革、推进社会发展的决定性力量。只有充分尊重人民的主体地位，调动起最广大人民的积极性、主动性、创造性，才能真正地凝聚起人民最广泛的智慧与最大的力量。

创造"中国奇迹"的政治密码是始终坚持走中国特色社会主义道路。道路问题关乎党的命运、国家的命运、民族的命运。新中国成立以来，中国共产党总结社会主义政治建设正反两方面的经验教训，成功开辟了中国特色社会主义政治发展道路。这条道路既内在契合了中国政治发展的历史逻辑、现实逻辑与现代化逻辑，也为解决改革发展稳定之间的矛盾关系提供了治理性资源与制度化机制，有力支撑了中国特色社会主义事业的发展与进步。实践证明只有社会主义才能救中国，只有中国特色社会主义才能发展中国，只有坚持和发展中国特色社会主义才能实现中华民族伟大复兴。

创造"中国奇迹"的政治密码是持续推进改革开放。改革开放以来，我们始终坚持以经济建设为中心，不断解放和发展社会生产力、解放和增强社会活力，推动我国综合国力不断增强，人民生活水平持续提高，保证了社会大局稳定。党的十八大以来，以习近平同志为核心的党中央站在中国特色社会主义事业发展全局的高度，把"完善和发展中国特色社会主义制度、推进国家治理体系和治理能力现代化"确定为全面深化改革的总目标，拿出更大的勇气、更多的举措破除深层次体制机制障碍，营造长期稳定可预期的制度环境，全面提高对外开放水平，建设更高水平开放型经济新体制，将进一步激发市场主体发展活力，使一切有利于社会生产力发展的力量源泉充分涌流，并形成国际合作和竞争新优势。

创造"中国奇迹"的政治密码是弘扬培育民族精神。在领导中国人民进行革命、建设和改革的不同历史时期，中国共产党始终坚持以马克思主义为指导，不断为民族精神注入生机和活力，使中国人民的精神面貌发生了巨大变化。中国人民在长期奋斗中培育、继承、发展起来的伟大民族精神，推动我国经济社会日新月异向前发展，大踏步走在世界前列。

第一章　旗帜鲜明的政治优势

创造"中国奇迹"的政治密码是充分发挥中国制度优势。新中国成立70多年来特别是改革开放40多年来，我们党领导人民取得了举世瞩目的成就，充分证明了中国特色社会主义制度是一套行得通、真管用、有效率的制度体系，具有多方面的显著优势。党的十八大以来，以习近平同志为核心的党中央把制度建设摆到更加突出的位置，作出一系列重大制度创新，为推动党和国家事业取得历史性成就、发生历史性变革发挥了重要作用。在当今世界正经历百年未有之大变局，不同社会制度、发展模式的竞争较量更为尖锐复杂的新形势下，必须按照党的十九届四中全会的部署，坚持和完善中国特色社会主义制度、推进国家治理体系和治理能力现代化，把我国制度优势更好转化为国家治理效能，为实现"两个一百年"奋斗目标、实现中华民族伟大复兴的中国梦提供有力保证。

"浩渺行无极，扬帆但信风。"党的政治建设是党的根本性建设，决定党的建设方向和效果。在新时代，一以贯之推进党的建设新的伟大工程就要坚定不移地推进党的政治建设，找准"定盘星"，增强自觉性，始终保持马克思主义政党政治上的先进性，把我们党建设得更加坚强有力。

◎ 始终把稳政治方向之舵

政治方向反映着一个组织的政治属性，是这个组织先进性要求的集中体现。毛泽东多次讲过一件事：红军过草地的时候，伙夫同志一起床，不问今天有没有米煮饭，却先问向南还是向北走。这似乎是一件不太容易引人注意的事情，但在毛泽东看来是件大事，即革命队伍的前进方向比吃饭睡觉更重要。

方向决定道路，道路决定命运。我们党从当初嘉兴南湖的小小红船，到现在领航满载9000多万共产党员的世界巨轮，一路突围、乘风破浪，创造了中国革命、建设、改革和现代化发展的一个又一个奇迹，实现了从站起来、富起来到强起来的一个又一个伟大飞跃。究其原因，就是我们党始终紧紧把准、把牢、把好了政治方向，才使中国特色社会主义巨轮，向着世界现代化强国目标劈波斩浪、奋勇前进。

回顾近代以来的中国历史，在半殖民地半封建社会，许多仁人志士积极探寻救国富民之道，摸索振兴中华之路，然而都由于缺少方向的"指南针"而长期在黑暗中徘徊。中国共产党成立后，在马克思主义指导下，党领导人民找到了新民主主义革命并为实现社会主义和共产主义而奋斗的正确方向，经过长期的艰辛奋斗终于取得了革命、建设和改革的伟大成就，迎来了中华民族伟大复兴的光明前景。习近平总书记指出："政治方向是党生存发展第一位的问题，事关党的前途命运和事业兴衰成败。"得出这一重要结论，是有深远历史和现实考量的。俗话说："既要低头拉车，又要抬头看路。"小到一个人、一个家庭，大到一个党、一个国家，都要经常抬头看路，不断校正方向，避免走错路、南辕北辙。

苏联共产党由于在政治方向上出了偏差，最终导致亡党亡国。从20世纪60年代起，苏联意识形态领域历史虚无主义泛滥，否定苏联历史、苏共历史成为风潮，主张"新思维"，取消马克思主义指导地位，动摇全党理想信念，最后导致一夜之间改旗易帜。特别是在党和军队的关系上，由于苏共放弃对军队的领导权，导致危急关头军队袖手旁观，所谓"保持中立"，有的甚至直接投靠反对派。正如美国前国家安全局局长威廉·奥多姆在《苏联军队的瓦解》一书中所写："苏共同它的将军们手挽手、肩并肩地走向灭亡。"苏联解体、苏共瓦解的深刻教训告诉我们：无论是政党还是军队，如果在政治方向上跑偏走歪、出了问题，将不可避免地犯颠覆性错误。

政治方向是党生存发展第一位的问题，事关党的前途命运和事业兴衰成败。在深刻总结党的建设历史经验的基础上，习近平总书记明确提出：

第一章 旗帜鲜明的政治优势

"党的政治建设是党的根本性建设""必须始终把准政治方向",也多次在不同场合语重心长地强调"如果在方向问题上出现偏离,就会犯颠覆性错误"。因此,对坚守政治方向我们必须有十分清醒的认识。

政治方向体现着人民群众的根本利益、共同意志,对党生存发展起着力量的凝聚激励作用。我们所要坚守的政治方向,就是共产主义远大理想和中国特色社会主义共同理想、"两个一百年"奋斗目标,就是党的基本理论、基本路线、基本方略。这集中体现了9000多万党员和460多万个基层党组织的核心诉求和共同意志,激发人民群众始终与党同心同德,为实现自己的根本利益而不懈奋斗。

政治方向是我们奋斗的理想和目标,对我们党生存发展起着政治指南针作用。"只有旗子立起来了,目标确立了,大家才有所指望,才知所趋赴。"习近平总书记把政治方向比喻为"政治指南针",就是要引导全党坚定理想信念、坚定"四个自信",把全党智慧和力量凝聚到新时代坚持和发展中国特色社会主义伟大事业中来;就是要推动全党把坚持正确政治方向贯彻到谋划重大战略、制定重大政策、部署重大任务、推进重大工作的实践中去,经常对表对标,及时校准偏差,坚决纠正偏离和违背党的政治方向的行为,确保党和国家各项事业始终沿着正确政治方向发展;就是要把各级党组织建设成为坚守正确政治方向的坚强战斗堡垒,教育广大党员、干部坚定不移沿着正确的政治方向前进。

当前,中华民族正处于走向伟大复兴的关键时期,"两个一百年"的奋斗目标"草木蔓发,春山可望"。但同时也要看到,前进的道路上,改革发展稳定任务之重前所未有,矛盾风险挑战之多前所未有,铸就千秋伟业,需要全体党员把稳方向之舵,紧密团结在以习近平同志为核心的党中央周围,做到与党思想上同心、政治上同向、行动上同步,从而确保党和国家各项事业始终沿着正确政治方向发展。

◎ 筑牢政治建设"压舱石"

  政治建设首先源于马克思主义政党的本质属性，源于马克思主义建党学说在理论上的规定性。政治建设是党一以贯之的要求，是党自我净化、自我完善、自我革新、自我提高的根本途径，是共产党人不忘初心、牢记使命的根本保证。政治建设是党的根本性建设，是党和国家各项事业发展的"压舱石"，是马克思主义政党的根本要求。牢牢抓住党的政治建设这个"牛鼻子"，坚定政治信仰，坚持党的政治领导，提高政治能力，净化政治生态，才能锻造更坚强的领导核心。

  习近平总书记在党的十九大报告中明确提出党的政治建设这个重大命题，强调党的政治建设是党的根本性建设，要把党的政治建设摆在首位，以党的政治建设为统领。在百年奋斗历程和70多年的全国执政过程中，中国共产党形成了讲政治的优良传统，发挥了讲政治的独特优势。

  党的十一届三中全会后，我们党提出了一条符合中国国情的以"一个中心、两个基本点"为主要内容的社会主义初级阶段基本路线，这不仅是党的政治建设的重大成果，也为党的建设提供了根本遵循。

  党的十八大以来，以习近平同志为核心的党中央持之以恒推进全面从严治党，在重塑党的权威、加强核心意识、强化党的领导、严肃党内政治生活、规范党内监督、加强党内教育、整顿作风和反腐败斗争等方面采取了一系列重大举措。在这一历史进程中，我们党把旗帜鲜明讲政治贯穿于党的建设之中，为保证党的集中统一，确保党始终成为中国特色社会主义事业坚强领导核心，发挥了重要作用，积累了宝贵经验。

  筑牢政治建设"压舱石"必须坚定政治方向，政治方向是党的政治建设的首要任务和前提条件，是党生存发展第一位的问题，事关党的前途命运和事业兴衰成败。诞生在半殖民地半封建社会中的中国共产党，是一个以马克思主义为指导的新型政党，始终强调全党要有统一的不断发展的指导思想，以团结全党向正确方向前进。百年来，在领导革命、建设、改革、强国的过程中，中国共产党顺应时代发展，结合中国实际，不断推进马克思主义中国化，实现了党的指导思想的历史性飞跃，产生了毛泽东思想和中国特色社会主义理论体系。进入中国特色社会主义新时代，筑牢政治建设"压舱石"必须坚持马克思主义指导地位，坚持用习近平新时代中国特色社会主义思想武装全党、教育人民，夯实思想根基，牢记初心使命，凝聚同心共筑中国梦的磅礴力量，不断开辟马克思主义和中国特色社会主义的新境界。

筑牢政治建设"压舱石"必须坚持党的政治领导。党政军民学，东西南北中，党是领导一切的。这是历史的选择，也是人民的选择。中国特色社会主义最本质的特征是中国共产党领导，中国特色社会主义制度的最大优势是中国共产党领导，党是最高政治领导力量。加强党的政治领导，最重要的是坚持党中央权威和集中统一领导，进而把全国各族人民紧密团结起来，形成万众一心、无坚不摧的磅礴力量。要始终坚持贯彻党的路线方针政策不含糊，做到党中央提倡的坚决响应、党中央决定的坚决执行、党中央禁止的坚决不做。

筑牢政治建设"压舱石"必须紧扣民心这个最大的政治。"民为邦本，本固邦宁。"人民群众是检验党的政治建设成效的"试金石"，夯实政治根基是加强政治建设的"落脚点"。中国共产党是人民的政党，人民群众拥护和支持是我们最可靠的力量源泉，全心全意为人民服务就是最正确的政治立场。立场坚定，才能根基稳固。持续推进党的政治建设，必须紧紧围绕民心这个最大的政治开展工作，把人民对美好生活的向往作为奋斗目标，把赢得民心民意、汇集民智民力作为重要着力点，始终如一地坚持群众观点，坚持不懈地走好群众路线；坚决把政治建设贯穿到各项事业中去，坚定政治立场不动摇，用为民服务"强基固本"，以实干苦干托举梦想，不断增强推进党的政治建设的自觉性和坚定性，以实际行动不断增强人民的获得感、幸福感、安全感。

筑牢政治建设"压舱石"必须严格遵守政治纪律和政治规矩。政治纪律是最重要、最根本、最关键的纪律，党内规矩是共产党人必须遵守的行为规范和规则。严格遵守政治纪律和政治规矩，就要在政治立场、政治方向、政治原则、政治道路上同党中央保持高度一致，必须维护习近平总书记在党中央和全党的核心地位，维护党中央权威和集中统一领导；必须维护党的团结，决不允许在党内培植私人势力，不得以人划线，不得搞任何形式的派别活动；必须遵循组织程序，决不允许擅作主张、我行我素，重大问题必须请示汇报，不允许超越权限办事，不得先斩后奏；必须服从组织决定，决不允许搞非组织活动，不得跟组织讨价还价，不得违背组织决定，遇到问题要找组织、依靠组织，不得欺骗组织、对抗组织；必须管好亲属和身边工作人员，决不允许他们擅权干政、谋取私利。

筑牢政治建设"压舱石"必须加强党内政治文化建设。营造良好政治生态，离不开党内政治文化的浸润滋养。一个政党的政治文化是该党党员对这个政党的价值观的认同和内化。积极健康的党内政治文化，是党的政治建设的价值导向和精神引领，是中国共产党凝心聚力的精神纽带，是激发中国共产党人内在价值自省的思想源泉，也是培育良好政治生态的土壤。要大力弘扬忠诚老实、公道正派、实事求是、清正廉洁的价值观，坚决防止和反对个人主义、分散主义、自由主义、本位主义、好人主义，铲除其赖以生存的土壤。高举当代中国的精神旗帜，大力弘扬社会主义核心价值观，大力践行社会主义先进文化，弘扬中华优秀传统文化，传承红色文化基因，着力培育良好的党内政治文化。

筑牢政治建设"压舱石"必须提高政治能力。政治能力体现了党的政治建设的责任主体和质量水平。政治能力是把握方向、把握大势、把握全局的能力，是辨别政治是非、保持政治定力、驾驭政治局面、防范政治风险的能力。加强党的政治建设，关键是要提高政治能力。新时代的伟大社会革命，涵盖领域之广泛、利益格局调整之深刻、涉及矛盾和问题之尖锐、突破体制机制障碍之艰巨、进行伟大斗争形势之复杂前所未有，对政治能力要求之高也前所未有。面对新时代新形势新要求，共产党人要提高政治站位、增强政治担当，善于从政治上分析问题、解决问题。要努力提升理论素养，念好马克思主义"真经"，用马克思主义的立场、观点、方法观察事物、处理问题、推进工作。不断增强工作的科学性、系统性、预见性，切实担负起党和人民赋予的政治责任。自觉接受党内政治生活锻炼，勇于经受大风大浪考验，在驾驭复杂局面、化解矛盾风险的政治实践中锻造政治素质、提升政治能力，履行好党和人民赋予的职责使命，从而不断增强党的政治领导力、思想引领力、群众组织力、社会号召力，使党永葆旺盛的生命力和强大的战斗力。

筑牢政治建设"压舱石"必须永葆政治本色。永葆政治本色是保持党的先进性、纯洁性，提高党的执政能力和领导水平的内在要求和现实需要。共产党人必须牢记宗旨使命，加强党性修养，在知行合一中永葆政治本色。要以党章为镜，不断提升理论修养、政治修养、思想道德修养、业务修养，增强政治觉悟和政治能力，始终做政治上的明白人。特别是领导干部要带头立政德，修好明大德、守公德、严私德的人生必修课，做廉洁自律、廉洁用权、廉洁齐家的模范。拧紧理想信念这个"总开关"，在大是大非面前旗帜鲜明，在"乱花渐欲迷人眼"的诱惑干扰面前保持"乱云飞渡仍从容"的政治定力，始终站稳政治立场。恪守立党为公、执政为民理念，敢担当、勇作为，提振干事创业精气神。严格约束自己的操守和行为，慎独慎初慎微慎友，对权力始终保持敬畏之心，增强拒腐防变的免疫力。把对党忠诚、为党分忧、为党尽职、为民造福作为根本政治担当，永葆共产党人政治本色。

习近平总书记在党史学习教育动员大会上强调：旗帜鲜明讲政治、保证党的团结和集中统一是党的生命，也是我们党能成为百年大党、创造世纪伟业的关键所在。对党忠诚，是共产党人首要的政治品质。我们党一路走来，经历了无数艰险和磨难，但任何困难都没有压垮我们，任何敌人都没能打倒我们，靠的就是千千万万党员的忠诚。对党忠诚，必须一心一意、一以贯之，必须表里如一、知行合一，任何时候任何情况下都不改其心、不移其志、不毁其节。年轻干部要以先辈先烈为镜、以反面典型为戒，不断筑牢信仰之基、补足精神之钙、把稳思想之舵，以坚定的理想信念砥砺对党的赤诚忠心。要自觉加强政治历练，接受严格的党内政治生活淬炼，不断提高政治判断力、政治领悟力、政治执行力，使自己的政治能力同担任的工作职责相匹配。要立志为党分忧、为国尽责、为民奉献，勇于担苦、担难、担重、担险，以实际行动诠释对党的忠诚。

◎ 把讲政治刻在党旗上

旗帜鲜明讲政治既是马克思主义政党的鲜明特征，也是我们党一以贯之的政治优势。共产党人要把讲政治作为根本要求，坚定政治信仰，强化理论学习，筑牢思想防线，严守组织纪律，锤炼良好作风，切实把旗帜鲜明讲政治内化于心外化于行。

习近平总书记曾强调，"讲政治是共产党人的立身之本，也是马克思主义政党的突出特点和优势。共产党人必须时刻绷紧政治之弦、校准政治之标，时刻把讲政治摆在首位"。这就要求全党必须旗帜鲜明讲政治，进一步强化讲政治这一突出的优势，必须增强政治意识，善于从政治上看问题，善于把握政治大局，不断提高政治判断力、政治领悟力、政治执行力，深深地把讲政治刻在党旗上。

把讲政治刻在党旗上要坚定政治信仰。坚定不移的政治信仰，是共产党人的"根"和"魂"，是政治方向、政治立场、政治观点、政治态度等方面的综合反映。党无魂不立，国无魂不存，民无魂不聚。中国共产党从几十人的小党成长为世界第一大执政党，带领中华民族实现了历史性飞跃，靠的就是对共产主义的坚定信仰，为的就是实现人民幸福、国家富强、民族复兴的伟大理想。共产党人要保持政治上的清醒和坚定，切实做到"风雨不动安如山"，必须不断提高政治判断力、政治领悟力、政治执行力。切实做到政治信仰不变、政治立场不移、政治方向不偏，不断提升政治能力，不断增强政治担当。

把讲政治刻在党旗上要保持政治定力。习近平总书记要求领导干部"增强政治定力、纪律定力、道德定力、抵腐定力"。政治定力是排在第一位的，政治定力是对领导干部最基本的政治要求。只有保持政治定力，才能不为噪声所扰、不为歪风所惑、不为暗流所动、不为利益所俘，始终坚持正确政治方向。共产党人保持政治定力，就要保持政治信仰上的清醒坚定。政治信仰上的清醒坚定源于理论上的清醒自觉。对马克思主义的信仰，对社会主义和共产主义的信念，是共产党人的政治灵魂，是共产党人经受住任何考验的精神支柱。"志不立，天下无可成之事。"理想信念动摇是最危险的动摇，理想信念滑坡是最危险的滑坡，一个政党的衰落，往往从理想信念的丧失或缺失开始。共产党人要带头学习党的创新理论，常补精神之"钙"，做到知行合一、以知促行。共产党人保持政治定力，还要在维护核心上毫不动摇。要不断增强"四个意识"，自觉同以习近平同志为核心的党中央保持高度一致，坚决维护习近平同志的核心地位，在思想上认同核心、在政治上维护核心、在行动上紧跟核心。

把讲政治刻在党旗上要站稳人民立场。宗旨意识是在心理上紧紧围绕主导思想展开的意识觉悟。强化全心全意为人民服务的宗旨意识，就是要强化共产党人为人民服务的自觉性、主动性和能动性。要心中装有群众。

人民,只有人民才是创造世界历史的动力。人民群众是党的执政根基和力量源泉。民心是最大的政治,人民立场是根本的政治立场。要一切为了群众。人民对美好生活的向往,就是我们的奋斗目标。要想群众之所想、急群众之所急、忧群众之所忧,做到发展为了人民、发展依靠人民、发展成果由人民共享,不断增强广大人民群众的获得感,做群众的贴心人。要一切依靠群众。要始终站稳为人民服务的政治立场,努力践行全心全意为人民服务的根本宗旨,向人民群众学习,把人民群众的智慧转化为共产党执政的能力。

把讲政治刻在党旗上要提高政治判断力。政治判断力是政治实践的前提。历史已经证明,政治上的主动是最有利的主动,政治上的被动是最危险的被动。增强政治判断力,就要以国家政治安全为大、以人民为重、以坚持和发展中国特色社会主义为本,增强科学把握形势变化、精准识别现象本质、清醒明辨行为是非、有效抵御风险挑战的能力。风起于青萍之末,浪成于微澜之间。各级领导干部要保持政治敏锐性和政治鉴别力,做到在重大问题和关键环节上头脑特别清醒、眼睛特别明亮,善于从一般事务中发现政治问题,善于从倾向性、苗头性问题中发现政治端倪,善于从错综复杂的矛盾关系中把握政治逻辑,坚持政治立场不移,确保政治方向不偏。

把讲政治刻在党旗上要提高政治领悟力。政治领悟力是政治实践的重要先导。共产党人特别是领导干部担的是政治责任,政治领悟力、就是要时刻关注党中央在关心什么、强调什么,深刻领会什么是党和国家最重要的利益、什么是最需要坚定维护的立场。提高政治领悟力,对国之大者了然于胸,就需要把得牢守得住党和国家重大原则、重大立场和重大利益;就需要看得清辨得明大势、大局和大事。心系国之大者,共产党人要有大格局、大担当、大作为,明确自己的职责定位,自觉站在党和国家的战略全局、政治大局上想问题、作决策、办事情。只有对"国之大者"了然于胸,对习近平新时代中国特色社会主义思想和中央指示精神学深悟透,才能结合自身职责定位抓好贯彻落实。思想是行动的先导,理论是实践的指南。要坚持不断学习,不断实践,不断领悟,不断提高理论修养、政治素养,使党的创新理论成为认识世界、改造世界的强大思想武器。要对党中央精神深入学习、融会贯通,坚持用党中央精神分析形势、推动工作,始终同党中央保持高度一致。

把讲政治刻在党旗上要提高政治执行力。一个行动胜过一打纲领。政治执行力是政治实践的关键。对于政治建设而言,执行力体现的就是对各种政策、战略和部署能否真正去落地、落实,能否真正做到务实、实干。社会主义都是干出来的,今天的成就是昨天实干兴邦的伟大硕果。没有一代人接一代人的不懈努力,就不会像今天这样无比接近实现民族复兴的目标。提高政治执行力,必须严以律己。小事小节中有政治、有方向、有形象、有人格。要时刻自重自省自警自励,做到慎独慎初慎微慎友。要加强道德修养,追求健康情趣,像珍惜生命一样珍惜自己的节操,做一个一尘不染的人。要坚持廉洁治家,坚决反对特权,管好自己,管好"身边人",不给腐败腐蚀以可乘之机,永葆共产党人清正廉洁的政治本色。唯有此,才是真正的务实、求实,才会不断提升政治的执行力。

"政治不立,一切无依。"我们要把讲政治融入血脉,注入灵魂,化为气质,让讲政治成为一种内在要求、思维常态、行动自觉。要将个人理想融入实现中华民族伟大复兴的历史洪流之中,坚持正确政治方向,做到"风雨不动安如山",使自己的思想行动始终与党和国家事业发展同向用力、同频共振,以不断增强政治责任和政治担当为依托,更好地造福人民,创造更多更大的奋斗奇迹。

第二章

与时俱进的理论优势

马克思说过:"理论一经掌握群众,也会变成物质力量。"我们党历来注重理论创新,注重理论在社会发展中的价值。思想建党、理论强党是我们党的制胜法宝和根本经验。中国共产党在其诞生以来的百年里,能够运用马克思主义解决中国问题,改变中国命运,关键莫过于能将马克思主义与中国实际相结合,不断进行理论创新。党的成立本身就是马克思主义科学理论与中国工人运动实践相结合的产物。我们党不但能在实践中不断创造新奇迹、开创新局面、铸就新辉煌,而且能在理论上不断作出新论断、形成新思想、创造新理念。在生动的实践中探寻科学的理论,在创新理论的指导下推动成功的实践,始终坚持理论联系实际,努力学习科学理论,着力丰富科学理论,创新发展科学理论。这是中国共产党独具特色的巨大优势,为实现中华民族伟大复兴提供了精神动力。

◎ 理论优势从何而来

　　肩负中华民族伟大复兴使命的中国共产党的理论是分析现实、指引未来的思想基础，是约束干部、团结群众的文化基础，也是制定决策、治国理政的政治基础。这样的理论，有其独特的优势，那就是理论植根于革命、建设、改革的全部实践，最终结晶为全党的智慧，成为全国人民最可贵的政治和精神财富。这样的理论优势每每在艰难险阻时期、在社会转型时期、在面临重大机遇时期，发挥着提振精神、解疑释惑、判断是非、引领未来的作用。主要体现在：一是始终用马克思主义中国化最新成果武装全党，坚持同党内外各种错误思想作斗争，捍卫马克思主义在全党全国的指导地位，不断提高广大党员和干部的思想理论素质，从理论上保持和发展了党的先进性和纯洁性；二是始终坚持把马克思主义基本原理同中国具体实际相结合，始终坚持从人民群众的创造性实践中汲取经验，时刻注意吸收世界各国创造的文明成果，在推进马克思主义中国化时代化大众化过程中，实现了马克思主义与中国实际相结合的两次历史性飞跃，不断开辟马克思主义在中国发展的新境界；三是始终坚持以马克思主义为指导不断认识世界、改造世界，始终坚持实事求是的思想路线，坚持用马克思主义的立场、观点、方法，探索中国社会发展的客观规律，分析和研究中国革命、建设和改革中的实际问题，寻找解决问题的答案，从而保证了中国革命、建设和改革的成功。

　　党的理论优势来自伟大的实践。百年以来，在中国共产党的领导下，中国人民不断探索前进，开辟了人类历史上前所未有的伟大事业征程，取得了举世瞩目的实践成就，积累了丰富的实践经验，为党的理论创造提供了独有的实践依据。中国共产党的坚强领导是中国特色社会主义伟大实践的政治保证，中国人民的伟大创造是中国特色社会主义伟大实践的不竭动力，中国共产党为中国人民的伟大创造实践提供了指导方向和价值引领。

党的理论优势来自与时俱进的理论品格。以毛泽东同志为核心的中国共产党人将马克思主义理论与中国革命实践相结合，开辟了中国革命道路的新征程，取得了新民主主义革命和社会主义革命的胜利。以邓小平同志为核心的中国共产党人将马克思主义理论与中国建设实践相结合，开启了中国改革开放的道路，取得了中国特色社会主义建设事业的新成就。以习近平同志为核心的党中央将马克思主义理论与中国发展实践相结合，谱写了中国改革开放的新篇章，取得了中国特色社会主义发展事业的新辉煌。与时俱进是坚持解放思想、实事求是思想路线的必然结果，是坚持马克思主义基本立场、观点和方法的鲜明体现，也是理论顺应时代呼唤、回应时代呼声、永葆勃勃生机的发展规律。

党的理论优势来自理论宗旨的自信。全心全意为人民服务，是中国共产党的神圣宗旨和光荣职责。在毛泽东一生中，讲得最多、题字题得最多的就是"为人民服务"。邓小平在改革开放进程当中提出，我们要把什么作为我们整个实践活动的根本的判断标准呢？他的答案是："人民高兴不高兴""人民赞成不赞成""人民满意不满意""人民答应不答应"。党的十八大以来，以习近平同志为核心的党中央坚持马克思主义辩证唯物主义和历史唯物主义，坚持人民立场，贯彻群众路线，将"坚持以人民为中心"确立为新时代坚持和发展中国特色社会主义的基本方略之一。坚持以人民为中心的发展思想，体现了党的理想信念、性质宗旨、初心使命，也是对党的奋斗历程和实践经验的深刻总结。

党的理论优势来自宽广的理论视野。马克思主义理论本身就是在吸收人类文明的理论成果基础上产生的，无论是马克思、恩格斯等经典作家，还是中国共产党的历代领导人，都始终把继承和发扬人类文明的优秀理论成果作为不断增强自身理论力量不可或缺的思想资源。坚持和发展中国特色社会主义，既需要中国优秀传统文化的思想资源，也需要中国优秀革命文化的理论灵魂，还需要西方优秀历史文化的智慧启迪，需要将不同时代、不同社会、不同人群的理论知识集中起来，坚持古为今用、洋为中用、去粗取精、去伪存真，从当代中国建设和发展需要出发，从解决面临的现实问题出发，科学地回答中国改革开放实践道路的先进性、开放性和人民性特征，平等地与西方理论对话，维护人民的根本利益，反映人民的呼声，服务人民的实际需要，促进人民的生活幸福。

党的理论优势来自勇于理论武装。党百年的奋斗史，是高擎旗帜、艰辛探索的历史，也是铸魂立心、理论强党的历史。在这一历史进程中，党坚持不懈用理论创新成果武装全党，以思想理论建设引领党和国家事业发展，使党的理论和实践始终体现时代性、把握规律性、富于创造性。当今世界正经历百年未有之大变局，我国正处于实现中华民族伟大复兴关键时期，党正带领人民进行具有许多新的历史特点的伟大斗争，面临许多治国理政的新考验。这就要求我们不断增强理论自觉、理论自信，与时俱进地推进理论创新，坚持用习近平新时代中国特色社会主义思想武装全党、教育人民，把学习贯彻党的创新理论同学习马克思主义基本原理贯通起来，同学习党史、新中国史、改革开放史、社会主义发展史结合起来，不断增强贯彻落实的思想自觉和行动自觉。

◎ 把主义写在党的旗帜上

毛泽东指出："主义譬如一面旗子。"中国共产党从成立之日起，就把马克思主义写在自己的旗帜上，把做马克思主义的忠诚信奉者和坚定践行者作为党员必须恪守的基本准则。随着马克思主义中国化的不断推进，中国这个古老的东方大国在人类文明进步的进程中不断创造着新的发展奇迹。马克思主义指导中国革命、建设和改革成功的根本经验告诉我们，马克思主义的命运同中国共产党的命运、中国人民的命运、中华民族的命运紧紧连在一起，激发出中国共产党运用科学世界观与方法论分析解决中国问题的理论自觉与实践自觉，诠释了中国共产党人把对马克思主义的忠诚信仰转化为为中国人民谋幸福、为中华民族谋复兴的初心与使命，完成了近代以来各种政治力量不可能完成的历史任务。所有这些，既印证了"把马克思主义写在自己的旗帜上"的历史必然和实践使然，也揭示了我们党能够由小到大、由弱到强、永葆活力的基因密码。"中国共产党把马克思主义写在自己的旗帜上是完全正确的"，这是习近平总书记总结中国共产党近百年发展经验得出的科学论断，深刻揭示了党的指导思想是关系党的发展的根本问题。

从中共一大通过的《中国共产党纲领》起，中国共产党作为马克思主义政党的性质便得以明确，与以往的资产阶级政党和其他社会党派有了严格区分。从二大通过的首部党章开始，马克思主义有关原理和要求就在党章中得以体现。从七大党章开始，增设总纲部分，马克思列宁主义的理论与中国革命的实践相统一的思想——毛泽东思想作为指导思想被明确写入党章。

马克思主义不仅深刻改变了世界，也深刻改变了中国。19世纪末20世纪初，世界发展出现了一系列新的重大变化。1917年列宁领导的俄国十月革命胜利，给中国送来了马克思主义。中国共产党诞生后，中国共产党人把马克思列宁主义基本原理同中国革命具体实践结合起来，实现了马克思主义中国化的第一次历史性飞跃。中国共产党团结带领各族人民经过28年浴血奋战，完成新民主主义革命，建立了新中国。

新中国成立后，为改变我国一穷二白的落后面貌，以毛泽东同志为主要代表的中国共产党人，团结带领中国人民完成社会主义革命，确立社会主义基本制度，取得社会主义建设重大成就，实现了中华民族由不断衰落到根本扭转命运、持续走向繁荣富强的伟大飞跃。

党的十一届三中全会以后，以邓小平同志为主要代表的中国共产党人，成功开创了中国特色社会主义。进入新时代，以习近平同志为核心的党中央坚持解放思想、实事求是、与时俱进、求真务实，用不断创新的理论指导实践，交出了一份人民满意、世界赞叹的治国理政答卷。作为新时代中国共产党坚持和发展马克思主义的最新理论成果，习近平新时代中国特色社会主义思想深刻认识和准确把握共产党执政规律、社会主义建设规律、人类社会发展规律，以一系列原创性战略性的重大思想观点丰富和发展了马克思主义，系统回答了新时代坚持和发展什么样的中国特色社会主义、怎样坚持和发展中国特色社会主义这个重大时代课题，成为当代中国马克思主义、21世纪马克思主义。

经过全党全国各族人民共同努力，在迎来中国共产党成立一百周年的重要时刻，我国脱贫攻坚战取得了全面胜利，现行标准下9899万农村贫困人口全部脱贫，832个贫困县全部摘帽，12.8万个贫困村全部出列，区域性整体贫困得到解决，完成了消除绝对贫困的艰巨任务，创造了又一个彪炳史册的人间奇迹！这是中国人民的伟大光荣，是中国共产党的伟大光荣，是中华民族的伟大光荣，以不可辩驳的事实彰显了马克思主义的伟大力量，也让全世界越来越多的人看到了马克思主义闪烁着的耀眼的真理光芒！

历史证明，中国共产党人是马克思主义忠诚信奉者。他们完全使用贯穿《共产党宣言》的唯物史观观察社会历史发展，完全遵循《共产党宣言》所指出的无产阶级革命道路推动中国社会前进，坚定地向着共产主义理想前进。这是中国共产党近百年来走过的现实道路。今天，虽然距离《共产党宣言》发表已经过去了170多年，但中国共产党人仍然强调要"不忘初心、牢记使命"，强调"走得再远、走到再光辉的未来，也不能忘记走过的过去，不能忘记为什么出发"。

第二章 与时俱进的理论优势

历史同样证明，中国共产党人是马克思主义坚定实践者。在中国这样一个经济文化落后的东方大国，无论是进行民主革命和社会主义革命，还是进行社会主义建设和改革，都是史无前例的事业，其方法在任何一部共产主义书本当中都找不到。但是，自从中国共产党人学会了马克思列宁主义以后，不仅能全面透彻地领会掌握马克思主义的精神实质，科学有效地运用马克思主义这一锐利武器，还能创造性地发展马克思主义，在与中国具体实际相结合中寻求解决问题的正确方法。

历史反复证明，中国共产党之所以能够完成近代以来各种政治力量不可能完成的艰巨任务，就在于始终把马克思主义这一科学理论作为自己的行动指南，并坚持在实践中不断丰富和发展马克思主义。习近平总书记指出："马克思主义始终是我们党和国家的指导思想，是我们认识世界、把握规律、追求真理、改造世界的强大思想武器。"对马克思主义的信仰，对社会主义和共产主义的信念，是共产党人的政治灵魂。百年来，面对民族独立、人民解放、国家富强、人民幸福等时代考题，一代又一代中国共产党人，在马克思主义指引下，以坚定的理想信念、强烈的历史担当、昂扬的精神状态，书写了无愧于民族、历史和人民的优异答卷。

把主义写在党的旗帜上是马克思主义学习型政党的本质要求。始终把马克思主义作为立党立国的根本指导思想，是我们党一个最显著的标志和最鲜明的品格，也是全党全国人民团结一致、始终沿着正确方向前进的根本思想保证。时代在变化，实践在前进。当代中国已站在一个新的历史起点上，战略机遇期、黄金发展期和矛盾凸显期同时并存，推动科学发展、促进社会和谐任务艰巨而繁重。在新的起点上，不断把中国特色社会主义推向前进，必须紧紧围绕什么是马克思主义、怎样对待马克思主义，什么是社会主义、怎样建设社会主义，建设什么样的党、怎样建设党，实现什么样的发展、怎样发展等重大问题，不断作出新的理论概括，增强理论说服力和感召力，丰富发展中国特色社会主义理论体系，为进一步认识世界和改造世界、推动党和国家事业发展提供强有力的理论指导。

习近平总书记在党史学习教育动员大会上强调：我们党的历史，就是一部不断推进马克思主义中国化的历史，就是一部不断推进理论创新、进行理论创造的历史。一百年来，我们党坚持解放思想和实事求是相统一、培元固本和守正创新相统一，不断开辟马克思主义新境界，产生了毛泽东思想、邓小平理论、"三个代表"重要思想、科学发展观，产生了新时代中国特色社会主义思想，为党和人民事业发展提供了科学理论指导。我们要从党的非凡历程中领会马克思主义是如何深刻改变中国、改变世界的，感悟马克思主义的真理力量和实践力量，深化对中国化马克思主义既一脉相承又与时俱进的理论品质的认识，特别是要结合党的十八大以来党和国家事业取得历史性成就、发生历史性变革的进程，深刻学习领会新时代党的创新理论，坚持不懈用党的创新理论最新成果武装头脑、指导实践、推动工作。

◎ 思想建党理论强党

毛泽东同志曾说过："掌握思想教育，是团结全党进行伟大政治斗争的中心环节。"回顾党的光辉历程，党的奋斗史就是一部理论强党史。从井冈山时期加强无产阶级思想领导、古田会议确立思想建党原则，到延安时期开展整风运动，再到改革开放以来的"三讲"教育、"三严三实"专题教育、"两学一做"学习教育、"不忘初心、牢记使命"主题教育等，从毛泽东思想到邓小平理论、"三个代表"重要思想、科学发展观，再到习近平新时代中国特色社会主义思想，我们党始终将思想建党牢牢抓在手上，体现了先进科学理论的强大引领作用。正如习近平总书记指出："回顾党的奋斗历程可以发现，中国共产党之所以能够历经艰难困苦而不断发展壮大,很重要的一个原因就是我们党始终重视思想建党、理论强党,使全党始终保持统一的思想、坚定的意志、协调的行动、强大的战斗力。"

党领导革命和建设时期:理论强党使中华民族站起来。党从创建时起就以马克思主义作为指导思想,但对它的科学认识和正确把握却经历了相当艰难的历史过程。毛泽东对马克思主义既有坚定信仰,又没有学理主义、教条主义习气。他悟出了马克思主义认识问题的方法论,投身革命后不唯书、不唯上,一切从实际出发制定方针政策。在领导湘赣边秋收起义攻打长沙失利后,他率领起义队伍上井冈山,开辟了党领导的第一个农村革命根据地,随后探索到了"农村包围城市,武装夺取政权"的中国特色革命道路。这是对马克思主义革命理论的创造性发展。抗日战争开始后,通过对党的历史经验深刻总结,提出"马克思主义中国化",倡导"马克思主义的理论和中国革命的实践相结合",号召全党特别是领导干部,必须深入地研究马克思主义理论。随后开展的整风运动,作为全党的马克思主义教育运动,实际上是一次空前伟大的理论强党运动。正是通过这次理论强党运动,毛泽东思想成为党的指导思想。在这个中国化马克思主义理论指引下,党成为领导全民族抗战胜利的实际核心,经过解放战争取得新民主主义革命胜利,建立了人民民主专政的中华人民共和国,中国人民站起来了!

新中国成立后,中国共产党进一步强调理论强党任务,完成了从新民主主义到社会主义的过渡,确立了社会主义基本制度,发展了社会主义的经济、政治和文化。毛泽东多次指出,要继续努力学习马克思主义理论,并且一定要与中国实际相结合,要建立强大的马克思主义理论队伍,"没有这支队伍,对我们全党的事业,对我国的社会主义工业化、社会主义改造、现代化国防、原子能的研究,是不行的,是不能解决问题的"。

党在改革开放新时期:理论强党使中华民族开始富起来。党的十一届三中全会进行拨乱反正,实行以经济建设为中心和改革开放路线,开启了中国人民由站起来到富起来的历史。我们党团结带领人民进行改革开放新的伟大变革，破除阻碍国家和民族发展的一切思想和体制障碍，开辟了中国特色社会主义道路，使中国大踏步赶上时代。2010年我国的经济发展总量超过日本，成为世界第二大经济体。

党的十八大以来：理论强党使中华民族继续走向强起来。以习近平同志为核心的党中央接过历史接力棒，坚持理论强党的优良传统，对理论强党提出了五个方面要求：一是强调马克思主义是我们党的立党之本。我们要固的本，就是坚定这份信仰。马克思主义政党一旦放弃马克思主义信仰，社会主义就会土崩瓦解。在坚持马克思主义指导地位这一根本问题上，必须坚定不移，任何时候任何情况下都不能丝毫动摇。二是强调马克思主义信仰是共产党人的政治灵魂和精神支柱。但是，"崇高信仰、坚定信念不会自发产生。要炼就'金刚不坏之身'，必须用科学理论武装头脑，不断培植我们的精神家园"。三是强调马克思主义作为我们立党立国的根本指导思想，是我们党提出中国特色社会主义道路、理论、制度之源。"马克思主义就是我们共产党人的'真经'"，"不了解、不熟悉马克思主义基本原理，就不可能真正了解和掌握中国特色社会主义理论体系"。四是强调领导干部特别是高级干部，必须把马克思主义作为看家本领，以更宽广的视野、更长远的眼光来思考把握未来发展面临的一系列重大问题，不断提高运用科学理论指导应对重大挑战、抵御重大风险、克服重大阻力、解决重大矛盾的能力。五是强调以高度的理论自觉和理论自信，深入总结中国特色社会主义实践，更好实现马克思主义基本原理同当代中国具体实际相结合，不断创新和发展马克思主义。我们党正是以这样高度重视思想建党理论强党，形成了习近平新时代中国特色社会主义思想，解决了许多长期想解决而没有解决的难题，办成了许多过去想办而没有办成的大事。

思想建党理论强党要深入学习领会习近平新时代中国特色社会主义思

想。习近平新时代中国特色社会主义思想是党和国家必须长期坚持的指导思想,已经写入党章、载入宪法。这是党的十八大以来我们党领导人民推进伟大实践、伟大斗争取得的根本思想成果、重大政治成果。习近平新时代中国特色社会主义思想高扬马克思主义旗帜、坚持发展科学社会主义,对党和国家事业具有根本指导作用,是指引新时代、激励新奋斗的精神力量,是全党全国人民增强"四个意识"、坚定"四个自信"、做到"两个维护"的思想根基。深入学习贯彻习近平新时代中国特色社会主义思想,是一项长期的政治任务,也是我们加强党的理论建设的根本所在。理论一经群众掌握,就会变成强大的物质力量。坚持以习近平新时代中国特色社会主义思想武装头脑、指导实践、推动工作,我们就一定能够引领承载着中国人民伟大梦想的航船破浪前进,开创中华民族伟大复兴更加光明的前景。

思想建党理论强党要根植于伟大实践。毛泽东指出:"真理只有一个,而究竟谁发现了真理,不依靠主观的夸张,而依靠客观的实践。只有千百万人民的革命实践,才是检验真理的尺度。"这就是说,正确的理论、事物的本质和规律要从实践中来。高度重视党的理论建设,就要学习掌握认识和实践的辩证关系原理,坚持实践第一的观点,不断推进实践基础上的理论创新,将不同地区、不同部门的具体实践经验以及不同学科研究得出的相关结论上升到马克思主义基本理论层面再认识、再提炼,实践、认识,再实践、再认识。

思想建党理论强党要有科学态度。毛泽东指出:"教条主义是哪里来的?是不是从马、恩、列、斯那里来的?不是的。他们经常在著作里提醒我们,说他们的学说是行动的指南,是武器,不是教条。人家讲的不是教条,我们读后变成了教条,这是因为我们没有读通,不会读,我们能责备他们吗?"习近平总书记强调:"对待马克思主义,不能采取教条主义的态度,也不能采取实用主义的态度。"将党的理论建设持续推向深入,必须以科学的态度对待科学，以真理的精神追求真理。既不能将马克思、恩格斯在特定历史语境中提出的论断视为一成不变的教条，也不能望文生义、歪曲马克思主义基本原理和马克思主义经典著作的真精神。我们要将以马克思主义为指导贯穿党的理论建设始终，要大力弘扬理论联系实际的优良学风，坚持一切从实际出发、实事求是，始终将马克思主义中国化最新成果作为新时代加强党的理论建设的强大思想武器。把学懂弄通做实习近平新时代中国特色社会主义思想的认识成果，落实到中央部署的、我们正在做的事情上来，落实到增强过硬本领、推动实际工作上来，更好把科学理论转化为改造客观世界和主观世界的强大力量。

理想之光照亮奋斗之路，信仰之力开创美好未来。新时代新征程，我们要坚持用习近平新时代中国特色社会主义思想武装我们的头脑、坚定我们的信仰、指引我们的方向，凝聚起14亿中国人民的磅礴伟力，实现中华民族伟大复兴。

◎ 理论创新是党的巨大优势

理论的生命力在于不断创新。马克思主义并不提供解决一切问题的现成答案，它始终与中国国情相结合、与时代发展同进步、与人民群众共命运，因而能在中国大地上生根发芽、开花结果。不断巩固和发挥党的理论优势，更好推进思想建党、理论强党，必须因时而进、因势而新，不断推进理论创新。

所谓理论创新，首先它是马克思主义的，失去了这个根本，就无所谓指导思想上的创新。其次，它必须与中国国情相结合，产生中国式的马克思主义。我们称之为马克思主义中国化。这个"化"至关重要，这个"化"就是几代中国共产党人将马克思主义运用于中国革命与建设实践中

第二章　与时俱进的理论优势

的理论创新。

中国共产党的发展史贯穿着一条红线，这就是党建理论的与时俱进、传承创新。中国共产党的党建理论不是静态的，而是一个随时代变化、实践需要而不断创新发展的科学理论体系。在这一科学理论指导下，中国共产党不仅成功地完成了一次次自我革命，而且推动党和人民各项事业不断开创新局面，也不断向世界证明这个成立百年的大党依然风华正茂、依然生机勃勃，能不断取得新的伟大成就。

半个多世纪前的1963年5月，毛泽东在《人的正确思想是从哪里来的？》一文中指出："人的正确思想是从哪里来的？是从天上掉下来的吗？不是。是自己头脑里固有的吗？不是。人的正确思想，只能从社会实践中来……人们的社会存在，决定人们的思想。"习近平总书记指出："当代中国正经历着我国历史上最为广泛而深刻的社会变革，也正在进行着人类历史上最为宏大而独特的实践创新。这种前无古人的伟大实践，必将给理论创造……提供强大动力和广阔空间。"这些论断也一再被中国共产党诞生百年来的历史所证实。

我们党的百年历史，就是一部理论创新的历史。我们党推进党的事业伟大实践与我们党推进理论创新的历史是有机统一的。我们党从创立之日起，就高擎起了马克思主义的理论之旗、精神之旗。但马克思主义与中国共产党的结合却经历了一个曲折复杂的过程。幼年时期的中国共产党照搬照抄马克思主义，没有以科学的态度对待科学理论，致使党的事业经历了挫折和失败。以毛泽东同志为代表的中国共产党人得以实现了理论上的觉醒，1930年，毛泽东在《反对本本主义》一文明确提出：马克思主义的本本是要学习的，但是必须同我国的实际情况相结合。我们需要本本，但是一定要纠正脱离实际情况的本本主义。正是有了这种追求真理的清醒和自觉，我们党结束了"左"和右的思想干扰，把马克思主义基本原理与中国实际相结合，实现了马克思主义在中国的第一次历史性飞跃，创立了马克思主义中国化的最新成果——毛泽东思想，并指引中国革命走向胜利。

进入社会主义建设时期，围绕坚持和发展中国特色社会主义这个党的全部理论和实践主题，我们一代又一代共产党人接续奋斗，始终坚持理论与实际相结合，坚持一切从实际出发，解放思想、与时俱进，不断推进理论探索、理论研究和理论创新，以改革精神、世界眼光、开放胸怀审视和思考发展变化中的中国问题，形成了邓小平理论、"三个代表"重要思想、科学发展观及习近平新时代中国特色社会主义思想。这些理论成果都是马克思主义中国化的最新表达，是我们党最重大的理论创新。有了这些科学理论的指引，中华民族迎来了从站起来、富起来到强起来的伟大飞跃。

理论创新能力是中国共产党执政的核心能力。党的历史表明，理论创新不仅贯通了党的发展，而且成为我们党执政的核心能力。我们党为什么能够从艰辛困苦中走过来？为什么能够迎来改革开放的巨大成功？关键就在于能够根据变化了的情况灵活运用马克思主义，进行理论创新来回答和解决中国的实际问题。正是因为有了理论创新能力，我们党才度过了一场又一场危机，化解了一道又一道风险，才赢得了最终的胜利成功。我们可以清楚地看到，党的理论创新能力首先回答和解决了用什么样的思想武装人们头脑指引人民前进的问题。其次，也解决了用什么把人民组织起来的问题。中国有十多亿民众，不团结就会一盘散沙，毫无力量；只有亿万万民众团结一心，才能筑起钢铁长城。我们党在革命建设和改革发展的不同时期，面对重大困难、重大问题、重大挑战和重大风险，就是靠马克思主义创新理论为我们提供了思想指引、立场指引、方法指引和目标指引，把各族人民紧紧团结在党中央周围，斗罢风险再出发，渡尽劫波始平安。最后，解决了用什么样的道路带领全国人民前进的问题。道路问题至关重要，关乎方向，关乎前途命运。我们党百年的奋斗历史就是党探索中国道路的历史，我们党理论创新的成果就是解决中国道路的智慧结晶和思想集成。围绕这个问题，我们党坚持运用马克思主义基本原理，着眼于马克思主义的运用，着眼于对实际问题的思考，着眼于新实践和新发展，在不同历史时期走出了符合中国实际的正确道路。

实践永无止境，理论创新就永无止境。当前，我们全面建成小康社会取得决定性成就，乘势而上开启全面建设社会主义现代化国家新征程、向第二个百年奋斗目标进军，正在进行具有许多新的历史特点的伟大斗争，当代中国马克思主义、21世纪马克思主义理应是中国共产党人在21世纪用中国智慧提出的解决当代中国问题特别是中国难题的中国方案，并体现出自己的理论价值和理论意义。实践出真知。伟大的实践孕育光辉的思想。聚焦人民实践创造，结合新的实践不断作出新的理论创造、理论创新，这是马克思主义永葆生机活力的奥妙所在。

◎ 善用科学理论"铸魂"

古人有言，治天下者先治己，治己者先治心。治心的最直接方法，就是用科学理论武装头脑。习近平总书记指出："要坚持思想建党、理论强党，坚持学思用贯通、知信行统一，推动广大党员干部全面系统学、深入思考学、联系实际学，不断增强'四个意识'、坚定'四个自信'、做到'两个维护'，筑牢信仰之基、补足精神之钙、把稳思想之舵。"这明确指出了理论武装基础性作用。历史和实践一再证明，政治上的坚定、党性上的坚定离不开理论上的坚定，理论上的成熟是政治上成熟的基础。一个成熟的政党往往非常重视理论武装，把理论武装作为坚实的"垒基工程"。正是通过不断强化的理论武装，我们党才逐渐从弱小走向强大。当前，世情国情党情发生深刻变化，唯有强化理论武装，才能坚定主心骨、把稳"定盘星"，才能守住初心、担当使命。

党自成立之日起就非常重视用党的科学理论"铸魂"。党的一大通过的《中国共产党纲领》明确宣示："我党采取苏维埃的形式，把工农劳动者和士兵组织起来，宣传共产主义，承认社会革命为我党的首要政策。"党的四大通过的关于宣传工作的决议案强调："各地方不应忽略了利用每个群众集合，实行我们广大的宣传和鼓动工作。在这种工作中，传单、小册子的内容，讲演人的口号均宜十分切合群众本身实际要求。"我们党从小到大、从弱到强发展的一条宝贵经验，就是坚持理论武装和理论宣传，把马克思列宁主义的普遍真理同中国的具体实践相结合，并在实践基础上不断推进马克思主义中国化时代化大众化，特别是每当革命、建设、改革的重大历史关头，总是更加重视理论指导，结合不断发展的实际加强党员、干部的理论学习。比如建党早期，针对农民党员占绝大多数、党员的思想理论水平参差不齐的状况，毛泽东同志强调，保持党和党员的先进性，根本途径是加强党内马克思主义理论教育，不断提高党员的思想觉悟，使每一名党员不仅在组织上入党，更要首先在思想上入党。

延安时期，毛泽东发起马克思主义教育运动，全党认真学习马列主义，达到了思想和行动的高度统一，为取得革命胜利奠定了基础。新中国成立前夕，毛泽东把进城比作"进京赶考"，要求全党进一步开展马克思主义教育，学习马列著作，学习经济和城市管理，为建立新中国创造了条件。新中国建设初期，全党努力学习马列主义、毛泽东思想，学习过去不熟悉的东西，创造性地进行社会主义改造，开展社会主义建设。

改革开放以来，先后在全党兴起了学习邓小平理论、"三个代表"重要思想、科学发展观、习近平新时代中国特色社会主义思想的学习热潮，用马克思主义中国化最新理论成果武装全党，使广大党员干部不断得到普遍的、深刻的党的理论创新成果学习教育，不断提高全党的马克思主义理论水平，为贯彻党的路线方针政策，推进党的建设新的伟大工程，提供了科学思想指导、注入了强大的精神动力。可以说，我们党的事业所取得的每一个发展和每一个胜利，都是与注重用科学理论武装全党、教育人民分

第二章　与时俱进的理论优势

不开的。

革命战争年代，有些战士的干粮袋里除了放干粮，还会放几本马列小册子。毛泽东说："打完仗后，就读他一遍或者看他一两句，没有味道就放起来，有味道就多看几句，七看八看就看出味道来了……"新时代，共产党人仍需大力弘扬这种"干粮袋里放马列"的精神，把学用理论当成生活习惯、爱好乐趣、价值追求，不断增强理论修养。

用党的科学理论"铸魂"是党加强自身建设的宝贵经验，是加强党的组织建设的首要任务，是守住马克思主义思想教育阵地的必然要求，是我们党坚持科学指导思想的内在要求，是巩固和发展全党全国各族人民团结奋斗的共同思想基础的必然要求，是全面建设社会主义现代化国家的必然要求，也是发挥党的组织优势的现实需要。"没有革命的理论，就不会有革命的运动。"中国共产党的发展历史，是一部始终高度重视思想理论建党的历史，是一部不断学习、提高全党马克思主义理论水平的历史。正如习近平总书记所指出的，我们党在中国这样一个有着14亿人口的大国执政，面对着十分复杂的国内外环境，肩负着繁重的执政使命，如果缺乏理论思维的有力支撑，是难以战胜各种风险和困难的，也是难以为继不断前进的。

用党的科学理论"铸魂"要有宁静致远的精神境界。在抓理论学习时，要有"望尽天涯路"那样志存高远的追求，有耐得住"西风凋碧树"的清冷和"独上高楼"的寂寞，静下心来刻苦钻研。当前，面对复杂形势和艰巨任务，面对前所未有的风险挑战，我们要赢得优势、赢得主动、赢得未来，必须不断提高运用马克思主义分析和解决实际问题的能力，不断提高运用习近平新时代中国特色社会主义思想指导我们应对重大挑战、抵御重大风险、克服重大阻力、化解重大矛盾、解决重大问题的能力，以更宽广的视野、更长远的眼光来思考把握未来发展面临的一系列重大问题，在经风雨、见世面中长才干、壮筋骨，练就担当作为的硬脊梁、铁肩膀、真本事，为实现新时代党的历史使命不懈奋斗。因此，对于理论学习，要舍得花精力，要有"不积跬步，无以至千里；不积小流，无以成江海"的锲而不舍的精神。

用党的科学理论"铸魂"要掌握行之有效的方法。古人云："学而不思则罔，思而不学则殆。"学习的过程实际上是一个不断思考、深化认知的过程。善于思考是学懂弄通理论的关键。在理论武装过程中，要善于拿起批判的武器，在思考中仔细辨别真伪，发现新问题，形成新认知。要在知行合一、狠抓落实上下功夫。真正发挥我们党理论联系实际的优势，以强大的理论武器和饱满的实践热情投身于伟大斗争、伟大工程、伟大事业、伟大梦想的实践中。实践永无止境，创新永无止境。"马克思的整个世界观不是教义，而是方法。"马克思主义没有结束真理，而是开辟了通往真理的道路。要善于总结新经验新做法，根据中国发展经验对民主政治、经济治理、环境保护、维护和平等进行创造性诠释并上升为新的理论，在实践中不断丰富和发展马克思主义，推动马克思主义不断开辟新的境界。

政治上的坚定、党性上的坚定，都离不开理论上的坚定，用党的科学理论"铸魂"，就要加强习近平新时代中国特色社会主义思想的理论武装，提高马克思主义理论水平和运用能力，把党的创新理论转化为推进新时代中国特色社会主义伟大事业的实践力量，转化为党员干部的强大思想武器，把党建设成为始终走在时代前列、人民衷心拥护、勇于自我革命、经得起各种风浪考验、朝气蓬勃的马克思主义执政党。当今世界正经历百年未有之大变局，我国正处于实现中华民族伟大复兴关键时期，我们党正带领人民进行具有许多新的历史特点的伟大斗争。作为百年大党，我们要以党的创新理论滋养初心、引领使命，从党的非凡历史中找寻初心、激励使命，在严肃党内政治生活中锤炼初心、体悟使命，把初心和使命变成锐意进取、开拓创新的精气神和埋头苦干、真抓实干的原动力。

第二章 与时俱进的理论优势

◎ 与时俱进的理论品格

时代是思想之母,实践是理论之源。在实践的基础上保持和发扬与时俱进的理论品格,是我们党永葆生机活力的奥妙所在。习近平总书记指出:"这是一个需要理论而且一定能够产生理论的时代,这是一个需要思想而且一定能够产生思想的时代。我们不能辜负了这个时代。"让理论与时代同行、扎根实践沃土,就必须坚持解放思想、实事求是、与时俱进。

与时俱进是辩证唯物论的内在要求。与时俱进体现了唯物辩证法的根本原则,也是辩证唯物主义认识论的内在要求。人们的认识必须随着时代和实践的发展而发展,人们的思想观念和理论认识必须符合客观存在及其发展变化。党成立百年来,面对没有现成答案的一系列新情况新问题,能够勇于变革、勇于创新,永不僵化、永不停滞,在不断"赶考"中夺取一个又一个伟大胜利,根源正在于坚持了解放思想、实事求是、与时俱进。

毛泽东指出:"马克思这些老祖宗的书,必须读。"我们党无论是顺境还是逆境,始终没有动摇过对马克思主义的信仰,没有动摇过对共产主义远大理想的追求,并且坚持把马克思主义作为科学的世界观和方法论,作为观察问题、分析问题、解决问题的正确的立场、观点和方法,深刻领悟其中蕴含的政治立场、价值追求和思想风范,为丰富和发展党的思想理论找到了方向,解决了"桥"和"船"的问题。

改革开放以后,我们党以巨大政治勇气和理论勇气提出社会主义不等于计划经济,大胆把市场经济与社会主义制度结合起来,并根据实践的发展,把市场在资源配置中的"基础性作用"改为"决定性作用"。类似这样的理论和实践创造,举不胜举,推动"中国号"巨轮不断破浪前行。

党的十八大以来,以习近平同志为核心的党中央坚持解放思想、实事求是、与时俱进，谱写了新时代中国特色社会主义的新篇章。从全面深化经济、政治、文化、社会、生态文明体制改革，到扎实推进国防和军队、党的领导和党的建设制度等一系列重大改革，新时代中国特色社会主义伟大事业在打破陈规、破立结合中不断发展，在紧紧扭住并有力破解一些牵动面广、耦合性强的深层次矛盾中奋力推进。在习近平新时代中国特色社会主义思想的科学指引下，中国人民和中华民族的创造活力空前迸发，解决了许多长期想解决而没有解决的难题，办成了许多过去想办而没有办成的大事，新时代中国的伟大创造正在书写新的"中国故事"。

与时俱进是马克思主义的理论品格，在与实际相结合中不断得到证明。马克思主义是发展的科学，是发展的真理。但对这些原理的实际运用，随时随地都要以当时的历史条件为转移。马克思恩格斯之所以这样讲，是因为他们坚信任何理论包括他们自己的理论都是行动的指南而不是教条，都要经受实践的检验，都会随着时代、实践和科学的发展而不断发展。马克思主义并没有结束真理，而是开辟了通向真理的道路。实践昭示我们，只有立足我国实际，坚持马克思主义基本原理同当代中国具体实际相结合，才能真正彰显马克思主义的巨大真理威力和强大生命力，切实推动社会历史发展。只有立足时代特点，把握世界大势，吸收人类文明一切有益成果，才能更好运用马克思主义观察时代、解读时代、引领时代，不断创新和发展马克思主义。"只有以先进理论为指南的党，才能实现先进战士的作用。"我们党之所以能不断从胜利走向胜利，很重要的一条就是坚持用科学理论武装广大党员、干部的头脑，使全党始终保持统一的思想、坚定的意志、强大的战斗力。"马克思的整个世界观不是教义，而是方法。"只有把马克思主义作为看家本领，以更宽广的视野、更长远的眼光来思考问题，不断提高运用马克思主义分析和解决实际问题的能力，不断提高运用科学理论指导我们应对重大挑战、抵御重大风险、克服重大阻力、解决重大矛盾的能力，我们才能赢得优势、赢得主动、赢得未来。坚

第二章　与时俱进的理论优势

持不懈用马克思主义中国化最新成果武装头脑、凝心聚魂，坚定全党马克思主义信仰和共产主义理想，不断提高全党特别是领导干部的理论思维能力和思想政治水平，就能把科学思想理论转化为认识世界、改造世界的强大物质力量，更好坚持和发展中国特色社会主义。

与时俱进的理论品格是我们党的优良传统。中国共产党从创立时起就确立了马克思主义的指导地位。党领导中国人民在不断推进马克思主义中国化进程中，取得了新民主主义革命、社会主义革命和社会主义建设、改革开放的伟大成就。正是保持和发扬与时俱进的理论品格，党的一代又一代领导人在坚持马克思主义基本原理的基础上，深入研究我国发展的阶段性特征，及时总结党领导人民创造的新经验，不断回答实践提出的新课题。新时代，我们党紧密结合新的时代条件和实践要求，以全新的视野深化对党执政规律、社会主义建设规律、人类社会发展规律的认识，通过艰辛的理论探索，取得重大理论创新成果，形成了习近平新时代中国特色社会主义思想，这是对马克思主义的继承、丰富和发展的又一次体现，是马克思主义基本原理同中国实际相结合进程中的又一次飞跃。特别是党的十八大以来，中国特色社会主义理论创新的力度和速度显著增强，进度和成效前所未有。纵观党的历史，理论创新已经成为党的文化基因与精神密码。

与时俱进的理论品格是我们党的独特优势。我们党历来强调思想建党、理论强党，把理论创新摆在极为重要的位置。每当革命、建设和改革处于重大转折时期，都勇于和善于推进实践基础上的理论创新，坚持在实践中不断丰富和发展马克思主义。这一特殊优势使我们党得以摆脱以往一切政治力量追求自身利益的局限，以唯物辩证的科学理论和无私无畏的博大胸怀领导和推动中国革命、建设和改革，不断坚持真理，修正错误，从而完成近代以来其他政治力量不可能完成的艰巨任务。新民主主义革命时期，以毛泽东同志为代表的中国共产党人提出了马克思主义中国化的命题,形成了新民主主义革命理论,找到了适合中国国情的革命道路,引领中国革命取得了成功。改革开放以来,以邓小平同志为代表的中国共产党人确立了中国特色社会主义的主题,形成了中国特色社会主义理论体系,指引改革开放的伟大历史进程,取得了中国现代化事业的辉煌成就。特别是习近平新时代中国特色社会主义思想的形成,引领中国特色社会主义走进新时代、迈进新征程,迎来中华民族伟大复兴的光明前景。

邓小平曾指出:"一个党,一个国家,一个民族,如果一切从本本出发,思想僵化,迷信盛行,那它就不能前进,它的生机就停止了,就要亡党亡国。"保持和发扬与时俱进的理论品格必须坚持马克思主义基本原理和方法。理论创新的前提是坚持马克思主义基本原理和方法,增强理论自信和战略定力,离开这个前提,理论创新就会失去正确方向;保持和发扬与时俱进的理论品格必须坚持理论与实践相统一的原则。要坚持辩证唯物主义和历史唯物主义的方法论,从历史和现实、理论和实践、国内和国际等的结合上进行思考,从我国社会发展的历史方位上来思考,从党和国家事业发展大局出发进行思考,得出正确结论。保持和发扬与时俱进的理论品格还必须坚持解放思想、实事求是、与时俱进这一马克思主义思想路线。必须更加清醒地认识当今的世情、国情和党情,牢牢把握社会主义初级阶段这个最大国情,更准确地把握我国社会主义初级阶段不断变化的特点,不断开辟中国特色社会主义事业新局面,开辟马克思主义中国化新境界,让当代中国马克思主义放射出更加灿烂的真理光芒。

实践发展永无止境,认识真理永无止境,理论创新永无止境。今天,我们比历史上任何时期都更接近、更有信心和能力实现中华民族伟大复兴的目标。但这绝不是轻轻松松、敲锣打鼓就能实现的。伟大梦想是在社会主义初级阶段背景下实现中华民族伟大复兴,在世界上最大发展中国家全面建成社会主义现代化强国,在有14亿多人口的东方大国基本实现共同富裕,在以西方为主导的世界格局中实现中国由全球治理的参与者向全球治理的引领者转变。所有这些都是过去从来没有过的全新事业，要求我们必须破除因循守旧的思想，永葆与时俱进的理论品格，以创新的精神寻找新方法、探索新路径、积累新经验、采取新举措。

◎ 以理论自信筑事业之基

百年来，中国共产党人创造了博大精深的马克思主义中国化理论创新成果。新中国发展过程中，中国共产党始终以高度的理论自觉，不断把马克思主义基本原理同中国具体实际和时代特征创造性地结合起来，不断丰富和完善中国化马克思主义的理论内涵，极大地发展了马克思主义的理论宝库。

以毛泽东同志为主要代表的中国共产党人，明确提出要走自己的路，独立自主地探索适合中国国情的社会主义建设道路，实现马克思主义同中国具体实际相结合，创立了社会主义革命和建设理论，特别是提出了社会主义社会基本矛盾理论、正确处理人民内部矛盾理论等，丰富和发展了毛泽东思想。

以邓小平同志为主要代表的中国共产党人，紧紧围绕中国特色社会主义这个根本主题，创造性地回答了"什么是社会主义、怎样建设社会主义""建设什么样的党、怎样建设党""实现什么样的发展、怎样发展"等一系列重大时代课题，科学解决了中国特色社会主义的发展道路、发展阶段、根本任务、发展动力、外部条件、政治保证、战略步骤、党的领导和依靠力量以及祖国统一等基本问题，不断把对社会主义的认识提高到新的水平，创立了邓小平理论、"三个代表"重要思想和科学发展观，形成并不断发展了中国特色社会主义理论体系。

以习近平同志为主要代表的中国共产党人，紧密结合新的时代条件和实践要求，从理论和实践结合上牢牢抓住并科学回答了"新时代坚持和发展什么样的中国特色社会主义、怎样坚持和发展中国特色社会主义"这个重大时代课题，科学解决了新时代中国特色社会主义的总目标、总任务、总体布局、战略布局和发展方向、发展方式、发展动力、战略步骤、外部条件、政治保证等基本问题，创立了习近平新时代中国特色社会主义思想，形成了马克思主义中国化的最新理论成果，极大地丰富和发展了中国特色社会主义理论体系。

这些具有深度思想内涵和严密理论逻辑的重大成果，深度回答了中国共产党为什么"能"、马克思主义为什么"行"、中国特色社会主义为什么"好"等深层次理论问题；深度回答了人类向何处去、社会主义向何处去、当代中国向何处去、中国共产党向何处去等重大时代之问、实践之问、人民之问，不断深化对共产党执政规律、社会主义建设规律、人类社会发展规律的认识，具有当今世界任何其他理论都无可比拟的真理力量。

马克思主义中国化理论创新成果，具有无比强大的实践指导力量，是被实践证明并将继续证明的伟大行动指南。马克思主义中国化理论创新成果的鲜明特点，就是世界观和方法论的有机统一，科学理论和行动指南的有机统一。这些理论成果以强大的真理力量深入群众、指导实践，强化了全党全国人民的远大理想和共同理想，提高了广大人民群众的认识水平和思想境界，激发了中国人民的历史主体性和积极创造性，形成了坚持和发展中国特色社会主义的磅礴力量。

在毛泽东思想的指引下，中国人民战胜了各种艰难困苦，取得了社会主义革命和建设的重大成就，为开创中国特色社会主义奠定了政治前提和物质基础。在邓小平理论指引下，中国人民开启了在改革开放中发展社会主义的创新性实践，成功开创了中国特色社会主义。在"三个代表"重要思想的指引下，中国人民不断发展社会主义市场经济、民主政治和先进文化,把中国特色社会主义事业成功推向21世纪。在科学发展观指引下,中国人民着力推动科学发展、促进社会和谐,成功地把中国特色社会主义事业继续推向前进。

在新时代的历史方位中,习近平新时代中国特色社会主义思想不仅为马克思主义哲学、政治经济学和科学社会主义提供了原创性的理论贡献,成为中国特色社会主义理论体系的重要组成部分和最新成果;而且根据新的实践要求,对新时代中国特色社会主义经济、政治、文化、社会、生态文明和党的建设等各方面工作作出战略部署和政策指导,丰富了新时代坚持和发展中国特色社会主义的基本理论、基本路线、基本纲领,是统筹推进"五位一体"总体布局、协调推进"四个全面"战略布局、统揽"四个伟大"的根本遵循,是全党全国各族人民实现中华民族伟大复兴的行动指南。

马克思主义中国化理论创新成果,不仅是中国的而且是世界的,具有重大的世界历史意义,为人类文明发展作出了重大贡献。在创立之初,马克思主义就着眼世界历史发展,追求全人类的解放和幸福。中国共产党人是坚定的马克思主义者,建党之初就提出"改造中国与世界"的口号,既要为中国人民谋幸福,又要为世界人民谋发展,既要为中华民族谋复兴,也要为人类进步事业作贡献。

新中国成立以来,党领导人民发展奋进的过程中,既牢牢地立足中国实际,又放眼全球,既坚定地维护中国的核心利益,又推动世界的共同发展,即便是在我们并不宽裕的条件下也尽最大努力帮助第三世界国家人民。中国特色社会主义的成功发展,不仅在中华人民共和国发展史上、中华民族发展史上具有重大意义,在世界社会主义发展史上、人类社会发展史上也具有重大意义,拓展了发展中国家走向现代化的途径,给世界上那些既希望加快发展又希望保持自身独立性的国家和民族提供了全新选择,为解决人类问题贡献了中国智慧和中国方案。

实践上如此,理论上也是如此。马克思主义中国化理论成果,包含着一系列关乎全球人类发展的重大思想和战略对策。毛泽东提出的"三个世界"划分理论，对第三世界国家人民的解放和发展事业贡献了创造性智慧；邓小平深刻揭示了"和平与发展"的时代主题，在引领中国对外开放的同时也为世界秩序的重建作出了重大贡献。党的十八大以来，习近平总书记深刻洞察当今时代的阶段性特征和世界格局的变化态势，敏锐抓住当今时代的本质内涵及发展趋势，明确提出"尽管我们所处的时代同马克思所处的时代相比发生了巨大而深刻的变化，但从世界社会主义500年的大视野来看，我们依然处在马克思主义所指明的历史时代"，深刻揭示了资本主义占统治地位并逐步向社会主义过渡的时代本质，并根据正在发展着的时代特征作出了"当今世界正在经历百年未有之大变局"的科学判断。

习近平总书记提出构建人类命运共同体理念，坚持共商共建共享的全球治理观，推进开放、包容、普惠、平衡、共赢的经济全球化，践行共同、综合、合作、可持续的新安全观等。这些重大理论观点站在全人类的立场上，以宏大的全球视野，系统回答了"建设一个什么样的世界、如何建设这个世界"等关乎人类前途命运的重大时代课题，既符合当今人类的共同愿望，又符合历史发展的客观规律，为解决当代世界重大问题提供了饱含中国智慧的思想观点和行动方案。

马克思主义中国化理论成果包含着理论性与实践性、真理性与发展性、世界性与民族性的内在张力，这是其不断开放发展的内在理论依据；新时代中国特色社会主义事业发展的伟大实践，为理论创新发展提供了丰富的经验素材和新的理论生长点，形成了理论创新的不竭源泉；马克思主义中国化发展过程中，形成了信仰引领、实践推动、集体智慧、思想共识等创新机制，是理论创新的内在动力。

在马克思主义中国化的历史进程中，以毛泽东、邓小平、江泽民、胡锦涛、习近平等为主要代表的中国共产党人，不断实现党的理论创新。特别是新时代，习近平总书记牢牢把握理论创新的指导思想、人民立场、根本动力和政治定力，强化理想信念引领、突出指导思想传承、深化实践经验提升、深入展开思想斗争，以巨大的理论创新勇气不断形成新的理论创造。

回望历史发展，中国共产党人创造了极其丰富的马克思主义中国化理论创新成果，这些成果以其深度的科学真理性、强大的实践指导力量、重大的世界历史意义和持久的生命力，为当代中国发展提供了科学理论指导。我们党作为百年大党，要倍加珍惜来之不易的理论成果，要以超强的理论和政治定力，坚定对马克思列宁主义、毛泽东思想、中国特色社会主义理论体系的高度自信。当前，要坚定对习近平新时代中国特色社会主义思想的高度自信，因为这一科学思想是指导党和人民沿着中国特色社会主义道路实现中华民族伟大复兴的正确理论，是立于时代前沿、与时俱进的科学理论。有了这种理论上的清醒、坚定和自信，我们就能够进一步筑牢发展的理论之基，把好发展的思想之舵，新时代中国特色社会主义伟大事业就会无往而不胜。

◎ 领航新时代的思想魅力

一种科学的理论，唯有坚持与时俱进，才能永葆蓬勃生机；一种伟大的思想，唯有做到引领时代，才能显示磅礴伟力。深入学习贯彻习近平新时代中国特色社会主义思想，既要准确理解其理论特色，又要科学把握其实践意义。唯有如此，才能深刻领会其核心要义和丰富内涵，增强政治认同、思想认同、理论认同、情感认同。

思想是行动的先导，理论是实践的指南。新时代需要新的思想引领，习近平新时代中国特色社会主义思想是新时代马克思主义中国化的最新成果，是党和人民在实践中的智慧结晶，是全党全国人民实现中华民族伟大复兴中国梦的行动指南。我们必须遵循时代发展要求，践行新的发展理念，破解发展难题，增强发展动力，踏上从全面建成小康社会到基本实现社会主义现代化、再到全面建成社会主义强国的新征程。

习近平新时代中国特色社会主义思想是对马克思列宁主义、毛泽东思想、邓小平理论、"三个代表"重要思想、科学发展观的继承和发展，是马克思主义中国化最新成果，是党和人民实践经验和集体智慧的结晶，是中国特色社会主义理论体系的重要组成部分，是全党全国人民为实现中华民族伟大复兴而奋斗的行动指南，它在党的砥砺奋进中凸显了以下理论思想魅力。

鲜明的问题导向。问题是时代的声音，马克思主义始终都把回答时代课题作为自己的主要使命。中国共产党带领人民经过长期探索，确定了中国特色社会主义道路，形成了中国特色社会主义制度，实现了中华民族从站起来、富起来到强起来的伟大飞跃。面对全球化条件下国际形势的风云变幻，面对改革开放40多年后我国国情呈现的阶段性特征和社会面貌的巨大变化，面对广大人民群众对美好生活的新期待，习近平新时代中国特色社会主义思想科学分析了我国社会主要矛盾发生的变化及其对党和国家提出的新要求，通过系统阐述坚持和发展中国特色社会主义的总目标、总任务、总体布局、战略布局和发展方向、发展方式、发展动力、战略步骤、外部条件、政治保证等基本问题，以一系列新理念新思想新战略回答了坚持和发展什么样的中国特色社会主义、怎样坚持和发展中国特色社会主义这一重大课题，凸显了在新的历史起点上中国共产党人对"举什么旗""走什么路""怎样走好路"的清醒认识和强大定力，是用浓墨重彩书写的坚持和发展中国特色社会主义的"大文章"。

坚实的实践基础。实践是理论之源。自党的十八大以来，以习近平同志为核心的党中央励精图治，统揽伟大斗争、伟大工程、伟大事业、伟大梦想，出台了一系列重大方针政策，实施了一系列重大举措，推进了一系列重大工作，办实事、出真效，在全面建设社会主义现代化国家、全面深化改革、全面依法治国、全面从严治党等各方面取得了举世瞩目的巨大成就，积累了在新的历史条件下建设中国特色社会主义的鲜活经验。习近平新时代中国特色社会主义思想，是对新的实践经验的凝结和升华。同时，它又根据新的实践对我国经济、政治、社会、文化和生态等各方面作出理论分析和政策指导，显示出科学理论改造世界的强大能量。

坚定的人民立场。习近平新时代中国特色社会主义思想秉持唯物史观，尊重人民历史创造者的主体地位，始终坚持以人民为中心，整合和提升广大人民群众对美好生活的向往。在内容上，正确把握现阶段人民利益需求的深刻变化，抓住人民最关心最直接最现实的利益问题，全面回应人民的呼声。由此，描绘出不断促进人的全面发展、实现全体人民共同富裕的美好画卷。在形式上，坚持用人民大众喜闻乐见的通俗质朴、生动活泼的语言阐述深刻道理。如以"中国梦是国家的、民族的，也是每一个中国人的"说明个人命运与国家民族的命运休戚与共，用"鞋子合不合脚，只有穿鞋人自己才知道"说明我国发展道路是否合适应该由中国人民判断，用"'苍蝇''老虎'一起打"表达反腐败的坚定决心，用"房子是用来住的、不是用来炒的"定位住房制度改革的方向，等等，从而在"接地气"和"走心"中展现思想魅力，尊重、表达人民意志。

伟大的理想抱负。习近平新时代中国特色社会主义思想是在中国GDP总量世界排名第二、中华民族前所未有地接近伟大复兴的状态下形成的。不断增强的经济实力和科技实力、马克思主义政党为人类解放而奋斗的志向、"中国应当对于人类有较大的贡献"的情怀和对中国特色社会主义的强烈信心，赋予这一理论伟大的理想抱负，即实现社会主义现代化、完成祖国统一、维护世界和平与促进共同发展。它蕴含着诚挚而坚定的愿望：以新的实现形式坚守科学社会主义的基本原则，向世界彰显中国特色社会主义制度的优越性和生命力；寻求实现祖国统一的现实路径，团结中华民族的所有儿女共担民族复兴的历史责任、共享祖国繁荣富强的伟大荣光；用中国式的现代化道路增进人类对现代化的认识，为发展中国家探索"自己的"现代化道路提供借鉴；打破"国强必霸"的陈旧逻辑，通过构建以合作共赢为核心的新型国际关系和"人类命运共同体"，为消除当前世界的治理赤字、信任赤字、和平赤字、发展赤字提供了"中国方案"，推动了经济全球化朝着开放、包容、普惠、平衡、共赢的方向发展，由此展现出当代中国共产党人的世界眼光和责任担当。

正是将问题导向、实践基础、人民立场和理想抱负融于一体，习近平新时代中国特色社会主义思想以全新的视野推进了对共产党执政规律、社会主义建设规律、人类社会发展规律的认识，具有强大的实践推动力、人心凝聚力和思想引领力，既为我国努力实现"两个一百年"奋斗目标提供了理论指南，也是全国人民树立"四个自信"、共同奋进的思想指引。

理论与实践的统一是马克思主义的基本原则。要使党和人民事业不停顿，首先理论上不能停顿。因此，坚持习近平新时代中国特色社会主义思想，发展21世纪中国的马克思主义，这是一个更加宏大的命题。它要求我们把马克思主义与当代中国实际和时代特征，特别是新时代中国特色社会主义的伟大实践结合起来，不断推进理论创新的提升和飞跃。

第三章

集中统一的组织优势

组织优势是党稳定有序的力量支撑。中国共产党之所以有强大的凝聚力和战斗力,能够成为领导核心,就在于全党有建立在共同理想信念基础上的团结一致和集中统一。"党的力量来自组织。"马克思主义政党力量的凝聚和运用,在于科学的组织。我们党形成的科学严密的组织体系,具有世界上任何其他政党都不具有的强大优势。组织优势是中国共产党与生俱来的潜在优势,重视发挥党的组织优势是立党兴党、成就伟业的一个优良传统。在发挥党的组织优势的过程中,我们党积累了丰富的历史经验:必须始终坚持科学的理论指导、正确的政治方向、正确的组织路线、有效的集中统一和以人民为中心的价值取向,来解决组织优势发挥的主题、方向、基础、保障和根基。独特而强大的组织优势,是一把解开"中国共产党为什么能"的"金钥匙"。

◎ 独特强大的组织优势

强大的组织优势，是马克思主义政党的优势所在、力量所在。回顾我们党走过的百年征程，注重发挥组织的作用是一个鲜明特征。党的二大通过的《关于共产党的组织章程决议案》开宗明义地讲到，党不是"知识者所组织的马克思学会"，也不是"少数共产主义者离开群众之空想的革命团体"，而应当是"无产阶级中最有革命精神的大群众组织起来为无产阶级之利益而奋斗的政党"。现在，中国共产党党员总数为9100多万名，我们党建立了包括党的中央组织、地方组织、基层组织在内的严密组织体系，其中地方党委3200多个，党组、工委14.5万个，基层党组织468.1万个。党员数量持续稳步增长，党员队伍结构不断优化，基层党组织不断夯实巩固，使每一名党员和党的基层组织都发挥着应有的功能，进而把14亿中国人民紧密地团结在一起，形成了实现中华民族伟大复兴中国梦的磅礴力量。这是世界上任何其他政党都不具有的强大优势。

我们党形成的科学严密的组织体系，具有世界上任何其他政党都不具有的独特强大组织优势，一是充分体现在上下贯通上。我们党是按照马克思主义建党原则建立起来的，形成了包括党的中央组织、地方组织、基层组织在内的严密组织体系。二是充分体现在执行有力上。关键时刻冲得上去、危难关头豁得出来，才是真正的共产党人。三是充分体现在赏罚分明上。疾风知劲草，烈火炼真金。革命战争时期，毛主席在陕北的两个窑洞里用电台指挥全国解放战争，运筹帷幄、决胜千里，在世界上最小的司令部里，指挥了世界上最大的人民解放战争。电台发出的"嘀嗒、嘀嗒"声，就是毛主席和党中央的声音，全党全军都无条件地执行。这是世界上任何其他政党都不具有的强大优势。

新民主主义革命时期,打败日本帝国主义、推翻国民党反动统治、建立新中国,是最根本的政治任务。组织路线的保证作用,集中体现在扩大与巩固党,动员组织广大党员冲锋上阵。从建党之初到1927年,我们党从最初的50多名党员,发展到近5.8万名,领导着280多万工人和970多万农民,革命火种形成燎原之势。第一次大革命失败,党员人数锐减到1万多人,但到1930年,经过艰苦努力,很快达到12万人,到1945年发展到121万人。

社会主义革命和建设时期,组织路线的保证作用,集中体现在社会主义制度的确立、巩固人民政权、发展国民经济。组织部门进行县以上主要领导成员的挑选、配备和审报工作,大力培养选拔有文化、懂管理、懂技术、懂财贸的干部。从1952年到1954年,抽调到工业部门的有16万人,仅为156项重点工程就选调3000多名领导干部。到1957年6月底,全国11万名高级知识分子中,有党员1.7万名,李四光、钱学森等都是那个时期入党的。1962年,专业技术干部达到210万人,90%左右是中华人民共和国成立后培养起来的。

改革开放和现代化建设时期,适应党和国家工作重心转移,组织路线的保证作用,集中体现在培养选拔推进中国特色社会主义事业的各级干部、扩大党的组织覆盖和工作覆盖、集聚各方面优秀人才等方面。从平反冤假错案、落实干部政策到建设"四化"干部队伍,从新老干部的合作和交替到推进干部人事制度改革,干部队伍素质不断提高;从"一定三有"到"四议两公开",从有形覆盖到有效覆盖,基层党建愈加根深叶茂;从"科学的春天"到"人才的春天",从"下海潮"到"海归潮",人才事业越来越兴旺。

党的十八大以来,以习近平同志为核心的党中央以坚定决心、顽强意志推进全面从严治党,党的组织路线展现出新的强大生命力。习近平总书记反复强调,"党的力量来自组织,组织能使力量倍增""党的全面领导、党的全部工作要靠党的坚强组织体系去实现",鲜明提出好干部标准,强化党组织领导和把关作用,打造高素质专业化干部队伍;鲜明提出从严治党关键是从严治吏,集中整治"三超两乱""裸官",打出从严管理监督干部组合拳;鲜明提出大抓基层导向,持续整顿软弱涣散基层党组织,推动基层党组织全面进步、全面过硬;鲜明提出聚天下英才而用之,深化人才发展体制机制改革,着力集聚爱国奉献的各方面优秀人才。

独特强大的组织机制是党的光荣传统和独特优势。我们党自诞生以来,始终根据形势任务变化,不断优化组织结构,建立起了结构严密、功能清晰、分工明确的组织体系,在实践中锻造了卓越高效的组织运行机制,使党拥有了其他任何政党无可比拟的独特优势。从党的一大到十九大,党始终高度重视健全完善组织体系,每一次党章修改都对从中央到地方的各级组织设置给予了明确规定。在历次党的组织体系调整变化中,民主集中制犹如一条红线贯穿始终,确保了党的组织体系始终行进在科学的轨道上,使党的各级组织各司其职、各正其位、各负其责,实现了1+1＞2的效应。纵观党的发展历程,组织严密既是光荣传统,也是不可磨灭的鲜明特质,与其他政党相比,无论是在组织建构的精细化程度上,还是在组织运行的协同化水平上,我们党都更胜一筹。

独特强大的组织力量是党战胜艰难险阻的坚实支撑。组织力量,是一种众志成城、无坚不摧的巨大合力。在风雨如晦的黑暗时代,初创的中国共产党势单力薄,面对国内外强大的反动势力,党高度重视用崇高理想和铁的纪律凝聚组织力量、发展组织体系、释放组织效能,使我们党成为一个牢不可破的信仰共同体和坚不可摧的战斗集体。一个个胸怀远大理想、严守组织纪律的党员被科学地置于组织体系中,他们思想上认同组织、政治上依靠组织、工作上服从组织、感情上信赖组织,各自履行着组织赋予的神圣职责。百年来,无论是血雨腥风的武装斗争还是不见硝烟的比较竞争,无论是筚路蓝缕的艰苦创业还是攻坚克难的改革发展,党始终依靠强大的组织力量，紧紧拧成一股绳，为战胜一切艰难险阻提供坚实支撑。

独特强大的组织建设是党自身始终过硬的关键所在。党所从事事业的长期性、艰巨性、复杂性，要求我们必须始终纯洁巩固，永葆党的革命性和纪律性。列宁指出，没有铁一般的在斗争中锻炼出来的党，没有为本阶级一切正直的人们所信赖的党，没有善于考察群众情绪和影响群众情绪的党，要顺利地进行这种斗争是不可能的。我们党是由千千万万个党员组成的集合体，实现对广大党员的有效管理及合理使用，一刻也离不开组织。党发展壮大的全部实践表明，只有依靠组织抓思想教育、抓党员管理、抓党的纪律、抓制度落实，才能不断增强党的创造力、凝聚力、战斗力。

"正确的政治路线要靠正确的组织路线来保证。"党的政治路线、思想路线、组织路线、群众路线，是我们党的"路线体系"，指引着党的方向和道路。它们犹如"历史的平行四边形"，完整构成了中国共产党这座大厦的四梁八柱，奠定了中国共产党精神谱系的底色，蕴含着中国共产党人永葆青春活力的基因密码。

◎ 党的力量来自组织

习近平总书记强调："党的力量来自组织，组织能使力量倍增。"中国共产党具有崇高组织使命、严密组织体系、严肃组织纪律的高度组织化特点，展现出强大组织动员力、行动力、战斗力。中国共产党一经成立，就把实现共产主义作为党的最高理想和最终目标，义无反顾肩负起实现中华民族伟大复兴的历史使命，团结带领人民进行了艰苦卓绝的斗争，谱写了气吞山河的壮丽史诗。所以也有人说，中国共产党是"史上最牛创业团队"。

纵观近代以来活跃在历史舞台上的诸多政治力量，中国共产党之所以最终得到历史和人民的青睐,并在新中国成立之后,领导中华民族进行社会主义建设和改革开放,是因为从建党之初就极度重视党的组织建设,组织建设作为一个不可或缺的因素,使得我们党保持了强大的组织力。中国特色社会主义之所以能够发挥集中力量办大事的优势,本质上的根源是中国共产党能够有效地整合与协调各方资源力量,实现思想上的统一、政治上的团结、行动上的一致,成为"总揽全局、协调四方"的最高政治力量,这也构成了中国特色社会主义的最大优势和最本质特征。

崇高的组织使命彰显强大动员力。《共产党宣言》指出:"过去的一切运动都是少数人的或者为少数人谋利益的运动。无产阶级的运动是绝大多数人的、为绝大多数人谋利益的独立的运动。"共产主义远大理想和中国特色社会主义共同理想是中国共产党人的精神支柱和政治灵魂。中国共产党以马克思主义为指导,以实现民族复兴为自觉使命,以实现共产主义为最高理想,将使命注入血脉骨髓、写进奋斗纲领、融入政治实践。这与西方一些选举性政党"你方唱罢我登场",经常上演"选举闹剧""议会群殴"的情形形成鲜明对比。建党百年来,我们党始终致力于把党员群众和各类组织团结凝聚在党的领导下,才取得了革命、建设、改革的伟大胜利。新时代,团结全党、全国各族人民在中国特色社会主义伟大旗帜下统一行动,是党的各级组织的重要政治任务。各级党组织要始终坚持党的群众路线,把服务群众、造福群众作为基层治理的出发点和落脚点,不断增强人民群众的获得感幸福感安全感,赢得群众对党的信任和拥护,把群众充分组织动员起来共建美好家园。

严密的组织体系展现强大行动力。列宁指出,"无产阶级在夺取政权的斗争中,除了组织而外,没有别的武器","给我们一个革命家组织,我们就能把俄国翻转过来"。列宁做到的,中国共产党同样也做到了。从三湾改编"支部建在连上"的战斗堡垒,到长征路上党小组"保证一个不掉队";从救灾现场的"临时党支部",到生产车间的"党员突击队",一个支部一座堡垒，一名党员一面旗帜。据统计，自1921年7月中国共产党成立到1949年10月新中国成立，仅中共党员就约有370万人为革命献出宝贵生命；新中国成立后，雷锋、时传祥、李素丽等一大批党员在普通岗位干出不平凡业绩；"改革先锋"100人中80%以上是中共党员。以他们为代表的革命烈士、先进典型群体是中国共产党拥有巨大组织优势的有力注解。正是在中国共产党强有力的组织领导之下，"两弹一星"问世，青藏铁路修通，三峡大坝建成，南水北调成功，天宫、蛟龙、天眼、悟空、墨子、大飞机等重大科技成果相继问世。

严明的组织纪律展现强大战斗力。马克思曾说："我们现在必须完全保持党的纪律，否则一切都会陷入淤泥中。"组织纪律是保障党的力量的有效手段，严明的组织纪律能够保证党的力量倍增。政治纪律是方向，组织纪律是保障，共同铸就了我们党强大的凝聚力和战斗力，是我们党永远立于不败之地的坚实基础。政党如果只有数量没有质量、光有阵容没有合力，将权力的占有和支配视为自身存在的唯一目的，注定会被强大的权力所异化。国民党败逃台湾前也曾人数众多，手握国家政权，有800万武装，为什么3年之内就在中共中央从河北山区西柏坡发出的嘀嗒嘀嗒电报声中分崩离析？1948年蒋介石在一次讲演中大骂国民党："老实说，在古今中外任何革命党都没有像我们今天这样颓唐腐败；也没有像我们今天这样的没有精神，没有纪律，更没有是非标准，这样的党早就应该被消灭、被淘汰了。"其实，蒋介石冒天下之大不韪发动"四一二"反革命政变时就为自己充当了掘墓人；抗战胜利国民党接收大员痴迷"五子登科"就敲响了失败丧钟。历史证明，国民党最终倒在了千千万万青年知识分子奔延安的坚定脚步声和淮海战役百万支前民工独轮车的嘎吱嘎吱声中。

党的力量来自组织，更加需要党的坚强组织保证。在新的历史起点，作为一个领导着14亿多人民进行改革开放和社会主义现代化建设的长期执政党，肩负中华民族伟大复兴千年伟业的百年大党，风华正茂、正当其时。要实现对各个领域、各个方面的全面领导和有效动员，汇聚起势不可挡的磅礴力量；作为一个领航社会主义大国奋力实现由大向强发展关键一跃的坚强领导核心，要从容应对国际风云变幻，搬掉所有横亘在前进道路上的"拦路虎""绊脚石"，确保"中华号"巨轮行稳致远，迫切需要把党的组织体系织密建强，把党的组织根基筑牢夯实，增强各级党组织的领导力、组织力、执行力，为坚持和加强党的全面领导、坚持和发展中国特色社会主义提供坚强组织保证，使党成为始终走在时代前列、人民衷心拥护、勇于自我革命、经得起各种风浪考验、朝气蓬勃的马克思主义执政党。

◎ 集中统一领导是最显著优势

习近平总书记在党史学习教育动员大会上强调：旗帜鲜明讲政治、保证党的团结和集中统一是党的生命，也是我们党能成为百年大党、创造世纪伟业的关键所在。坚定维护党中央权威和集中统一领导，是马克思主义政党的本质属性，是我们党在长期实践中形成的优良传统和独特优势，是中国特色社会主义政治发展道路的历史必然，是推进新时代党和国家各项事业的根本原则。维护权威始终是马克思主义政党建设的重大课题，马克思主义经典作家深刻论述了"权威"的必要性和重要性，国际共产主义运动的兴衰给予我们深刻启迪。我们党是按照马克思主义建党原则组建起来的，在把马克思主义基本原理同中国实际相结合，领导中国革命、建设、改革的伟大历史进程中，伴随着苦难和辉煌、曲折和胜利，特别是不同历史时期与党内存在的个人主义、分散主义、自由主义、本位主义、宗派主义、山头主义不懈斗争，逐步找到了确保党巩固发展和团结统一的正确道路。在实践中形成党的坚强领导核心并坚决维护其权威，是把我们党建设成为具有不可战胜的力量、成为世界上最强大政党的鲜明特质。

我们党创立之初就致力于建设组织严密的无产阶级政党，坚持党中央集中统一领导是党与生俱来的政治基因。1921年，党的一大纲领规定"我党采取苏维埃的形式"。1922年，党的第一部党章明确全国代表大会及中央执行委员会为本党最高机关，规定全国代表大会及中央执行委员会之决议，"本党党员皆须绝对服从之"。1925年，党的四大建立总书记制。1927年大革命失败后，党的五大、六大及中央政治局会议研究革命领导权问题，明确民主集中制为党的组织原则，健全党的中央机关，强化党的集体领导。党早期的这些制度和规定，对在当时极其严酷的环境下维护党的团结统一发挥了积极作用。但由于党尚处于幼年时期，还未形成成熟稳定的领导核心，致使革命事业经受很大挫折，几乎陷于绝境。

1935年，遵义会议确立了毛泽东在党中央和红军的领导地位，我们党开始形成坚强的领导核心。1938年，党的六届六中全会批准以毛泽东同志为核心的中央政治局的政治路线，首次提出"四个服从"，巩固了党的团结和统一。从1942年开始的整风运动反对主观主义和宗派主义，到1945年党的七大确立毛泽东思想为党的指导思想，使全党实现了空前的团结一致。1948年，中央颁布《关于建立报告制度的指示》《中共中央关于召开党的各级代表大会和代表会议的决议》《关于健全党委制的决定》等重要规定，有力地加强了党中央的集中统一领导。这一时期，党确立了以毛泽东同志为核心的第一代中央领导集体，并形成维护党中央权威的一系列具体制度，不仅保证了新民主主义革命的胜利，而且为党成为全国范围内的执政党奠定了重要的政治、思想和组织基础。

新中国的成立掀开了我们党作为执政党建设的新篇章。新中国成立之初即全面推行党组制度，理顺国家工作中的领导关系，实现党对国家工作的集中统一领导。1951年，整党运动强调"党员的斗争和工作必须在党的统一领导下进行"。1954年，党的七届四中全会通过《关于增强党的团结的决议》，明确规定"党的团结的唯一中心是党的中央"。1956年党的八大突出强调加强执政党建设，指出必须努力在国家生活的各个方面发挥党的正确的领导作用和核心作用，用党章形式把党的集体领导制度确定下来，明确"维护党的团结、巩固党的统一"为党员一项新的义务。这一时期，党的团结统一得以巩固。但由于缺乏经验，集体领导等制度没有很好地贯彻执行，以致党内政治生活逐渐不正常，直至发生"文化大革命"，带来极大损失。

党的十一届三中全会形成以邓小平同志为核心的党的第二代中央领导集体，党中央集中统一领导得到进一步加强和改善。1980年党的十一届五中全会通过《关于党内政治生活的若干准则》，强调坚持集体领导，维护党的集中统一。1982年党的十二大修订党章，更加全面、具体、深刻地规定了民主集中制六条基本原则。在推进改革开放特别是应对国内政治风波过程中，邓小平多次强调维护党的领导核心的极端重要性，指出"任何一个领导集体都要有一个核心，没有核心的领导是靠不住的"。党的十三届四中全会之后，在以江泽民同志为核心的第三代中央领导集体和以胡锦涛同志为总书记的党中央领导下，我们党高举中国特色社会主义伟大旗帜，不断推进党的建设新的伟大工程，制定的一系列党内法规制度都强调维护党中央权威，保证了政令畅通。

党的十八大以来，以习近平同志为核心的党中央全面加强党的领导和党的建设，形成习近平新时代中国特色社会主义思想，开辟了马克思主义新境界、中国特色社会主义新境界、治国理政新境界和管党治党新境界，取得全方位、开创性的成就和深层次、根本性的变革，党的创造力、凝聚力、战斗力显著增强。

党的领导是中国特色社会主义最本质的特征，是中国特色社会主义制度的最大优势，是做好党和国家各项工作的根本保证。坚定维护党中央权威和集中统一领导就是坚持党中央的集中统一领导，就是坚持党在各项事业中居于总揽全局、协调各方的领导地位，就是坚持党领导的多党合作和政治协商制度，就是坚持党的政治、思想、组织领导。政治领导，就是政治方向、政治原则、重大决策的领导。坚定维护党中央权威和集中统一领导，首先是坚持党中央集中统一领导；维护党的权威，首先是维护党中央权威，维护党中央权威首先要维护习近平总书记党中央的核心、全党的核心地位。党中央有权威，才能把全党9100多万名党员和460多万个基层党组织牢固凝聚起来，进而把全国各族人民紧密团结起来，形成万众一心、无坚不摧的磅礴力量，去赢得具有许多新的历史特点的伟大斗争的胜利。

当今世界正经历百年未有之大变局，我国发展面临的国内外环境发生深刻复杂变化。全面建设社会主义现代化国家要开好局、起好步，必须在党中央集中统一领导下，抓住机遇、应对挑战，在危机中育先机、于变局中开新局，坚定不移贯彻新发展理念，加快形成以国内大循环为主体、国内国际双循环相互促进的新发展格局，统筹国内国际两个大局，办好发展安全两件大事。我们坚信，只要坚决做到"两个维护"，就一定能战胜前进道路上的各种艰难险阻，不断开创党和国家事业发展新局面。

◎ 自觉维护党的领导核心

核心就是政党的旗帜与灵魂，它犹如茫茫大海中远航的巨轮的定海神针，任凭风吹浪打、狂风暴雨，也能保持定力，始终沿着正确方向乘风破浪，勇往直前。核心就是圆心，一旦核心确定，无论半径如何变化，总能划出同心圆来。毛泽东同志深刻指出："中国共产党是全中国人民的领导核心。没有这样一个核心，社会主义事业就不能胜利。""领导我们事业的核心力量是中国共产党，指导我们思想的理论基础是马克思列宁主义。"邓小平同志也强调，国家的命运、党的命运、人民的命运需要有一个领导集体；任何领导集体都要有一个核心，没有核心的领导是靠不住的；要始终注意树立并维护党的领导集体，以及这个集体中的核心。

现今，党的领导核心有三层含义：第一，中国共产党是中国特色社会主义事业的领导核心，是一切工作的领导核心。第二，中国共产党中央委员会是中国共产党的领导核心，党章规定得很清楚："党员个人服从党的组织，少数服从多数，下级组织服从上级组织，全党各个组织和全体党员服从党的全国代表大会和中央委员会。"党章还规定："中央政治局和它的常务委员会在中央委员会全体会议闭会期间，行使中央委员会的职权。"因此，服从党的全国代表大会和中央委员会，在其闭会期间就是服从中央政治局和中央政治局常委会。第三，习近平同志是党中央和全党的领导核心，是核心领导层中的核心。邓小平突出强调："任何一个领导集体都要有一个核心"，在中央政治局常委会这个核心领导层，要形成一个大家公认的、人民满意的中央领导集体中的核心。他要求第三代中央领导集体的所有成员都要"有意识地维护一个核心"，也就是中央政治局常委会这个党的核心领导层中的核心。

船重千钧，掌舵一人。恩格斯指出，"能最清楚地说明需要权威，而且是需要专断的权威的，要算是在汪洋大海上航行的船了。那里，在危急关头，大家的生命能否得救，就要看所有的人能否立即绝对服从一个人的意志"。中国革命、建设与改革的历史实践鲜明告诉我们，"一个国家、一个政党，领导核心至关重要"，什么时候我们党确立和维护党的权威、拥戴和信赖党的领袖，什么时候我们的事业就会取得胜利；反之，革命和建设事业就会遭到挫折，甚至失败。对比解体剧变的苏联和东欧社会主义国家，对比西亚北非的战乱动荡国家，对比经济持续低迷的西方某些发达国家，我们党、国家和军队能够蓬勃发展、生机盎然，其根本就在于我们有一个伟大光荣正确的党，有统一的权威、坚强的领导核心。

党的领导核心是党心所向。党的领导核心对党的领导，主要是思想上、政治上、路线上的正确领导，能够从思想上让全党信服，能够在实践中团结凝聚全党的智慧和力量。"领袖就是团结的核心，他本身就是力量。"越是在承担重大的历史任务、处于重大的历史节点，越是面对种种挑战，就越需要一个坚强的领导核心，领导核心的作用也越突出。在中国特色社会主义进入新时代，中华民族迎来从站起来、富起来到强起来的伟大飞跃之际，无论是中国共产党不断增强的政治领导力、思想引领力、群众组织力、社会号召力，统揽伟大斗争、伟大工程、伟大事业和伟大梦想，化解政治风险，还是中国社会保持和谐稳定、人民群众安居乐业，都需要有一个强有力的党中央，都需要有一个坚强的领导核心，从而定方向、明原则、正风气、清流弊、归人心。党的领导核心之所以有这么重要的作用，关键在于能顺应时代要求，正确指引党前进的道路，团结带领全党同志步调一致向前进。

党的领导核心是重要历史关头的必然选择。中国共产党是一个拥有9100多万名党员、460多万个基层组织的大党，是在有着14亿多人口的国家长期治国理政。更重要的是，中国共产党承担着继续写好坚持和发展中国特色社会主义这篇大文章的历史重任，肩负着带领中华民族在中国特色社会主义道路上实现社会主义现代化和复兴梦想的伟大使命。党的领导核心在关键时刻、重要关头，需要审时度势、总揽全局，引领全党探索正确道路。以毛泽东同志为核心的第一代中央领导集体，创造性地开辟了一条农村包围城市、武装夺取政权的具有中国特色的革命道路，并在取得新民主主义革命胜利后，团结带领全国人民完成社会主义革命，确立社会主义基本制度，消灭一切剥削制度，推进了社会主义建设。以邓小平同志为核心的党的第二代中央领导集体，拨乱反正，改革开放，把全党工作重心转移到经济建设上来，逐步开辟了一条建设有中国特色的社会主义道路。以江泽民同志为核心的党的第三代中央领导集体和以胡锦涛同志为总书记的党中央，坚持中国特色社会主义道路，取得了举世瞩目的成就。但是也要看到，40多年高速发展的同时，累积了很多深层次矛盾和问题。解决这些矛盾和问题，实现"两个一百年"奋斗目标，就必须树立党中央权威，依靠党的领导核心，在党中央的集中统一领导下攻坚克难、团结奋进。党的十八大以来，面对新的时代考验和任务要求，以习近平同志为核心的党中央提出把实现中华民族伟大复兴的中国梦作为奋斗目标，统筹推进"五位一体"总体布局，协调推进"四个全面"战略布局，牢固树立新发展理念，开启全面建设社会主义现代化国家新征程、向第二个百年奋斗目标进军，这标志着我国进入了一个新发展阶段。

党百年来之所以能够始终保持强大的战斗力，始终保持蓬勃旺盛的生机和活力，不断取得事业的胜利和发展，与全党同志自觉维护党的领导核心，全党团结统一、步调一致分不开。维护党的领导核心就是维护国家和人民的利益。近代以来的中国历史证明，真正能够救国救民、改变中国人民和中华民族前途和命运的，只有中国共产党，中国共产党是中国人民的必然选择；维护党的领导核心是新形势下加强党的建设的必然要求。办好中国的事情，关键在党。在新的历史起点上，实现"两个一百年"奋斗目标、实现中华民族伟大复兴的中国梦，从根本上要靠党的领导，维护党的领导核心是伟大事业的迫切需要。

维护核心，要信党爱党，自觉学习党的章程，学习习近平新时代中国特色社会主义思想，做合格共产党人。拥护党的领导核心不是空洞的表态，而是需要实实在在的行动落实。要用党的最新理论成果武装头脑、指导实践、推动工作，具备为党为民务实奉献的情怀和境界，在实现中华民族伟大复兴中国梦的进程中做好本职工作，用实际行动支持拥护党的领导核心。维护核心要坚持正确的政治方向、坚定的政治立场，在思想上政治上行动上始终同党中央保持高度一致。对一些反党的错误言论，要敢于抵制、敢于批判、敢于斗争。全党上下要有铁一般的团结意志，保持一个声音，在这个重大政治问题上不允许说三道四。严守党的纪律和规矩，不做两面人，不当两面派。坚决服从组织，不向组织讨价还价。坚决执行党的政策，不打擦边球，不搞个人主义。维护核心要向党的领导核心看齐。毛泽东说过，加强纪律性，革命无不胜。不管是在党内还是军内，都要自觉地模范地向党的领导核心看齐，以党中央的要求为要求，以党中央的意志为意志，始终与党中央站在一条线上，不出列、不掉队。在一些重大问题上，经常主动和中央对表，向中央看齐，保持同频共振，保持共产党人应有的政治定力和政治本色，任何时候都不随波逐流，不人云亦云。

上下同欲者胜。坚决维护核心，才能形成钢铁般的牢不可破的党内团结，更好地凝聚力量、统一意志、统一行动、万众一心、众志成城。拥护党的领导核心，就要把"四个意识"融会贯通，内化为稳定的政治素养，外化为鲜明的政治行为，自觉地将其转化为在党言党、在党忧党、在党爱党、为党尽责、为党尽忠的切实行动，坚持围绕核心聚力，聚焦核心集成，坚持从政治上考量，在大局下行动，不断开创中国特色社会主义事业新局面。

◎ 看齐意识是胜利的"秘密武器"

人心齐，泰山移。一个政党只有团结统一，才有凝聚力、战斗力和创造力。讲看齐是我们党的鲜明特点和政治优势，也是党的一个优良传统，是中国革命胜利的"秘密武器"。

为了加强党中央的领导，党的一大就成立了中共中央局，这是党的历史上第一个中央领导机关。党的二大正式选举产生了中央执行委员会，并指出："一切重大政治问题，由中央执行委员会授以方略。"此外，在党的二大通过的第一部党章中，还特别指出中央执行委员会的地位，如各地党组织"直接受中央执行委员会之指挥监督""全国大会及中央执行委员会之决议，本党党员皆须绝对服从之""下级机关须完全执行上级机关之命令"等。在这里，"受指挥监督""绝对服从""完全执行"等表述就是看齐意识的体现。

大革命的失败和之后党内接二连三出现的错误，在很大程度上影响了党中央的权威。1935年1月召开的遵义会议，不仅结束了李德、博古的错误军事指挥，更重要的是，事实上确立了毛泽东在党中央的领导地位。遵义会议极大地增强了党和红军的团结意识、看齐意识。从这个意义上讲，遵义会议也是党的历史上对看齐意识这一问题在认识上走向成熟的重大转折点。

尽管如此，党内仍然存在消极看齐、破坏团结统一的现象。长征途中，张国焘个人野心膨胀，以至于公然与中央分庭抗礼，另立"中央"。王明于1937年底回国后，公然提出与中央对立的"一切经过统一战线""一切服从统一战线"的错误主张，随后又在主持长江局工作期间避开中央擅自发号施令。张国焘和王明的行为，都是党内极少数高级干部严重缺乏看齐意识的典型。与之形成鲜明对比的，则是长征途中朱德、彭德怀等坚决同张国焘的分裂行为作斗争，坚决拥护党中央的领导和路线方针政策，体现了优秀共产党员的看齐意识。

正是因为绝大多数党员能够自觉地同以毛泽东同志为核心的党中央在思想上政治上行动上保持高度一致，中国共产党取得了长征的胜利以及之后一个又一个胜利。因此，毛泽东在党的六届六中全会上作的政治报告《论新阶段》中重申了"四个服从"的党的纪律。张闻天在大会报告提纲中指出："推动落后的地方，不但使之与中央的进步看齐，而且超过之，以推动中央。"这是党的历史上首次将"看齐"与"中央"结合起来表述。

1942年至1945年开展的延安整风运动，要求全体党员干部通过学习马列主义理论"打通自己的思想，改变自己的作风，无条件地服从党的指导"。紧接着，毛泽东在党的七大预备会议上意味深长地指出："要知道，一个队伍经常是不大整齐的,所以就要常常喊看齐,向左看齐,向右看齐,向中看齐。我们要向中央基准看齐,向大会基准看齐。看齐是原则,有偏差是实际生活,有了偏差,就喊看齐。"这在党的历史上是首次对看齐意识作出深入阐述、生动表达。党的七大以后,毛泽东提出建立报告制度,要求各中央局和分局"每两个月,向中央和中央主席作一次综合报告"。这在党的历史上首次从制度层面强化看齐意识。这些都表明了党对看齐意识的认识达到新的高度。

看齐意识的成熟完善。新中国成立以后,在这一时期党的文件中,"看齐"的广度得到扩大,并呈现鲜明的时代特点,即要求大家与"先进单位""先进典型""先进标准""先进生产者""先进水平""进步分子"等看齐。针对执政之初的复杂环境,党中央提出必须实行高度集中统一的领导,向全党发出"一切共产党员都必须加强关于党的集体领导的观念"的号召。为深化党员干部的看齐意识,全党先后开展了整风、整党运动。一是通过学习提高党员干部的政治觉悟;二是剔除党内无组织、无纪律的"害群之马""异己分子"。整风整党运动的开展,形成了良好政治生活的风气,增强了党的领导权威,保证了社会主义制度在我国的顺利建立。此外,为增强党员干部对团结的重要性的认识,防止骄傲情绪和夸大个人作用的倾向在党内滋生蔓延,党的七届四中全会通过了《关于增强党的团结的决议》,提出了可以看作是增强看齐意识的"六条规定",对维护党的团结发挥了重要作用。

改革开放以来,党的十一届五中全会和六中全会分别通过了《关于党内政治生活的若干准则》和《关于建国以来党的若干历史问题的决议》,对于当时恢复和健全党内民主、维护党的集中统一、严肃党的纪律、促进党的团结,确保全党、全军、全国各族人民紧密团结在党中央周围发挥了重要历史作用,看齐意识不断走向成熟。

看齐意识的重提强化。自1945年毛泽东使用"向中央基准看齐"的表述之后，时隔70年党中央再次把"看齐"同"党中央"放在一起，并将"全党要在思想上政治上行动上同以习近平同志为核心的党中央保持高度一致"的表述精辟概括为"看齐意识"，这在党的历史上是一个创举。

党的十八大以来，习近平总书记多次强调并深刻阐述了看齐意识的重要意义，对这一问题的高度重视在党的历史上是前所未有的，从而使看齐在全党喊响起来，成为振奋全党精气神的最强音。首先，自2015年12月习近平总书记在全国党校工作会议上首次提出看齐意识之后，在不到一年的时间里，他多次在不同场合强调看齐意识。其次，党的十八大以来党中央精心部署，在全党一环扣一环、紧锣密鼓地开展了党的群众路线教育实践活动、"三严三实"专题教育、"两学一做"学习教育，其目的和着眼点都是为了解决党内存在的一些人不守政治纪律、政治规矩、组织纪律散漫等看齐意识不强的问题。再次，以习近平同志为核心的党中央强力反腐，坚持有案必查、有腐必惩、"打虎拍蝇猎狐"齐发力，取得了举世瞩目的成效，在党内形成了强大的震慑，从而引导党员干部自觉主动地向党中央看齐。最后，党中央坚持"制度治党"。先后颁布实施了《中国共产党廉洁自律准则》《中国共产党纪律处分条例》，党的十八届六中全会又审议通过了《关于新形势下党内政治生活的若干准则》和《中国共产党党内监督条例》，从制度上来保证看齐意识的贯彻落实。也就是说，看齐意识不仅仅是喊得响的口号，更应该是踏踏实实的全党行动。

"群力谁能御，齐心石可穿。"齐，标注的是秩序，凝聚的是力量，透射的是一种素质考验。党的历史证明，看齐，是对全体党员的党性要求；看齐，是加强党的领导的根本规矩。看齐，关系到党的事业兴衰成败。办好中国的事情，关键在党。"看齐是最最紧要的政治。"党的百年奋斗历程启示我们，新时代新任务也在告诉我们，增强看齐意识，关键是政治上同向，思想上同心，行动上同步。只有这样，全党才能政治上站稳立场、思想上辨明方向、行动上令行禁止，从而形成以上率下、层层看齐的良好风气。全党同志要不断增强经常看齐的清醒、主动看齐的自觉、坚定看齐的担当、善于看齐的能力。

◎ 凝心聚力的重要法宝

统一战线是中国特色社会主义制度框架的重要构成，是支撑国家治理体系和治理能力现代化的重要力量，是党的领导政治优势的重要体现。党走过了百年的光辉历程，统一战线与党的光辉历程和辉煌业绩是紧密联系在一起的，始终是中国革命、建设、改革的基本问题之一，是党的总路线、总政策、总任务的重要组成部分，是凝心聚力的重要法宝。

从世界范围来看，在各国形形色色的政党中，还没有任何一个政党像中国共产党这样，把统一战线看得如此重要，而且把统战工作做得如此自觉、如此主动、如此精细，在长期的实践中积累了丰富的经验，形成了一整套比较完备的理论方针政策。完全可以说，统一战线是中国共产党的一大政治优势。正因为中国共产党高度重视统一战线问题，努力做好各有关方面的统战工作，所以我国的政党关系、民族关系、宗教关系、阶层关系、海内外同胞关系等，总体上都是和谐的。统一战线为推动经济发展、维护社会稳定、促进祖国统一作出了重要贡献。

在中国革命、建设、改革各个历史时期，我们党始终把统一战线摆在重要位置，团结一切可以团结的力量、调动一切可以调动的积极因素，最大限度地凝聚起无坚不摧的革命力量、建设力量、改革力量。中国共产党成立初期只有50多名党员，通过建立民主联合战线，实行第一次国共合作，取得了北伐战争的重大胜利，1927年五大召开时，已有党员近5.8万名，迅速成为中国政治舞台上的一支重要力量。抗日战争时期，我们党倡导并建立包括一切抗日的阶级阶层、政党团体和港澳台侨胞在内的抗日民族统一战线，同时与苏联、美国、英国等建立世界反法西斯统一战线，最终取得了抗日战争的伟大胜利，我们党也从3万人发展到120多万人，抗日根据地近100万平方公里。解放战争期间，我们党建立了人民民主统一战线，使敌我力量发生了根本性变化，政治上积极开展爱国民主运动，赢得各民主党派和进步力量的拥护支持，军事上促成国民党军队起义兵力114万，地区性起义面积553万平方公里，党员人数发展到448万。中华人民共和国成立前后，统一战线为建立和巩固新生人民政权发挥了重要作用，特别是我们党运用统一战线，促进了人民代表大会制度、中国共产党领导的多党合作和政治协商制度、民族区域自治制度等根本和基本政治制度的确立，完成了对资本主义工商业的社会主义改造，标志着人民民主统一战线发展到了一个新的历史阶段。

干革命，离不开统一战线；搞建设，同样离不开统一战线。正如毛泽东所说："是人多好些，还是把许多积极因素赶走好些呢？还是把积极因素团结起来好。……团结了更多的人，阻碍就少些，事情就容易办得通。"改革开放以来，我们党通过巩固壮大爱国统一战线，把团结的对象由大陆范围内扩展到大陆范围外，形成了包括全体社会主义劳动者、社会主义事业建设者、拥护社会主义爱国者、拥护祖国统一和致力于中华民族伟大复兴爱国者的最广泛联盟，共同致力于改革开放和社会主义现代化建设。实践充分证明，统一战线是中国共产党的政治优势和战略方针，是夺取革命、建设、改革事业胜利的重要法宝，是增强党的阶级基础、扩大党的群众基础、巩固党的执政地位的重要法宝，是全面建成小康社会、加快推进社会主义现代化、实现中华民族伟大复兴中国梦的重要法宝。

党的十八大以来，以习近平同志为核心的党中央高度重视统战工作，把统一战线摆在治国理政的重要位置，始终坚持统一战线是中国共产党的总路线、总政策的重要组成部分，是我们排除万难、夺取胜利的一大法宝。习近平指出，"在革命、建设、改革各个历史时期，我们党始终把统一战线和统战工作摆在全党工作的重要位置,努力团结一切可以团结的力量、调动一切可以调动的积极因素,为党和人民事业不断发展营造了十分有利的条件"。统一战线无小事,统战工作涉及的主要是同党外的关系,处理不好就可能影响大局,做好新形势下统战工作,必须正确处理一致性和多样性关系。统一战线是一致性和多样性的统一体,只有一致性、没有多样性,或者只有多样性、没有一致性,都不能建立和发展统一战线,正所谓"非一则不能成两,非两则不能致一"。一致性和多样性不是一成不变的,而是历史的、具体的、发展的。正确处理一致性和多样性关系,关键是要坚持求同存异。一方面,要不断巩固共同思想政治基础,包括巩固已有共识、推动形成新的共识,这是基础和前提。另一方面,要充分发扬民主、尊重包容差异。对危害中国共产党领导、危害我国社会主义政权、危害国家制度和法治、损害最广大人民根本利益的问题,必须旗帜鲜明反对,不能让其以多样性的名义大行其道。这是政治底线,不能动摇。除此之外,对其他各种多样性,要尽可能通过耐心细致的工作找到最大公约数。只要我们把政治底线这个圆心固守住,包容的多样性半径越长,画出的同心圆就越大。

进入新时代,爱国统一战线被赋予了新的历史内涵。其范围扩大为:全体社会主义劳动者、社会主义事业的建设者、拥护社会主义的爱国者、拥护祖国统一和致力于中华民族伟大复兴的爱国者。巩固和发展爱国统一战线,对于把中华儿女广泛团结起来,投身决胜全面建成小康社会、开启全面建设社会主义现代化国家新征程的伟大实践,聚合起实现中华民族伟大复兴中国梦的磅礴力量,具有十分重要的意义。

中国共产党领导的统一战线历史之长,经验之丰富,贡献之重大,在国际共运史上没有先例。其中形成的一些规律性的认识,既是党的宝贵财富,也是统一战线必须始终坚持的重要原则:一是必须坚持中国共产党对统一战线的领导,这是统一战线坚持正确方向的根本保证,也是巩固发展统一战线的根本要求。统一战线是不同阶级、阶层、民族、宗教、政党、团体及社会不同方面的人士组成的联盟,要坚持正确方向、实现共同目标、协调一致行动,就要有一个坚强的领导核心。二是必须坚持马克思主义科学理论的指导。统一战线政治性和政策性强,只有用科学理论武装起来,统一战线才能形成正确的方针政策,才能始终坚持正确的前进方向。三是必须坚持服务党和国家的中心任务。统一战线是为实现党的总目标、总任务建立的,这就决定了围绕中心、服务大局是统一战线存在发展的价值所在,是统一战线履行职责使命的重要原则。四是必须坚持大团结大联合的主题。建立统一战线的目的,就是要团结一切可以团结的力量,把拥护我们的人搞得多多的,把反对我们的人搞得少少的。五是必须坚持正确处理一致性和多样性关系的方针。统一战线是一致性和多样性关系的统一体,只有一致性、没有多样性,或者只有多样性、没有一致性,都不能建立和发展统一战线。六是必须坚持尊重、维护和照顾同盟者利益。长期以来,我们党始终坚持照顾同盟者利益的原则,一方面照顾他们的政治利益,确保党外人士在人大代表、政协委员中占有适当比例,保证在各级政府和司法机关中担任领导职务的党外领导干部有职有权有责有为,并不断加大正职领导干部使用的力度。另一方面照顾党外人士的物质利益,积极为他们办实事、做好事、解难事,使统一战线广大成员共享改革发展的成果。

"众力并则万钧举,群智用则庶绩康","一花独放不是春,万紫千红春满园"。在奋进新时代的过程中,我们坚信,有以习近平同志为核心的党中央的坚强领导,有各方面成员的同心同德,新形势下统一战线一定能够更好地发挥凝心聚力的重要法宝作用,为实现"两个一百年"奋斗目标和中华民族伟大复兴中国梦作出更大贡献。

第三章 集中统一的组织优势

◎ 党的力量在于党的团结

习近平总书记强调:"团结是铁,团结是钢,团结就是力量。"历史实践告诉我们,团结是力量之源,团结是成功之基,团结是一切工作成功与否的关键所在。我们党在革命、建设、改革的不同历史时期所取得的一切成就,都是全国各族人民共同奋斗的结果。在全面建设社会主义现代化国家新征程上,面对各种错综复杂的社会矛盾和风云变幻的国际形势,我们更应该凝心聚力、团结奋进。

回顾我们党的艰苦奋斗史,不难看出,一部共产党史,就是党带领人民团结奋斗的历史。早在建党初期,我们党就将民主集中制作为党的组织原则。党的二大通过的党章规定,"全国大会及中央执行委员会之议决,本党党员皆须绝对服从之"。1935年遵义会议后,特别是挫败张国焘分裂党的图谋后,党中央更加强调集中统一领导。1938年,党的六届六中全会将"个人服从组织、少数服从多数、下级服从上级、全党服从中央"确定为民主集中制的基本原则。延安时期,强调反对宗派主义以整顿党风。

在抗日战争时期,毛泽东同志就提出,"中国共产党内部的团结,是团结全国人民争取抗日战争胜利和建设新中国的最基本的条件"。在党的七大预备会议上,他又有针对性地指出:"我们大会的方针是什么呢?应该是:团结一致,争取胜利。"1954年,党的七届四中全会讨论并通过了毛泽东同志起草的《关于增强党的团结的决议》。1956年,党的八大第一次把团结和统一写进党章并指出:"党的团结和统一,是党的生命,是党的力量所在。经常注意维护党的团结,巩固党的统一,是每一个党员的神圣职责。"邓小平同志指出:"巩固我们党的团结,维护我们党的统一,这不但是我们党的利益,也是全国人民的利益"。江泽民同志在建党75周年大会上指出：能不能搞好团结，是衡量和检验领导班子和领导干部素质高低、党性强弱的一个重要标志。胡锦涛同志在党的十七大上指出，一定要加强团结、顾全大局，自觉维护全党的团结统一，保持党同人民群众的血肉联系，巩固全国各族人民的大团结，加强海内外中华儿女的大团结，促进中国人民同世界各国人民的大团结，为战胜一切艰难险阻、推动党和人民事业取得新的更大胜利提供强大力量。党的十八大以来，党中央坚持党要管党、从严治党，直击积弊、扶正祛邪，用铁的纪律维护党的团结统一，增强全党"四个意识"，把坚持党中央集中统一领导贯穿于党的领导和党的建设各方面、全过程，严明党的政治纪律和政治规矩，坚决防止和反对个人主义、分散主义、自由主义、本位主义、好人主义，坚决防止和反对宗派主义、圈子文化、码头文化，坚决反对搞两面派、做两面人，党内政治生活气象更新，政治生态明显好转，党的团结统一更加巩固。

团结进步是党的政治本色。百年来党领导人民创造了世所罕见的经济快速发展奇迹和社会长期稳定奇迹，中华民族迎来了从站起来、富起来到强起来的伟大飞跃。旧中国，我们已经吃够了国家四分五裂、一盘散沙的苦头。中国共产党自成立之日起，就一直以实现民族独立富强、造福人民大众为己任，就一直团结带领全国各族人民，克服重重困难、不断拼搏奋斗，取得了一个又一个伟大胜利，创建了让世界刮目相看的惊天伟业。毛泽东说："国家的统一，人民的团结，国内各民族的团结，这就是我们的事业必定要胜利的基本保证。"中国共产党从无到有、从小到大、从弱到强，始终依靠群众路线、统一战线等思想武器，扎根群众，不断发展壮大。1978年12月13日，邓小平发表了《解放思想，实事求是，团结一致向前看》的讲话，又一次从迷雾中拨正了历史巨轮的航向，奏响了拨乱反正和改革开放进行社会主义现代化建设的序曲。

团结一致是克敌制胜的有效法宝。"军民团结如一人，试看天下谁能敌。"在井冈山时期、长征时期、抗日战争时期、解放战争时期和抗美援朝战争时期，人民军队无不彰显出团结一致艰苦奋斗的优良品质。因为这些优良品质，才使人民军队在敌强我弱、敌众我寡的不利态势下，攻无不克、战无不胜，创造出一个又一个人类战争史上的奇迹。1935年8月1日，在国民党军队对红军进行前堵后追、狂轰滥炸、妄图尽快消灭红军的危难时期，在全国抗日救亡运动高涨之际，中国共产党及时发表了《为抗日救国告全国同胞书》，以团结进步为主题，呼吁全国人民都应该团结起来，停止内战，一致抗日。《义勇军进行曲》里"我们万众一心，冒着敌人的炮火前进、前进……"曾使无数抗日志士心潮澎湃，斗志昂扬。革命战争年代，共产党军队给许多人的印象一直是没有官兵之分，没有军民之分，官兵同甘共苦，军民鱼水情深，处处焕发着欢快祥和的气氛，时时洋溢着军民水乳交融的深情。昔日的延安，成为青年知识分子倾心向往的红色之都，美国作家斯诺的一部《西行漫记》，使许多人更加坚定了共产党必胜的信念。陈毅元帅曾自豪地说过："淮海战役的胜利是老百姓用手推车推出来的。"

团结奋进是民族伟大复兴的重要保障。习近平总书记指出："铸牢中华民族共同体意识，加强各民族交往交流交融，促进各民族像石榴籽一样紧紧抱在一起，共同团结奋斗、共同繁荣发展。"苦难铸就辉煌，团结凝聚力量。中华民族伟大复兴的实现，要靠全国各族人民团结一心，要在以习近平同志为核心的党中央坚强领导下，撸起袖子加油干。正如党的十九届四中全会所指出的，要完善坚定维护党中央权威和集中统一领导的各项制度，推动全党增强"四个意识"、坚定"四个自信"、做到"两个维护"，自觉在思想上政治上行动上同以习近平同志为核心的党中央保持高度一致，坚决把维护习近平总书记党中央的核心、全党的核心地位落到实处。不断坚持和完善中国特色社会主义制度、推进国家治理体系和治理能力现代化，在实现中华民族伟大复兴的伟大征程中，充分发挥我国人口多的特点，充分发扬社会主义集中力量办大事的优势，凝心聚力、团结奋进、克难攻坚、再创辉煌。

中国共产党从团结中走来，在团结中奋进，积极营造党的团结氛围，从来都是一代又一代中国共产党人的不懈追求和责任担当，从来都是团结一切可以团结的力量的时代使命。

共同信念是团结基础。马克思主义是中国共产党人的共同信念。中国共产党从诞生之日起，就把马克思主义写在自己的旗帜上，在推进革命、建设、改革的伟大进程中，始终把马克思主义基本原理同中国实际和时代特征紧密结合起来，推进马克思主义中国化时代化大众化，马克思主义在意识形态领域的指导地位更加鲜明。实现共产主义是共产党人团结统一、始终追求的最高理想。

核心价值观是团结稳定器。社会主义核心价值观和社会主义先进文化是中华民族团结统一的重要稳定器。核心价值观深刻回答了我们要建设什么样的国家、建设什么样的社会、培育什么样的公民的问题。培育和践行社会主义核心价值观，关键在于教育引导、舆论宣传、文化熏陶、行为实践、制度保障等，重点要在落细、落小、落实上下功夫，使核心价值观像空气一样无处不在、无时不有，内化于心、外化于行。发展社会主义先进文化，就是要把习近平新时代中国特色社会主义思想内化为全体人民一致的信念，使全体人民在理想信念、价值理念、道德观念上紧紧团结在一起。

人民对美好生活的向往和中华民族伟大复兴的共同理想，构成了中国人民团结起来再创伟业的精神依据。中国共产党人的初心和使命，就是为中国人民谋幸福，为中华民族谋复兴，两者并不是分开的，而是高度一致的，中国人民的"幸福"在新时代的条件下就表现为对美好生活的追求，只有当这种对美好生活的追求与中华民族的伟大复兴高度一致时，才能凝聚起更大的发展团结力量，它也召唤着全国各族人民的大团结，为夺取全面建设社会主义现代化国家新的伟大胜利汇聚起强大合力。

第三章 集中统一的组织优势

◎ 让党的组织优势更加充分彰显

我们党是以马克思主义为指导的先进政党，有着坚定崇高的政治理想和政治信念，有着铁的纪律，有着科学严密的组织体系，集中了全国数量众多的先进分子和各方面优秀人才。我们党的这些政治优势和组织优势，是我们党强大凝聚力、战斗力、创造力的重要源泉。从根本上说就是党的组织优势转化为制胜优势的结果。

习近平总书记曾指出："中国共产党是世界上最大的政党。大就要有大的样子。"何谓大的样子？"大"不仅仅指党员数量多、队伍规模大，还是与党的初心使命、党的伟大事业紧密联系，蕴含着的是大信仰、大情怀、大担当与大视野。作为一个拥有9100多万名党员、460多万个基层党组织的百年大党，要永葆生机与活力、永葆赤子之心，关键是锻造党的坚强组织体系，把党建设得坚强有力，成为人民的"主心骨"和"遮风挡雨"的依靠。必须拿出持之以恒、久久为功的定力紧抓组织建设，把党员组织起来、把人才凝聚起来、把群众动员起来，充分彰显党的组织优势。

要以崇高的组织使命彰显党强大的战斗力。独特而强大的组织优势，是一把解开中国共产党为什么能的"金钥匙"。中国共产党具有崇高组织使命、严密组织体系、严肃组织纪律的高度组织化特点。建党百年来，中国共产党筚路蓝缕、风雨兼程，历经苦难而初心不改、使命不移，发展成为拥有9100多万名党员的世界第一大党。百年来，我们党发挥强大的组织优势，以建党引领建国，以兴党引领兴国，以强党引领强国，推进中国特色社会主义进入新时代，在古老的中华大地上奏响了"中国共产党能""马克思主义行""中国特色社会主义好"的新中国青春之歌，为久经磨难的中华民族迎来了从站起来、富起来到强起来的历史性飞跃。特别是在2020年战"疫"、抗洪双线作战进程中，各级党组织和广大党员闻令而动、冲锋在前、攻坚克难，充分展现了我们党独特的组织优势。

要以严密的组织体系展现党强大的行动力。党的发展历程，离不开拥有强大动员力、行动力、战斗力的组织优势。严密的组织体系是发挥党的组织优势所在。2020年初突发的新冠肺炎疫情来势凶猛，人民群众的健康和生命安全受到严重威胁。党中央统筹调度，各级党组织主动履职，全国上下一盘棋，一切行动听党中央的指挥。各级党员领导干部，把群众安危放在心里、把防控责任扛在肩上，坚守岗位、靠前指挥，及时采取行动，构筑群防群治抵御疫情的严密防线。短短三个月就控制住疫情蔓延，最大限度维护人民群众生命健康安全，体现了党的组织优势是体制优势的硬核。在许多看不到硝烟的战场上，党中央坚强有力领导，凝聚起应对重大挑战、抵御重大风险、克服重大阻力的磅礴力量，让各级党组织成为凝心聚力的坚强战斗堡垒。

要以健全的组织制度体现党坚强的执行力。制度的生命在于执行。党的十八大以来，党中央先后制定和修订了党内政治生活若干准则、党组工作条例、地方党委工作条例、党的工作机关条例、支部工作条例等一系列组织建设方面的党内法规。先后开展了党的群众路线教育实践活动、"三严三实"专题教育、"两学一做"学习教育、"不忘初心、牢记使命"主题教育，强化思想建党、理论强党，要求各级党组织、广大党员干部深入贯彻党内政治生活的若干准则等组织建设方面的党内法规，严格执行"三会一课"、民主生活会、组织生活会、谈心谈话、民主评议等基本制度，健全制度落实情况问责机制，保持抓铁有痕的落实韧劲，锤炼失责必问的制度刚性，不断提升组织制度执行力，不断提高党的组织建设制度化、规范化、科学化，让党内政治生态不断呈现良好态势，不断开创新时代党的组织建设新局面。

要以严肃的组织纪律永葆党发展的原动力。马克思曾说："我们现在必须完全保持党的纪律,否则一切都会陷入淤泥中。"党的先进性和纯洁性有赖于党严肃的组织纪律。如果没有铁的纪律,党的组织就会涣散,党的战斗力就会削弱,还会使党的事业遭受严重损失。只有组织纪律严明,党的战斗力才能得到有效发挥,党的路线、方针、政策才能不折不扣地贯彻执行。各级党组织和党员个人,必须严格遵守党的政治纪律规矩,要求不降、标准不减、方向不偏,自觉地同党中央保持高度一致,才能实现全党思想和意志的统一,维护党中央的权威和集中统一领导,保证步调一致、政令畅通;才能集中全党的智慧和力量办大事,使党的战斗力得到最好的发挥,使党的宗旨、纲领和路线得到最好的实现。

实践证明,让党的组织优势更加充分彰显,必须铸牢铁打信仰。理想信念是党的政治灵魂,决定着方向和道路。保持党组织旺盛生命力,必须锻造党员理想信念"硬核",在思想上树牢"四个意识",在政治路线上同党中央保持高度一致,把习近平新时代中国特色社会主义思想作为定位"北斗",坚定马克思主义信仰,并不断向前发展;时常扪心自问、开展党性"体检",把党员第一身份的标准和规范内化于心、外化于行,真正铸牢信仰的"铜墙铁壁"。

第四章

人民至上的群众优势

英国著名元帅蒙哥马利结束访华后在英国《星期日泰晤士报》上撰文指出:"毛泽东的基本哲学非常简单——就是'人民起决定作用'。"人民群众是历史的创造者,永远保持密切联系群众,是中国共产党人不可动摇的信念和意志,是中国共产党立于不败之地的最大政治优势。我们党作为马克思主义执政党,根基在人民,血脉在人民,力量在人民。中国共产党坚持人民至上的根本政治立场,坚持为人民服务的宗旨,坚持把人民对美好生活的向往作为奋斗目标,代表了最广大人民群众的根本利益,站在了道义的制高点上。"人民对美好生活的向往就是我们的奋斗目标"接续"为人民服务"的初心与宗旨,不断推进全体人民的共同富裕,因此获得了最广大人民群众的支持,成为中国共产党创造历史奇迹的不竭动力。

◎ 群众拥护是最大优势

回顾我们党百年来取得的革命、建设和改革的辉煌成就，"群众拥护"是我们党的最大优势，这是我们党精心培育、全党必须践行的优良传统与作风，是须臾不可忘记的重要历史经验。

最大优势来自永远把人民群众作为力量源泉。唯物史观告诉我们，人民群众是历史活动的主体，是历史的创造者，是社会变革的决定力量。党来自人民，从诞生之日起就深深植根于人民群众之中，建立与人民群众的血肉联系，根据人民群众的利益和要求提出不同历史阶段的任务，制定相应的路线方针政策，并依靠人民群众完成这些任务。民主革命时期，在国民党反动集团背叛革命、残酷杀戮共产党人和工农革命群众的生死关头，我们党转向农村创建根据地，走农村包围城市的革命道路，唤起工农千百万，使革命火种得以保存、革命力量得到发展。苏区群众全力支援革命，把最后一块布、最后一碗米、最后一个娃交到我们党手上。长征途中，各民族群众冒着生命危险掩护红军伤病员、提供粮秣。抗日战争期间，我们党领导的八路军、新四军深入敌后，广泛发动群众，开展游击战争，使日本侵略者陷于人民战争的汪洋大海。还是在人民群众的支持下，我们党用小米加步枪打败了用先进武器装备起来的数百万国民党军队，夺取了解放战争的胜利。新中国成立后，我们党在"一穷二白"的基础上建设社会主义，各种困难不言而喻。但最终我们在人民群众的支持下，完成了社会主义改造的任务，建立起了比较完整的现代化工业体系。这些支持不仅仅是看得见的有形支持，更包括人心的、精神的无形支持。党正是紧密联系人民群众，感动了人民群众这个"上帝"，才有取之不尽、用之不竭的力量源泉，党的事业才有了光明前途。

第四章 人民至上的群众优势

最大优势来自永远做人民群众利益的忠实代表。这是由我们党的性质、根本宗旨和所担负的历史使命所决定的。早在我军建军之初，我们党就为人民军队规定了"三大任务"和"三大纪律六项注意"（后来增加到八项注意），教育官兵树立为人民打仗的信念。毛泽东同志一再告诫全党："共产党人的一切言论行动，必须以合乎最广大人民群众的最大利益，为最广大人民群众所拥护为最高标准。""与人民利益适合的东西，我们要坚持下去，与人民利益矛盾的东西，我们要努力改掉，这样我们就能无敌于天下。"在主持设计新中国的政权体制时，毛泽东特别提出，各级政府都要加上"人民"二字，各类政权机构也要加上"人民"二字，以凸显与旧政权的本质区别。改革开放以后，随着多元利益格局的形成，邓小平同志提出要以人民拥护不拥护、赞成不赞成、高兴不高兴、答应不答应作为全党想事情、做工作对不对、好不好的基本尺度。

最大优势来自永远保持同人民群众的血肉联系。密切党与人民群众的血肉联系，不仅是党的群众路线的理论支撑，而且是中国共产党人的根本政治立场。新民主主义革命时期，党领导下的革命根据地，从党中央到各级地方党委和地方政权，时刻关心群众疾苦，重视维护和发展群众利益，努力让群众得实惠，形成了军民鱼水情、党群一家亲的生动局面。新民主主义革命胜利前夕，毛泽东提出了"两个务必"的重要思想。这一思想包含着对我国几千年历史治乱规律的深刻借鉴，包含着对我们党艰苦卓绝奋斗历程的深刻总结，包含着对胜利了的革命政党永葆先进性和纯洁性、对即将诞生的人民政权实现长治久安的深刻忧思。在党的八大上，邓小平进一步提醒全党："由于我们党现在已经是在全国执政的党，脱离群众的危险，比以前大大地增加了，而脱离群众对于人民可能产生的危害，也比以前大大地增加了。"以此时刻警醒全党。党的十八大以来，习近平总书记告诫全党要牢记全心全意为人民服务的根本宗旨，坚持从群众中来、到群众中去的群众路线，坚持一切为了群众、一切依靠群众的群众观点，坚守坚定的人民立场，不忘为人民谋幸福的初心。习近平总书记关于"人民对美好生活的向往，就是我们的奋斗目标""以百姓之心为心""小康路上一个都不能掉队"的宣誓，"让发展成果更多更公平惠及全体人民，不断促进人的全面发展，朝着实现全体人民共同富裕不断迈进"的号召，关于"党性和人民性从来都是一致的、统一的"深刻揭示，"老百姓是天，老百姓是地""我将无我，不负人民"的赤子情怀，"时代是出卷人、我们是答卷人、人民是阅卷人"的人民立场，等等，都是对"以人民为中心"这一思想的生动阐释，体现了马克思主义唯物史观，体现了中国共产党人的价值观，体现了马克思主义经典作家的时代观，是我们今天必须秉持的人民观。

习近平总书记在党史学习教育动员大会上强调：我们党的百年历史，就是一部践行党的初心使命的历史，就是一部党与人民心连心、同呼吸、共命运的历史。历史充分证明，江山就是人民，人民就是江山，人心向背关系党的生死存亡。赢得人民信任，得到人民支持，党就能够克服任何困难，就能够无往而不胜。全党要深刻认识党的性质宗旨，坚持一切为了人民、一切依靠人民，始终把人民放在心中最高位置、把人民对美好生活的向往作为奋斗目标，推动改革发展成果更多更公平惠及全体人民，推动共同富裕取得更为明显的实质性进展，把14亿中国人民凝聚成推动中华民族伟大复兴的磅礴力量。

◎ 人民至上：为人民服务的真谛

为人民服务是中国共产党的根本宗旨，也是共产党人的行动准则，彰显了我们党"人民至上"的价值追求，是我们党战胜前进道路上各种风险挑战、不断从胜利走向胜利的根本所在。

第四章 人民至上的群众优势

人民至上揭示了中国共产党人的初心和使命。中国共产党自1921年成立之时就把全心全意为人民服务镌刻在了鲜红的党旗上,昭示了中国共产党人的责任和担当。人民至上的发展思想体现了马克思主义价值观,是习近平新时代中国特色社会主义思想的重要组成部分,展示了中国共产党人的信仰和梦想。

人民至上是为人民服务最鲜明的价值底色。习近平总书记指出:"中国共产党是为中国人民谋幸福的党,也是为人类进步事业而奋斗的党。"建党初期,我们党领导与组织工人运动,就是从改善工人生活和劳动条件的经济斗争入手,进而发展到争取工人民主权利的政治斗争。在土地革命和根据地建设进程中,我们党着力"解决群众的生产和生活问题,盐的问题,米的问题,房子的问题,衣的问题,生小孩子的问题"等群众关心的一切问题,"打土豪分田地""三大纪律八项注意"等生动诠释了我们党维护群众利益的价值追求。新中国成立后尤其是改革开放以来,发展经济、改善民生始终是社会主义建设与改革的一条主线。党的十八大以来,以习近平同志为核心的党中央把人民对美好生活的向往作为党的奋斗目标,脱贫攻坚取得举世瞩目的成就,创造了发展中国家解决贫困问题的世界奇迹。无论是1998年抗洪抢险、2008年汶川特大地震中的抗震救灾,还是2003年抗击非典、2020年抗击新冠肺炎疫情,党都始终坚持人民至上、生命至上,把人民群众生命安全和身体健康放在第一位。

人民至上是党从历史洪流中脱颖而出的根本原因。正确认识党的领导地位,应当从1840年以后的中国历史说起。鸦片战争后,由于列强的侵略和封建统治的腐朽,西方侵略者曾经"在东方一个海岸上架起几尊大炮,就可以霸占一个国家",中国人民在帝国主义列强欲壑无底的掠夺欺凌下陷入深重灾难。为了改变这种命运,中国人民进行了无数抗争,但都以失败告终。为了救亡图存,20世纪初中国大地上曾出现过300多个带有政党性质的组织,西方的各种思潮都曾拿来尝试,君主立宪制、封建帝制、总统制、内阁制、议会制、多党制等各种政治体制轮番登场,却都无法解决中国人民求民族自由和独立解放问题。直到中国产生了共产党,才开始扭转中国人民和中华民族的命运。共产党创始人之一的李大钊曾这样描述党的性质:"不是政客组织的政党,也不是中产阶级的民主党,乃是平民的劳动家的政党。"另一位创始人陈独秀也写道:"我以为共产党底基础建筑在无产阶级上面,在理论上,自然要好过基础建筑在有产阶级上面用金力造成的政党。"中国共产党不仅在理论上这样阐述,在实践上也这样行动。党的早期农民运动领袖彭湃一把火烧掉自家价值近400万元人民币岁入的田契,把土地无偿赠送给当地农民。在最艰难的长征途中,三名女红军战士把仅有的一条被子裁下一半分给老百姓。在中华民族面对日本侵略的亡国灭种危机时,党最坚定地发出抗日救亡的号召,以卓越的政治领导力和正确的战略决策,支撑起全民族的希望。抗日战争胜利后,中国面临两个前途和两种命运的最后决战,尽管国民党占有武器装备优势、得到美国扶持,但因其独裁专制和堕落腐化早已失尽民心。人心所向,众望早已归于中国共产党及其领导的队伍。中国共产党的政治、经济和社会纲领得到中国人民的高度认同,一向自居中间派的民主党派在国民党白色恐怖的现实下,也从"英美的议会政治与政党政治"的幻梦中清醒,认识到在人民与反人民的斗争中"绝对没有中立的余地"。1949年1月,李济深、沈钧儒等55位民主人士辗转抵达解放区,发出"愿在中共领导下,献其绵薄,贯彻始终,以冀中国人民民主革命之迅速成功,独立、自由、和平、幸福的中国之早日实现"的声明。1949年10月1日,中国共产党终于带领中国人民走出百年屈辱,赢得独立自由,中国人民选择了中国共产党作为领导自己的核心力量。

人民至上是党始终坚持立党为公执政为民的品格彰显。我们党的创业史,就是一部将马克思主义的科学理论和为中国人民谋幸福的价值相结合的思想史。在一个底子薄、饱受战乱和掠夺的国家,如何全面建设社会主

第四章 人民至上的群众优势

义,实现国家富强和人民富裕?在一个发展中大国,如何满足人民群众对美好生活的向往、实现中华民族伟大复兴?其中的根本,就是要把发展作为执政兴国的第一要务,不断解放与发展生产力、不断增强综合国力、不断提高人民生活水平。新中国成立前夕,党的七届二中全会明确把"稳步地由农业国转变为工业国"作为执政以后的一个根本任务。1953年2月,毛泽东同志在视察九江工农业生产时指出:"共产党从接管国民党政权的第一天起,就把眼睛盯住生产建设,不遗余力地抓好这一个中心工作。要让历史证明,我们不仅能够领导好革命战争,而且也一定能够领导好和平时期的经济建设,让全国人民过上好日子。"在国民经济恢复发展基础上,1954年第一届全国人民代表大会明确提出包括现代化的工业、农业、交通运输业和国防在内的四个现代化目标。党的十一届三中全会把党和国家工作中心转移到经济建设上来,实行改革开放、建设社会主义现代化,实现了我们党伟大的历史性转折。党的十三大把建设社会主义现代化国家纳入党在社会主义初级阶段基本路线。从改革开放以来的发展实践看,我们党始终坚持以人为本、把发展作为执政兴国的第一要务。党的十八大以来,以习近平同志为核心的党中央从满足广大人民群众对美好生活的期盼出发,把以人民为中心的发展思想体现在经济社会发展各个环节,努力做到"老百姓关心什么、期盼什么,改革就要抓住什么、推进什么",以实际成效不断增强人民群众的获得感、幸福感、安全感。

人民至上是我们党永葆先进性的核心支撑。无论是以身为媒、戈壁铸剑的邓稼先,还是热血许国、肝胆冰雪的郭永怀;无论是风沙留影、青山埋骨的焦裕禄,还是甘于平凡、赤心不改的张富清……从硝烟弥漫、战火纷飞的革命青春,到胼手胝足、热火朝天的建设年代,共产党员始终以"虽九死其犹未悔"的崇高信念、伟大风骨和独特浪漫前赴后继、热血铸魂、筑梦河山,其背后始终是朴素而深沉的人民信仰、爱国情怀。一个在执政之初即掷地有声喊出"人民万岁"的政党,意味着"人民至上"从来不是空谈的口号,更是对全国人民的庄严承诺、立党执政的根本宗旨。

习近平总书记多次指出,"人民至上,为人民服务是共产党人的天职"。共产党人要履行好这一神圣天职,就必须把全心全意为人民服务、尽心竭力为人民奉献,体现到日常生活里、落实到本职工作中,尤其要处理好以下几个方面的关系。一是处理好民与我的关系,把人民群众摆在心中最高位置。二是处理好上与下的关系,把对上负责与对下负责高度统一起来。三是处理好知与行的关系,把为人民服务的宗旨意识转变为实际行动。四是处理好始与终的关系,把为人民服务一辈子而不是一阵子作为自觉追求。

"能用众力,则无敌于天下矣;能用众智,则无畏于圣人矣。"进入新时代,我国社会主要矛盾已经转化为人民日益增长的美好生活需要和不平衡不充分的发展之间的矛盾,我们所追求的经济富裕、政治民主、文化繁荣、社会公平、生态良好归根到底都是为了人民群众的美好生活。唯有坚持人民至上的信仰,中国共产党人方可不忘初心、砥砺前行,方可永葆青春、长怀壮志,方可不辱使命、不负人民。

◎ 从"人民万岁"到"人民必胜"

一句"人民万岁"将开国领袖心中装着劳苦大众和人民群众的初衷表露无遗,一句"人民必胜"将新时代习近平总书记坚持人民立场、以人民为中心的执政理念昭示天下。"人民万岁"是历史的必然,"人民必胜"是历史的规律。从"人民万岁"到"人民必胜",不同的时代,相同的真理,深刻诠释了人民群众是历史的创造者,是社会变革的决定力量,是推动历史进步的主体,是历史的真正主人这一马克思主义唯物史观。

人民万岁彰显了人民至上的崇高地位。人民至上是马克思主义的基

第四章 人民至上的群众优势

本立场。相信谁、依靠谁、为了谁，是否始终站在最广大人民立场上，是区分唯物史观和唯心史观的分水岭，也是马克思主义政党区别于其他政党的试金石。马克思主义从诞生之日起，就始终把"人民"二字镌刻在旗帜上。早在170多年前，马克思恩格斯就明确指出："过去的一切运动都是少数人的，或者为少数人谋利益的运动。无产阶级的运动是绝大多数人的，为绝大多数人谋利益的独立的运动。"人民群众创造历史是唯物史观的基本观点，人民至上是贯穿马克思主义理论的基本立场。人民至上是中国共产党的一贯主张。一切为了人民、一切服务人民，始终是中国共产党人的行为准则和光辉旗帜。全心全意为人民服务；从群众中来，到群众中去；党的一切工作必须以最广大人民的根本利益为最高标准；立党为公、执政为民……无不昭示着我们党坚持人民至上的初心与决心。人民至上是新时代中国特色社会主义的核心理念。党的十八大以来，从人民对美好生活的向往就是我们的奋斗目标，到让老百姓过上更加幸福的生活，还有大量工作要做；从把人民的期待变成我们的行动，把人民的希望变成生活的现实，到中国共产党人的初心和使命，就是为中国人民谋幸福，为中华民族谋复兴；从历史是人民书写的，一切成就归功于人民，到人民是历史的创造者，人民是真正的英雄……中国共产党始终把人民居于最高地位，一切奋斗都是为了人民，一切发展成果应由人民共享。

人民必胜展现了坚定人民立场的信念。人民是我们党的力量源泉，是我们党始终立于不败之地的强大根基。"中国的命运一经操在人民自己的手里，中国就将如太阳升起在东方那样，以自己的辉煌的光焰普照大地。"习近平总书记指出："中国梦归根到底是人民的梦，必须紧紧依靠人民来实现，必须不断为人民造福。"人民是中国梦的主体，是中国梦的创造者和享有者。一要始终牢记群众路线。群众路线是我们党的生命线和根本工作路线，是我们党永葆青春活力的传家法宝。二要始终保持血肉联系。毛泽东曾说："我们共产党人好比种子，人民好比土地。我们到了一个地方，就要同那里的人民结合起来，在人民中间生根、开花。"20世纪五六十年代，福建省东山县委书记谷文昌，带领全县人民奋战15年，植树造林、兴修水库、治理风沙，把荒芜的东山岛变成富饶米粮仓，使群众摆脱了世代逃荒要饭的苦日子。当地老百姓逢年过节都要先祭谷公，后祭祖宗，并相沿成习，以此表达老百姓对谷书记的敬重和怀念。正如习近平总书记所指出的："党与人民风雨同舟、生死与共，始终保持血肉联系，是党战胜一切困难和风险的根本保证。"三要始终坚持人民评判。以什么为标准、用什么来衡量，实质上是一个对谁负责、让谁满意的问题。党是代表最广大人民利益的政党，一切工作的成败得失必然要由人民群众来检验。习近平总书记指出："我们党的执政水平和执政成效都不是由自己说了算，必须而且只能由人民来评判。"知屋漏者在宇下，知政失者在草野，人民是我们党的工作的最高裁决者和最终评判者，人民群众的认同度、满意度是检验我们一切决策和工作的基本依据。

从"人民万岁"到"人民必胜"，展现出一部中国革命和建设的历史，也是一部密切联系群众、不断为广大人民群众谋利益的历史；一部中国共产党执政的历史，就是一部立党为公、执政为民、全心全意为人民服务的历史。

无论是过去、现在，还是将来，始终保持同人民群众的血肉联系，都是我们党战胜各种困难和风险、不断取得事业成功的根本保证。古今中外多少人执政之初解衣衣人，推食食人，以解民倒悬为己任，可一旦掌握政权，便渐渐疏离了人民，最后都没有跳出"其兴也勃，其亡也忽"的历史周期率。殷鉴不远，催人警醒。越是在全面建设社会主义现代化国家新征程，越要保持"人民万岁"这种赤子情怀；越是要实现中华民族伟大复兴的中国梦，越要保持"人民必胜"这种赤子之心，以最真的心、最深的情、最大的力，解民之忧，排民之难，谋民之利。唯有如此，才能把最广大人民的根本利益实现好、维护好、发展好，我们党才能得到人民群众的衷心支持和拥护，才能永远立于不败之地。

◎ 从"全心全意"到"我将无我"

从"全心全意"到"我将无我"是中国共产党人初心使命的凝练表达。回顾我们党的奋斗历程，可以看到，一代又一代优秀中国共产党人，为了祖国和人民，坚持全心全意为人民服务的宗旨，心怀"无我"的赤诚，秉持"不负"的信念，以百姓心为己心，以全心全意为人民服务为根本宗旨，谱写了一曲曲感人肺腑的篇章，铸造了一座座巍然屹立的精神丰碑。

全心全意为人民服务是中国共产党的根本宗旨。1941年，毛泽东同志在陕甘宁边区参议会上指出："共产党是为民族、为人民谋利益的政党，它本身决无私利可图。"在《论联合政府》中，毛泽东强调："共产党人的一切言论行动，必须以合乎最广大人民群众的最大利益，为最广大人民群众所拥护为最高标准。"党领导中国人民进行新民主主义革命、成立新中国并进行社会主义革命和建设，目的就是要实现民族独立和人民解放，为实现国家的繁荣富强和人民幸福、共同富裕扫除障碍，开辟广阔的发展道路，这一切都是以中国最广大人民的最大利益为出发点的。

"我将无我，不负人民"，出发点在"人民"，落脚点也在"人民"，是新时代共产党人人格的鲜明价值指向。"思想境界提高了，道德修养加强了，对个人的名誉、地位、利益等问题就会想得透、看得淡，知所趋、知所避、知所守，不为名所累、不为利所困、不为情所惑，就能自觉把精力最大限度地用来为国家和人民勤奋工作，而不去斤斤计较个人得失，不去利用手中的权力牟取私利。"习近平总书记的这段话，可谓是对"我将无我，不负人民"的生动解释。"我将无我，不负人民"预示着："人民"是不变的价值指向,"为人民"是不变的价值追求,"人民性"是永恒的价值底色。它昭示着:只要把人民放在心上,把使命扛在肩上,与人民心心相印、与人民同甘共苦、与人民团结奋斗,古老而现代的中国定会焕发出更加蓬勃的生机,呈现出勇往直前的磅礴气象。"无我",是共产党人必修必备的政治品格,包含着丰富的政治立场、政治智慧和政治本色等重要内容,明确了共产党人全心全意为人民服务的自我定位,涵养着共产党人克服一切艰难险阻的智慧源泉,揭示了共产党人常修常新的精神境界。

从艰苦卓绝的革命斗争年代到中国特色社会主义进入新时代,贯穿始终的就是这样一条红线:不忘初心,为人民服务,以人民为中心。"我将无我,不负人民。"这既是一位人民领袖的人民情怀,也是一位中国共产党人永葆初心本色的生动写照。从"全心全意"到"我将无我"贯穿于共产党人革命、建设和改革的全过程,是中国共产党人鲜明的精神标识和中国共产党取得一切事业成功的制胜法宝。

早在建党之初,中国共产党人就把为人民服务确立为党的宗旨。在漫长的奋斗历程中,面临血与火的考验,共产党人一直用实际行动坚持为人民服务的宗旨。夏明翰等先烈们怀着"主义真"的追求,可以不惧生命安危;陈毅等老一辈革命家在"断头"的紧要关头也坦然吟唱"意如何"。毛泽东则是用"无非一念救苍生",生动展现了共产党人干革命那种"牺牲自我、服务人民"的大无畏精神。

在革命战争时期,实现民族独立、人民解放、建立无产阶级专政国家是"为人民服务的宗旨"价值观的主题。1925年,毛泽东在《中国社会各阶级的分析》中指出革命的领导力量和团结对象,"工业无产阶级是我们革命的领导力量。一切半无产阶级、小资产阶级,是我们最接近的朋友。那动摇不定的中产阶级,其右翼可能是我们的敌人,其左翼可能是我们的朋友"。1939年,毛泽东在《中国革命和中国共产党》中指出中国革命的前途,"不是资本主义的,而是社会主义和共产主义的"。1949年,毛泽东在《论人民民主专政》中指出了新中国的性质,"总结我们的经验,集中到一点,就是工人阶级(经过共产党)领导的以工农联盟为基础的人民民主专政"。经过社会主义改造,我们党团结带领人民建立了人民民主专政国家。

在改革开放时期,坚持和发展中国特色社会主义是"为人民服务的宗旨"价值观的主题。党的十一届六中全会指出,当前我国社会的主要矛盾是人民日益增长的物质文化需要同落后的社会生产之间的矛盾。在改革开放初期,邓小平旗帜鲜明地指出:"贫穷不是社会主义,更不是共产主义。""社会主义初级阶段的最根本任务就是发展生产力,社会主义的优越性归根到底要体现在它的生产力比资本主义发展得快一些、更高一些。并且在发展生产力的基础上不断改善人民的物质文化生活。"因此,解放生产力和发展生产力满足人民物质文化需要就体现了"全心全意为人民服务"的价值原则。

经过长期努力,中国特色社会主义进入了新时代,这是我国发展新的历史方位。这也意味着近代以来久经磨难的中华民族迎来了从站起来富起来到强起来的伟大飞跃。"时代是出卷人,我们是答卷人,人民是阅卷人。"党的十八大以来,以习近平同志为核心的党中央,统筹推进"五位一体"总体布局、协调推进"四个全面"战略布局,推动各项事业取得历史性成就、发生历史性变革。坚持党对一切工作的领导和全面从严治党,确保党总揽全局,提高党协调各方的执政能力;贯彻以人民为中心的新发展理念,使得人民获得感显著增强;人民当家作主进一步落实到了国家政治生活和社会生活之中;稳步进行全面深化改革,各项改革举措全面发力、重点突破、纵深推进,充分体现了社会主义制度优越性。

初心如磐,使命如山。新的长征路上,始终牢记"我们党的根基在人民、血脉在人民、力量在人民",始终牢记"让老百姓过上好日子是我们一切工作的出发点和落脚点",我们才能始终同人民想在一起、干在一起,在新时代创造中华民族新的更大奇迹。

◎ 让人民当家作主最管用

1945年，毛泽东在著名的延安"窑洞对话"中说：我们已经找到新路，我们能跳出这周期率。这条新路，就是民主。人民当家作主是社会主义民主政治的本质和核心。国家一切权力属于人民，人民是国家的真正主人，是社会主义民主政治的根本属性。

实现人民当家作主是共产党人矢志不渝的初心和使命。党从成立之日起就以实现人民当家作主为己任，团结带领中国人民进行长期不懈奋斗。从在抗日根据地建立"三三制"民主政权到发布"五一口号"号召为建立新中国而共同奋斗，从确立人民代表大会制度到创立协商民主这一社会主义民主政治的特有形式……我们党领导的新民主主义革命，目的就是反对和推翻帝国主义、封建主义、官僚资本主义的统治，争取民族独立和人民自由幸福，实现人民当家作主。1949年新中国的成立，标志着中国政治实现了向人民民主的伟大跨越，开辟了中国人民当家作主的历史新纪元，在中国政治发展史乃至世界政治发展史上都具有划时代意义。

新中国成立后，为了保障人民当家作主，维护最广大人民根本利益，党在国家生活各个领域进行全面实践和探索，取得显著成就。改革开放40多年来，在党的领导下，我国社会主义民主政治建设取得历史性成就，成功开辟、拓展和坚持了中国特色社会主义政治发展道路，社会主义民主政治展现出巨大优越性。党的十八大以来，党积极发展社会主义民主政治，推进全面依法治国，党的领导、人民当家作主、依法治国有机统一的制度建设全面加强，党的领导体制机制不断完善，社会主义民主不断发展，党内民主更加广泛，社会主义协商民主全面展开，中国特色社会主义制度更加完善，国家治理体系和治理能力现代化水平明显提高，全社会发展活力和创新活力明显增强。党的十九届四中全会强调，坚持和完善人民当家作主制度体系，发展社会主义民主政治。会议指出，我们有着"坚持人民当家作主，发展人民民主，密切联系群众，紧紧依靠人民推动国家发展的显著优势"。

人民民主实现了人民当家作主，使亿万人民焕发出从未有过的主人翁精神和无穷创造力；人民民主实现了最广泛最真实最管用的民主，促进了中国文明程度的提高和社会的巨大进步；人民民主实现了社会共识的广泛凝聚，为国家发展聚集了攻坚克难、移山倒海的磅礴力量；人民民主实现了公民有序政治参与，确保民主始终在有序轨道上发挥建设性作用；人民民主实现了民主与集中的有机结合，形成了科学高效的决策、管理和执行机制。人民民主意识广泛普及，人民当家作主的政治制度更加巩固，人民当家作主的经济基础更加坚实，人民当家作主的权力运行机制更加完善，人民政治生活和社会生活民主化进程不断加快。历史和实践一再证明：发展人民民主，坚持人民当家作主，密切联系群众，紧紧依靠人民推动国家发展，已经成为我国国家制度和国家治理体系的一个显著优势，成为令世界惊叹的"中国奇迹"的成功密码。

与西方资本主义民主相比，人民民主真正体现了人民当家作主，使占全国人口绝大多数的人民真正成为国家的主人，享有国家制度所保障的充分民主权利，代表着人类政治文明的发展方向。人民民主具有多方面的特色和优势：一是人民主权，公民权利即民权至重；二是实行民主管理，组织人民管理国家；三是促进和保障人权。

习近平总书记强调："民主不是装饰品，不是用来做摆设的，而是要用来解决人民要解决的问题的。"衡量一种政治制度是不是民主的，关键要看最广大人民的意愿是否得到了充分反映，最广大人民当家作主的权利是否得到了充分实现，最广大人民的合法权益是否得到了充分保障。而衡量一种民主制度是不是优越的，则要看民主是否促进了国家的政治稳定、经济发展和社会和谐，是否增进了人民的福祉。党坚持从实际出发，根据不同发展阶段的现实国情和紧迫任务，循序渐进地发展中国特色社会主义民主，走出了一条坚持党的领导、人民当家作主和依法治国有机统一的中国特色社会主义民主新路。社会主义民主秉持天下为公、兼容并蓄、求同存异、和谐共生的哲学理念和政治智慧，寻求全社会意愿和要求的最大公约数，最充分地调动和发挥人民群众的积极性、主动性和创造性，始终保持强大的发展凝聚力和向心力。处于领导核心地位的中国共产党超然于各种政治力量、利益集团之上，没有任何党派私利，能够从国家、民族、人民的整体利益、长远利益和根本利益出发，制定出符合科学发展规律的路线、方针、政策。中国共产党长期执政，各民主党派和无党派人士平等参政议政，有效确保了国家政权的稳定性和国家政策的连续性，使得我们能够最大限度地集中资源，一张蓝图绘到底。

社会主义越发展，民主也越发展。在新征程上，就是要坚持和完善人民当家作主制度体系，发展社会主义民主政治。必须坚定地走中国特色社会主义政治发展道路，必须坚持和完善人民代表大会制度，必须发挥中国共产党领导的多党合作和政治协商制度优势，必须巩固和发展我国最广泛的爱国统一战线，必须巩固和完善民族区域自治制度，必须坚持和完善基层群众自治制度。人民当家作主的政治制度，植根于近代以来中国人民不屈奋斗的历史之中，植根于中国民主发展的现实土壤之中，经受了历史检验，得到中国人民的衷心拥护，充满着强大生机与活力。

◎ 让老百姓幸福就是党的事业

中国共产党的诞生是中国历史上开天辟地的大事变。自从有了中国共产党，中国的面貌从此焕然一新。作为为人民谋利益的马克思主义政党,我们党从诞生之日起,就把"为中国人民谋幸福、为中华民族谋复兴"作为自己的初心使命,让老百姓幸福就是党的事业,努力提升人民群众的获得感,是中国共产党人的初心使命在现实中的生动体现和基本要求。

让老百姓幸福就是党的事业,体现了党全心全意为人民服务的根本宗旨。我们党自成立之日起,就把坚持人民利益高于一切鲜明地写在自己的旗帜上,把全心全意为人民服务作为根本宗旨。从1944年毛泽东同志在延安提出"为人民服务",到习近平总书记提出"以人民为中心"的发展思想,中国共产党人坚持人民立场的信念一脉相承。党的十八大以来,习近平总书记就坚持以人民为中心、保障和改善民生作出一系列重要论述,阐述中华民族伟大复兴的中国梦,强调"中国梦归根到底是人民的梦";全面建设社会主义现代化国家,强调"小康不小康,关键看老乡";全面深化改革,强调"把改革方案的含金量充分展示出来,让人民群众有更多获得感";全面依法治国,强调"努力让人民群众在每一个司法案件中都能感受到公平正义";全面从严治党,强调"关键问题是保持党同人民群众的血肉联系"。党的十九大报告描绘的宏伟蓝图,其核心宗旨在于以人民为中心的发展思想,让改革发展成果更多更公平地惠及全体人民。

让老百姓幸福就是党的事业,顺应了人民对美好生活的新期待。习近平总书记指出,中国特色社会主义进入新时代,我国社会主要矛盾已经转化为人民日益增长的美好生活需要和不平衡不充分的发展之间的矛盾。我国稳定解决了十几亿人的温饱问题,总体上实现小康,不久将全面建成小康社会,人民美好生活需要日益广泛,不仅对物质文化生活提出了更高要求,而且在民主、法治、公平、正义、安全、环境等方面的要求日益增长。当前我国发展的不平衡不充分,既有经济领域的,也有文化、社会、生态领域的;既有城乡发展不平衡,也有区域发展不平衡。这就要求我们在着力解决好发展不平衡不充分问题的基础上推出更多民生工程、实施更多惠民举措,解决好人民群众最关心最直接最现实的问题,在幼有所育、学有所教、劳有所得、病有所医、老有所养、住有所居、弱有所扶等方面补足民生短板,更好满足人民日益增长的美好生活需要。

让老百姓幸福就是党的事业,贯穿了人民是历史创造者的唯物史观。人民是历史的创造者,是决定党和国家前途命运的根本力量。习近平总书记强调:"必须坚持人民主体地位,坚持立党为公、执政为民,践行全心全意为人民服务的根本宗旨,把党的群众路线贯彻到治国理政全部活动之中,把人民对美好生活的向往作为奋斗目标,依靠人民创造历史伟业。"在中国特色社会主义新时代的征程中,必须把人民群众作为改革、发展、创新的主体,充分尊重人民所表达的意愿、所创造的经验、所拥有的权利、所发挥的作用,保证人民当家作主落实到国家政治生活和社会生活之中。尊重人民首创精神,从群众中汲取无穷的智慧和力量。习近平总书记强调:"时代是出卷人,我们是答卷人,人民是阅卷人。"新时代是全国各族人民不断创造美好生活的时代,我们必须把人民对美好生活的向往作为奋斗目标,作为检验各项政策效果和工作得失的价值标准。

让老百姓幸福就是党的事业,彰显了建设社会主义现代化强国、实现中华民族伟大复兴的价值内涵。党的十九大报告将人民群众对美好生活的向往的目标落实在全面建成社会主义现代化强国的战略部署上,落实在实现中华民族伟大复兴的宏伟蓝图中。这就必然要求我们的发展理念和工作中心要升级到"五位一体"的现代化和"以人民需要为中心"的现代化上来。"把我国建成富强民主文明和谐美丽的社会主义现代化强国""我国人民将享有更加幸福安康的生活"等,极具概括性地表达了强国价值目标与人民美好生活实践追求的内在一致性。实现中华民族伟大复兴的中国梦,是党中央向历史和人民作出的庄严承诺;实现中华民族伟大复兴的过程也是实现人民向往美好生活的过程。因此,我们要以永不懈怠的精神状态和一往无前的奋斗姿态,朝着实现中华民族伟大复兴的宏伟目标奋勇前进。

人民对幸福生活的追求,是推动人类文明进步最持久最深厚的动力。让老百姓幸福必须坚持以人民为中心的发展思想,更好满足人民日益增长的美好生活需要。

坚持发展是硬道理。发展是党执政兴国的第一要务,是解决中国所有问题的关键。进入新时代,人民对美好生活的向往更加强烈,期盼有更好的教育、更稳定的工作、更满意的收入、更可靠的社会保障、更高水平的医疗卫生服务、更舒适的居住条件、更优美的环境、更丰富的精神文化生活,期盼孩子们能成长得更好、工作得更好、生活得更好。人民对美好生活的向往,既为我国发展明确了奋斗方向,也为我国发展注入了不竭动力。让老百姓幸福,发展是硬道理。党的十八大以来,我们党坚持在发展中保障和改善民生,用发展回应人民期待,让群众得到实际利益,在幼有所育、学有所教、劳有所得、病有所医、老有所养、住有所居、弱有所扶上不断取得新进展,特别是我国贫困发生率已由2012年的10.2%,大幅降至2019年底的0.6%,人民群众的获得感幸福感安全感更加充实、更有保障、更可持续。

贯彻党的群众路线。群众路线是我们党的生命线和根本工作路线,是我们党永葆青春活力和战斗力的重要传家宝。坚持以人民为中心的发展思想,让老百姓幸福,必须坚持一切为了群众,一切依靠群众,从群众中来,到群众中去,把党的正确主张变为群众的自觉行动。一切为了群众,就要以百姓心为心,做到老百姓关心什么、期盼什么,改革就要抓住什么、推进什么,通过改革给人民群众带来更多获得感。一切依靠群众,就要发动群众投身社会主义现代化建设,依靠人民群众的智慧和力量创造幸福美好生活。从群众中来,到群众中去,就要与人民群众打成一片,将人民群众过上幸福生活的愿望和诉求作为推动改革发展的方向和动力。

确保人民群众共享改革发展成果。习近平总书记指出:"广大人民群众共享改革发展成果,是社会主义的本质要求,是我们党坚持全心全意为人民服务根本宗旨的重要体现。"坚持以人民为中心的发展思想,让老百姓幸福,关键要让人民群众共享改革发展成果,朝着实现全体人民共同富裕不断迈进。进入新时代,解决我国社会主要矛盾,需要通过更加平衡、更为充分的发展补齐民生短板,保证人民平等参与、平等发展权利,促进社会公平正义,努力满足全体人民对幸福生活的追求和期盼。

实现中国梦的出发点和落脚点是让老百姓幸福。实现中华民族伟大复兴的中国梦,就是要实现国家富强、民族振兴、人民幸福,就是要坚持以人民为中心,增进人民福祉,促进人的全面发展。实现中华民族伟大复兴的中国梦同每一个中国人的生活都是紧密相关的,国家富强、民族振兴都是为了让人民群众过上幸福生活,都要体现到人民群众的获得感幸福感安全感上。只有人民安居乐业、过上幸福生活,全社会才会充满干事创业的激情和活力。

◎ 人民是我们党执政的最大底气

习近平总书记指出:"人民是历史的创造者,是决定党和国家前途命运的根本力量。我们党来自人民、植根人民、服务人民,一旦脱离群众,就会失去生命力。""人民第一""人民至上""全心全意为人民服务""人民对美好生活的向往,就是我们的奋斗目标",我们党是这么说的,也是这么做的。

人民是中国共产党执政的最大底气。历史唯物主义认为,人民群众是实践的主体,是历史的创造者,是推动社会历史发展的决定性力量。坚持人民的历史主体地位,就是坚持一切相信群众、一切依靠群众、一切为了群众的群众观点和群众路线。总结我们党走过的风雨历程，最重要的启示，就是党与人民风雨同舟、生死与共、始终保持血肉联系，这是党战胜一切困难和风险的根本保证。在新冠肺炎疫情防控斗争中，在党中央统一领导下，全国动员、全民参与，联防联控、群防群治，构筑起最严密的防控体系，凝聚起坚不可摧的强大力量。广大人民群众识大体、顾大局，自觉配合疫情防控斗争大局，形成了疫情防控的基础性力量。这深刻表明，无论到任何时候，我们都要坚信和牢记党的根基和力量在人民。真正做到紧紧依靠人民，努力使广大人民群众的积极性和创造性得以充分发挥，不断把为人民造福事业推向前进。

党的生命力来自人民。纵观中外历史，一些老党、大党相继失去执政地位，其根本原因在于脱离群众、失去民心，最终被人民抛弃。中国共产党"为人民而生，因人民而兴"，党的领导是历史和人民的选择。"每个共产党员都要弄明白，党除了人民利益之外没有自己的特殊利益，党的一切工作都是为了实现好、维护好、发展好最广大人民根本利益。"邓小平同志也曾深刻指出："工人阶级的政党不是把人民群众当作自己的工具，而是自觉地认定自己是人民群众在特定的历史时期为完成特定的历史任务的一种工具。"民心是最大的政治。习近平总书记始终把为民作为治国理政的价值旨归，始终强调"把人民立场作为根本立场""把人民拥护不拥护、赞成不赞成、高兴不高兴、答应不答应作为衡量一切工作得失的根本标准"。群众路线是党的生命线，什么时候执行得好，我们的事业就顺利发展，什么时候执行得不好，我们的事业就遭受挫折，离开了群众路线，党就一事无成。紧紧依靠人民群众，始终保持同人民群众的血肉联系，这是我们党战胜各种困难和风险、夺取事业成功的根本保证。

人民是力量之源、胜利之本和执政之基。我们党能够用"小米加步枪"打败"武装到牙齿"的蒋家王朝，重要的秘诀就在于我们党一切为了人民，一切依靠人民。从当年的"最后一块布，做军装；最后一口饭，做军粮；最后一个儿子，送战场"，到顶着炮火硝烟也要推着独轮车，带着煎饼大葱支援前线，再到克服一切困难和挫折，用一砖一瓦日积月累艰苦构建共和国的坚实大厦，无论多苦多难，人民群众始终坚定地跟党走，这是我们党立于不败之地的力量源泉，是我们党和国家事业发展最具有决定性的因素。回望党百年的峥嵘岁月，虽然经历的历史阶段不同，但是，密切联系人民群众、紧紧依靠人民群众，始终是我们党不变的坚守。延安革命根据地政权"是陕北人民用小米哺育出来的"，淮海战役"是人民群众用独轮小车推出来的"，改革开放"是适应人民群众愿望、根据群众创造搞起来的"。实践反复证明，中国革命的胜利，社会主义建设的成功，改革开放40多年辉煌成就的取得，从根本上说，是人民意志的成功，是人民力量的胜利。

人民是我们党执政最可靠的阶级基础和群众根基。我们党作为一个无产阶级政党，之所以不同于西方资产阶级性质的政党，是因为它代表着最广大人民群众的根本利益，维护好和实现好广大人民群众的利益是我们党一以贯之的根本宗旨。我们党自成立以来，为人民谋幸福的初心就毫不动摇，始终把群众观点和群众路线深深植根于思想中、落实在具体行动上。党的七大把群众观点和群众路线作为党的政治路线和组织路线确定下来，正是这条"一切为了群众，一切依靠群众，从群众中来，到群众中去"的正确路线，为我们党在建设、改革与发展时期领导人民走向胜利奠定了坚实的政治基础。我们党着力解决了人民最关心最现实的利益，赢得了民心，人民愿意听党话、跟党走，党的阶级基础和群众根基也就越牢靠，党的执政地位也就越加巩固。人民群众中蕴含着丰富的智慧和无限的创造力，每当国家和民族面对严峻考验时，中华儿女生死较量不畏惧、千难万险不退缩，展现出坚不可摧的力量。

第四章 人民至上的群众优势

◎ 时刻不忘"人民是阅卷人"

习近平总书记指出,时代是出卷人,我们是答卷人,人民是阅卷人。其中,"人民是阅卷人"的形象论断是习近平总书记深刻领悟马克思主义唯物史观得出的科学判断,是新时代共产党人"以人民为中心"理念的生动表达和精练概括。"人民是阅卷人"蕴含着马克思主义唯物史观的人民主体思想,是中国共产党群众路线的精练概括,是评判新时代共产党人事业成败的根本标准。

中国共产党根基在人民、血脉在人民。为什么我们党能始终坚持人民至上?因为党从诞生之日起,就是中国最广大人民根本利益的忠实代表者,除了人民利益,党没有自己的特殊利益。这是我们党作为马克思主义政党区别于其他政党的显著标志。我们党来自人民、植根人民、服务人民,从根本上说,党的理论就是一切为了人民的理论,党的路线就是一切为了人民的路线,党的事业就是一切为了人民的事业。坚持以人民为中心的发展思想,体现了党的理想信念、性质宗旨、初心使命,也是对党的奋斗历程和实践经验的深刻总结。

时刻不忘"人民是阅卷人"必须坚持人民至上。行程万里,不忘初心。我们党团结带领人民进行革命、建设、改革,根本目的就是为了让人民过上好日子。坚持以人民为中心的发展思想,体现了党的理想信念、性质宗旨、初心使命,也是对党的奋斗历程和实践经验的深刻总结。无论面临多大挑战和压力,无论付出多大牺牲和代价,党在任何时候都把群众利益放在第一位。为什么人的问题,彰显了一个政党的性质,也体现在重大关头的价值追求上。面对突如其来的新冠肺炎疫情,以习近平同志为核心的党中央始终把人民生命安全和身体健康放在第一位。正如习近平总书记强调的："人民生命重于泰山！只要是为了人民的生命负责，那么什么代价、什么后果都要担当。"党中央采取的所有防控措施都首先考虑尽最大努力防止更多群众被感染，尽最大可能挽救更多患者生命。上至108岁的老人，下至出生仅30个小时的婴儿，都全力以赴予以救治。在全国范围调集最优秀的医生、最先进的设备、最急需的资源，救治费用由国家承担。340多支医疗队、超过4.2万名医护人员驰援湖北，中国最顶尖的10个院士团队奋战一线，全国近1/10的重症医学骨干接力上阵……为了保护人民生命安全和身体健康不惜一切代价的抗疫斗争，深刻诠释了我们党的初心和使命。

  时刻不忘"人民是阅卷人"必须紧紧依靠人民。历史和现实一再表明，人民是靠山，人民是我们党的力量源泉，人民是我们党执政的最大底气。在新冠肺炎疫情防控斗争中，党中央一声令下，全国动员、全民参与，联防联控、群防群治，迅速构筑起最严密的防控体系，凝聚起坚不可摧的强大力量。广大人民群众识大体、顾大局、明大理，自觉配合疫情防控斗争全局需要，形成了疫情防控的基础性力量。这场疫情防控战争，也是一场人民战争。实践证明，不断聚民心、暖人心、筑同心，把蕴藏于人民之中的无穷伟力激发出来、汇聚起来，任何艰难险阻都不能阻挡我们前行的步伐。

  时刻不忘"人民是阅卷人"必须不断造福人民。为官一任，造福一方，共产党人最重要的政绩就是为民造福。推动经济社会发展，归根到底是为了不断满足人民群众对美好生活的需要，这是我们党一切工作的出发点和落脚点。民生无小事，枝叶总关情。以人民为中心，必须始终把人民安居乐业、安危冷暖放在心上，切切实实为人民排忧解难。当前，要带着责任感和紧迫感，带着情怀和担当，用干部的"紧日子"换来群众的"好日子"，靠干部的"辛苦指数"提升群众的"幸福指数"。为民情怀最是动人。党的十八大以来，习近平总书记坚持访真贫、问真苦，走遍了全国所有集中连片特困地区,对决战脱贫攻坚一直抓在手上、抓得很紧;在每年的新年问候里,都惦念和牵挂着困难群众;到地方考察调研时,特别注重深入基层到群众中察实情、听实话。人民领袖的为民情怀,体现在造福人民的一言一行中,贯穿到治国理政的方方面面,彰显了我们党全心全意为人民服务的根本宗旨和以人民为中心的发展思想。

时刻不忘"人民是阅卷人"必须牢牢植根人民。树高千尺不能忘根。我们党的最大政治优势是密切联系群众,党执政后的最大危险是脱离群众。从根本上说,我们党的执政能力和执政地位来自人民。我们党的根基在人民,血脉在人民,必须植根人民,一刻也不能脱离群众。要永远保持同人民群众的血肉联系、鱼水深情,把群众立场、群众观点、群众路线牢牢刻印于心、时时践之于行。落实好以人民为中心的发展思想,必须树立正确的权力观、政绩观、事业观,处理好公和私、权与民的关系,真正秉持公心、用好公权、当好公仆。党员干部特别是领导干部要清醒认识到,自己手中的权力、所处的岗位,是党和人民赋予的,只能用来为人民谋利。公权为民,一丝一毫都不能私用滥用。必须牢记"水能载舟,亦能覆舟"的道理,不能凌驾于人民之上,不能用官僚主义和命令主义对待人民群众。抗疫斗争的伟大实践,不断升华着以人民为中心的执政理念。在前进道路上,共产党人唯有把人民作为"源"和"本",把人民放在心中最高位置,以百姓心为心,深入实际、深入基层、深入群众,不慕虚荣、不务虚功、不图虚名,勤勤恳恳、踏踏实实为民干事创业,才能交出人民群众满意的合格答卷,才能当好人民群众的勤务员和贴心人。

因人民而生、为人民而兴。从石库门到天安门,从兴业路到复兴路,我们党百年来付出的一切努力、进行的一切斗争、作出的一切牺牲,都是为了人民幸福和民族复兴。在新的伟大征程上,始终同人民群众想在一起、干在一起、风雨同舟、同甘共苦,就一定能战胜一切困难挑战,党和人民的事业就一定会无往而不胜。

第五章

凝心铸魂的文化优势

文化是民族的血脉，是人民的精神家园。中国共产党的文化优势体现在有科学的指导思想指引，有巩固的主流意识形态，有优秀的传统文化，有传承初心和使命的革命文化，有以人民为中心的先进文化，有全国各族人民取得共识的广阔胸襟，有构建人类命运共同体的价值关怀，有更基础更广泛更深厚的文化自信。中华民族五千多年文明历史所孕育的中华优秀传统文化，是中国共产党治国理政、参与全球治理的重要思想文化资源。毛泽东思想、邓小平理论、"三个代表"重要思想、科学发展观、习近平新时代中国特色社会主义思想，无不是在实践中把马克思主义与中华优秀传统文化相结合的典范之作。中国共产党在革命、建设、改革中创造出革命文化和社会主义文化，催生了丰富的中国特色"文化谱系"，激励一代代中国共产党人初心不改、接续奋斗。历史和现实都告诉我们，有中国共产党的坚强领导，有绵延不断的文化血脉，有坚毅恒定的文化自信，我们就一定能认准道路方向，在实现中华民族伟大复兴中国梦的道路上阔步前行。

◎ 文化的价值与力量

文化就像一只看不见的巨手，能够在人们认识世界和改造世界的过程中转化为物质力量和精神力量，创造生产力、提高竞争力、增强吸引力、形成凝聚力，对人的成长和社会的发展产生深刻的影响。

文化的价值承载在民族的特性之上，文化作为一种精神力量，能够转化为物质力量，对社会发展产生深刻影响，影响不同民族和国家各具特色的发展道路，为经济建设提供精神动力和智力支持。文化是一个民族和国家凝聚力和创造力的重要源泉，能够激发全民族文化创造活力，提高国家文化软实力，增强综合国力，维护国家利益和安全。文化对人的影响来自特定的文化环境和各种形式的文化活动。文化影响人们的交往行为和交往方式，影响人们的实践活动、认识活动和思维方式，具有潜移默化和深远持久的特点，优秀文化能丰富人的精神世界、增强人的精神力量、促进人的全面发展，有利于营造健康氛围，有利于提高人的素质和修养，树立正确的世界观、价值观、人生观。文化是人的全面发展的"方向标"，是经济社会发展的"永动机"，是社会和谐稳定的"黏合剂"，事关国家安危、民族兴衰、人民福祉。我们要增强文化自信，坚守文化责任，彰显文化的价值和作用。

文化的价值对强化党的领导既有重大的理论价值又有重大的现实意义。从理想信念的高度看文化的价值。对理想信念的自信，对于今天的中国共产党和广大群众，都是最可宝贵的。首先对中国共产党历史的自信，有利于强化党的领导的正义性和引领力。其次对党的指导思想的自信，有利于全党全国人民形成团结奋进的共同思想基础。再次对理想信念力量的信心，有利于扭转和解决现实中一些党员和群众理想信念滑坡的状况，有利于牢固树立社会主义和共产主义的政治信仰，有利于培育以爱国主义为核心的民族精神，有利于引领时代主流和社会风尚，有利于满足人民群众精神文化的需求，有利于提高国家文化软实力。从坚持走中国特色社会主义道路的高度看文化的价值。中华优秀传统文化、革命文化和社会主义先进文化是中国特色社会主义的文化土壤，文化自信是道路自信的根脉。从实现中华民族伟大复兴中国梦的高度看文化的价值。我国是一个多民族国家。各民族在长期交流融合中发展，形成多元一体的中华民族大家园，极大地激发了中国人民的民族自信心和自豪感。今天的中国正朝着大国强国迈进，一贯秉持"己所不欲，勿施于人"的思想，坚守"和为贵"的理念，超越西方人所谓"国强必霸"的逻辑，以人类命运共同体的思想为引领，坚持走和平发展道路，不通过军事扩张称霸，而是依靠自己的努力奋斗，包括学习借鉴各国的有益经验、拓展国内市场和拓展全球贸易来实现发展，寻求与各国互利共赢、共同发展，努力推动建设持久和平、共同繁荣的世界。

文化作为一种精神力量，能够在人们认识世界、改造世界的过程中转化为物质力量，对社会发展产生深刻的影响。这种影响，不仅表现在个人的成长历程中，还表现在民族和国家的历史中。先进的、健康的文化对社会的发展产生巨大的促进作用；反动的、腐朽没落的文化则对社会的发展起着重大的阻碍作用。文化的力量，归根到底来自凝结其中的核心价值观的影响力和感召力，文化的力量是一个民族的重量，一个国家的分量，一个社会的体量。社会历史的发展和进步，民族的独立和振兴，国家的繁荣和富强，人民的幸福和安康，都离不开文化的力量支撑。中华文化的力量是历史的又是当代的，是有形的又是无形的，是现实的又是潜在的。我们要不断增强中华文化的力量、提升中华文化的力量。

英国前首相丘吉尔曾说："我宁愿失去一个印度，也不愿失去一个莎士比亚。"为何？究其实，在于其独特的意识形态属性和功能。文化影响着人们的思维方式、审美情趣、价值取向、伦理原则、道德观念，关系着民族的性格、精神、意识、思想、语言和气质。文化是民族的血脉，以文化人，是软实力的核心。文化是一个国家、一个民族须臾不可缺少的东西，事关国家和民族的生存发展，没有了它，国将不国，族将不族。中华文化源远流长，是中华民族自强不息、发展壮大的强大精神力量。中国共产党从诞生初期，就把传承和弘扬中华传统文化的初心融进灵魂，在艰苦卓绝的革命斗争和曲折艰辛的探索中，把马克思主义与中国革命的具体实践、中华传统文化精华融合起来，不断推进马克思主义中国化，领导中国革命取得胜利，开辟了中国特色社会主义道路。井冈山精神、长征精神、延安精神、大庆精神、"两弹一星"精神、航天精神、抗震救灾精神、抗疫精神……在中国革命、建设、改革的伟大实践中孕育的革命文化和社会主义先进文化，是中国共产党精神力量的不竭源泉。党的十八大以来，以习近平同志为核心的党中央提出的"构建人类命运共同体""一带一路"倡议打开了合作共赢的筑梦空间，引发了国际社会广泛关注，并被写入了联合国大会决议等诸多国际组织文件中，从世界视野注解着中国共产党的文化自信。今天，我们党肩负着团结带领全国各族人民实现民族伟大复兴的历史使命，必须延续中华民族的文化血脉，毫不动摇地走自己的路。

用价值与力量涵养精神力量。一个国家的强大、一个民族的昌盛，不仅有经济的发展，还必须有强大的精神力量的支撑。而精神塑造与形成，离不开文化的传承与发展。实现中华民族伟大复兴，必须从中华文化中吸收丰厚的精神滋养，以创造出符合时代需要的精神力量。首先应从中华优秀传统文化中寻找精神之源。中华民族具有5000多年连绵不断的文明历史，创造了博大精深的中华文化，为人类文明进步作出了不可磨灭的贡献。实现中华民族伟大复兴，还要从党和人民伟大斗争中孕育和创立的革命文化和社会主义先进文化中寻找新的不竭的精神动力。中国作为世界上曾经的经济强国、文化大国，自近代以来丧失了与世界同进步的历史机遇，落入被动挨打的境地。面对沉重的民族危机，先进的中国人开始反思自己的文化，相继提出各种救国图存方案，却都以失败告终。19世纪末20世纪初兴起的新文化运动，特别是五四运动形成的爱国、进步、民主、科学的五四精神，揭开了中国新民主主义革命的序幕，不仅促进了马克思主义的传播，而且推动了中国共产党的建立，中华民族伟大复兴展现了光明前景。

中华民族的伟大复兴是百余年来中国人的梦想，在实现复兴的道路上除了从国家和政治层面着手以外，还应该从文化层面着手。习近平总书记指出，"我们说要坚定中国特色社会主义道路自信、理论自信、制度自信，说到底是要坚定文化自信"，并强调"当高楼大厦在我国大地上遍地林立时，中华民族精神的大厦也应该巍然耸立"。坚定的文化价值与力量，是中国共产党人不忘初心、领导人民克服任何艰难险阻奋勇前进的精神支柱。

◎ 文化优势从何而来

文化是一个国家、一个民族的灵魂，坚定文化自信，是事关国运兴衰、事关文化安全、事关民族精神独立的大问题。习近平总书记指出："文化兴国运兴，文化强民族强。没有高度的文化自信，没有文化的繁荣兴盛，就没有中华民族伟大复兴。"中国共产党创造了人类社会发展史上惊天动地的发展奇迹，靠的就是以文化优势为核心的精神力量支撑，那么，共产党人的文化优势从何而来？

文化优势源于优秀传统文化所蕴含的强大文化基因。博大精深的优秀传统文化是我们最深厚的文化软实力，是我们文化发展的母体，积淀着中华民族最深沉的精神追求。诸如"自强不息"的奋斗精神，"精忠报国"的爱国情怀，"天下兴亡，匹夫有责"的担当意识，"舍生取义"的牺牲精神,"革故鼎新"的创新思想,"扶危济困"的公德意识,"国而忘家,公而忘私"的价值理念等,一直是中华民族奋发进取的精神动力。此外,"天人合一""天下为公"的社会理想,"以人为本""民为邦本"的治国理念,"载舟覆舟""居安思危"的忧患意识,"止戈为武""协和万邦"的和平思想等,这些千百年传承的理念,已浸润于每个国人心中,成为日用而不觉的价值观,构成中国人的独特精神世界。正如习近平总书记所说,中国传统思想文化体现着中华民族世世代代在生产生活中形成和传承的世界观、人生观、价值观、审美观等,其中最核心的内容已经成为中华民族最基本的文化基因。这些最基本的文化基因,是中华民族和中国人民在修齐治平、遵时守位、知常达变、开物成务、建功立业过程中逐渐形成的有别于其他民族的独特标识。

文化优势源于科学的指导思想指引。20世纪之初的中国,各种思潮此起彼伏,党从一开始就将马克思主义科学理论作为自己的行动指南,将实现社会主义、共产主义作为奋斗目标。这与当时很多党派思想上飘忽不定、行动上松垮散漫形成了鲜明对比。坚持用马克思主义的科学理论武装自己,充分展现了我们党"不走固步自封的老路,也不走改旗易帜的邪路"的理论自信、价值观自信。科学理论,回答时代提出的根本性、方向性问题,是时代精神的精华,也是时代文化的精髓和灵魂。马克思主义中国化创新成果,充分体现了合规律性与合目的性的统一,即合"共产党执政规律、社会主义建设规律、人类社会发展规律"与合"为人民谋幸福、为民族谋复兴、为世界谋大同"目的的有机统一。这个统一使作为党和国家指导思想的科学理论既站在了真理制高点,又站在了道义制高点。进入新时代,以习近平同志为主要代表的中国共产党人准确把握世界和中国发展的"时"与"势",在继承与开创、理论与实践的辩证关系中解决中国问题、激发中国活力、展现中国魅力,将实践基础上的理论创新写在了马克思主义哲学、政治经济学、科学社会主义融会贯通的旗帜上,不断提升民族发展新高度、构造治国理政新布局、开创全球治理新格局、拓展人类空间新含义。

文化优势源于共同的价值观念。习近平总书记指出:"核心价值观是文化软实力的灵魂、文化软实力建设的重点。这是决定文化性质和方向的最深层次要素。一个国家的文化软实力,从根本上说,取决于其核心价值观的生命力、凝聚力、感召力。"核心价值观,承载着一个民族、一个国家的精神追求,体现着一个社会评判是非曲直的价值标准。社会主义核心价值观是当代中国精神的集中体现,是凝聚中国力量的思想道德基础。培育和弘扬核心价值观,有效整合社会意识,是社会系统得以正常运转、社会秩序得以有效维护的重要途径,也是国家治理体系和治理能力的重要方面。由于我们党牢牢扭住核心价值观这个决定文化性质和社会发展方向的最深层次要素,并将其转化为人们的情感认同和行为习惯,使之成为中国人独特的精神支柱,中国特色社会主义事业及其建设主体才更好且更有效地获得了强大精神力量、文化支撑和价值引领。

文化优势源于独具特色的革命文化。在艰苦卓绝的革命斗争岁月,我们党和人民军队培育了以坚定信念为核心的井冈山精神、苏区精神;以一不怕苦、二不怕死为核心的长征精神;以自力更生、艰苦奋斗为核心的延安精神;以"两个务必"为核心的西柏坡精神。在社会主义建设时期,我们的党、军队和人民共同培育了以不畏强敌、保家卫国为核心的抗美援朝精神;以爱国、创新、求实、奉献为核心的大庆精神;以热爱祖国、无私奉献、自力更生、勇攀高峰、大力协同为核心的"两弹一星"精神等等。这些精神凝结在无数革命先烈的英雄壮举上,凝结在许多先进集体的无私奉献中,成为我们党作为中国人民和中华民族先锋队的表征。这些富有时代特征、民族特色的宝贵财富,脱胎于中华民族优秀文化传统,同时又在新形势下不断进行着再生再造、凝聚升华,成为永远激励中国共产党人和中国人民奋发前进的道义力量。

文化优势源于社会主义先进文化。社会主义先进文化是文化优势的血脉和灵魂，是对中华民族优秀传统文化和红色革命文化的继承和发展，是运用马克思主义为指导所进行的文化创造。党领导人民在革命、建设、改革中创造的社会主义先进文化，植根于伟大的革命历程与中国特色社会主义伟大实践，是中国革命、建设和改革取得胜利的文化支撑和精神标识。社会主义先进文化在政治信念、市场意识、社会理念、公民伦理和人本精神等层面具有自己独特的内涵与价值，是构建中国话语体系的最佳支撑，为人类文明作出了我们的独特贡献，使得我们能够走出一条植根中国特色的社会主义发展道路，走出一条坚持"和而不同"的和平崛起道路。

文化优势源于发展的坚实基础。我国政治、经济发展为文化发展提供了物质和政治保证。新中国建立以后，我们在曲折中探索现代化建设之路，由新中国成立之初"一穷二白"，到如今经济总量跃居世界第二，落后挨打的局面已经成为历史，人民群众物质文化生活水平得到了极大提高。在世界经济治理中，中国方案不断得到肯定。在国际交往中，不断发出自己的"正义声、和平声、和谐声"。可见，文化优势是对中国特色社会主义的成功实践、综合国力不断增强之深刻总结的结果。

文化优势源于广阔的文化发展道路。旗帜就是方向，方向决定道路，道路关乎命运。高举什么样的文化旗帜，坚持什么样的文化方向，开辟什么样的文化道路，是一个政党、民族、国家的生命之源与精神之钙。改革开放以来，党带领人民所开辟的中国特色社会主义文化发展道路，正是延续了五千年来中华民族的精神文脉，继承了近代以来中国人民英勇抗争的民族精神，发展了建党以来所塑造的革命文化和社会主义先进文化。中国特色社会主义文化道路是一条先进文化的发展道路。早在延安时期，毛泽东同志就提出了我们党延续至今的文化道路纲领："民族的科学的大众的文化，就是人民大众反帝反封建的文化，就是新民主主义的文化，就是中华民族的新文化。"中国特色社会主义文化道路是一条与时俱进的发展道路。我们始终坚持不忘本来、吸收外来、面向未来的文化发展方针。历史实践证明，中华民族有着强大的文化创造力。每到重大历史关头，文化都能感国运之变化、立时代之潮头、发社会之先声，为亿万人民、为伟大祖国鼓与呼。中华文化既坚守本根又不断与时俱进，使中华民族保持了坚定的文化自信和强大的修复能力，培育了共同的情感和价值、共同的理想和精神。这充分体现了一个百年大党充沛的文化自信与博大的文化胸襟。这样一种立足文化自信的有机文化发展观，不仅有力推进了社会主义文化建设的大繁荣与大发展，更向世界展示了中国道路与中国话语对于人类文明的文化意义。

文化优势源于面向世界开放发展。中华文明之所以经久不息、绵延长存，就在于其有海纳百川的文化胸襟，有兼收并蓄的开放传统。开放包容始终是中华文化发展的主流：佛教东传，西风东渐，自古及今的文化输入从未间断；西天取经，西洋求道，自东向西的文化学习延续至今。在经济全球化时代，只有积极参与全球文明的对话交流，兼纳百家精华，才能更好地促进中国文化的繁荣发展。中国共产党人始终坚信文明因交流而多彩，文明因互鉴而丰富，中国特色社会主义道路是中国共产党人带领全国人民向世界各民族取长补短、择善而从、兼收并蓄而寻找到的一条既适合中国实际又体现现代化要求的发展道路，这条道路本身就是中国与世界文明交流的历史性产物，是中国为丰富世界文明作出的突出性贡献。作为世界文明交流的参与者与推动者，中国共产党人的文化自信始终反对敝帚自珍、一叶障目，而是在世界发展的潮流中、文明多样并存的格局下"各美其美""美美与共"，实现世界文化的大交往与大和谐。

站立在具有如此悠久历史、文化传统、文化优势的当代中国，走我们自己的道路，舞台无比宽阔。我们要不忘昨日的苦难辉煌，无愧时代的使命担当，"以中国为方法"，"以天下为目的"，坚定弘扬文化优势，实现中华民族伟大复兴。

◎ 共产党人的文化自信

共产党人的文化自信既是一种对民族力量的自信，也是一种对党的力量、对人民力量的自信。坚定的文化自信是中国共产党人不忘初心、领导中国人民克服任何艰难险阻奋勇前进的精神支柱。

历史与现实一再表明：一个民族的觉醒，首先是文化上的觉醒。由于中国共产党的使命担当和文化贡献，中华民族才走出了文化迷茫，重振文化自信，追求文化自强。那么，共产党人的文化自信的底气来自何处？

来自源远流长、博大精深的优秀传统文化。优秀传统文化是涵养共产党人的文化自信的沃土。全球化深入发展的今天，植根于优秀传统文化的民族自尊心和自信心，是一个国家与民族融入国际社会大家庭的重要精神支柱，是共产党人最深厚的文化软实力，是中国文化发展的母体，积淀着中华民族几千年来最深沉的精神追求。习近平总书记指出的"我们有我们的历史文化，有我们的体制机制，有我们的国情，我们的国家治理有其他国家不可比拟的特殊性和复杂性，也有我们自己长期积累的经验和优势"。所以，我们要以我为主、兼收并蓄、突出特色，努力以中国智慧、中国实践为世界文明作出贡献。

来自鲜明独特、奋发向上的革命文化。革命文化是中国共产党与中国人民在长期革命斗争实践中逐步形成的，是凝聚着中国共产党和广大革命群众独特思想与精神风貌的文化。在争取民族独立、人民解放的过程中共同创造形成的革命文化，不断激励着中国人民开拓进取。中国共产党团结带领中国人民进行的伟大斗争之所以历百年而不懈、经千辛而不退、吃万苦而不衰，是因为我们有一种鲜明独特、奋发向上的革命文化的支撑、激励、引领和推动。

第五章 凝心铸魂的文化优势

来自一心为民、人民至上的文化立场。中国共产党在不同的历史时期，都能打破阶层界限，以识才的慧眼、爱才的诚意、用才的胆识、容才的雅量、聚才的良方，广开进贤之路，把党内和党外、国内和国外等各方面优秀人才吸引过来、凝聚起来，这使得党是世界政党中真正将党性与人民性高度统一的政党，除了人民的利益，没有自己的特殊私利。党很好地承继了中华文化上下数千年"民为邦本""民贵君轻""先天下之忧而忧"的价值观念，把人民放在最高位置，坚持全心全意为人民服务的根本宗旨，实现好、维护好、发展好最广大人民根本利益，尊重人民主体地位，保证人民当家作主。

来自承前启后、继往开来的社会主义先进文化。共产党人的文化自信，本质上是对社会主义先进文化的自信。这种文化自信体现为对马克思主义基本理论和社会理想的深刻认识和坚定信念；体现为对马克思主义当代价值和社会主义核心价值观的自觉彰显和坚定信心；体现为深入推进马克思主义理论创新，创造性地回答和解决当代中国和人类社会的重大问题，推动中国不断地走向繁荣富强。习近平总书记指出："当今世界，要说哪个政党、哪个国家、哪个民族能够自信的话，那中国共产党、中华人民共和国、中华民族是最有理由自信的。"在新的时代，社会主义先进文化承载着中华文化河流的新航程，代表了当代中国的高昂旋律和精神旗帜，是共产党人理想信念的不竭文化滋养。

来自不断发展、日益壮大的中国文化软实力。我们党一直高度重视文化软实力建设，提出要建设社会主义文化强国。在社会主义文化强国战略的指引下，通过坚持走中国特色社会主义文化发展道路，深入践行社会主义核心价值观，深化文化体制改革，传播良好国家形象相互配合等建设原则，国家文化软实力建设取得了显著成效。中华文化"走出去"成果丰硕，中华文化元素的产品获得高度肯定，无疑扩大了中华文化的吸引力和影响力，彰显了文化自信；中华文化的认可度持续提升，文化产业保持快速发展的良好势头，整体规模实力显著提升，文化产品的国际影响力大大增强。同时，文化软实力与我国长期奉行的独立自主的和平外交政策密不可分。近年来，我们党全面推进中国特色大国外交，形成全方位、多层次、立体化的外交布局，为我国发展营造了良好外部条件。而文化软实力在塑造国家形象、开展对外文化交流、增强中国国际话语权等方面起到了积极的促进作用，从而进一步提高了我国国际影响力、感召力、塑造力，为世界和平与发展作出新的重大贡献。

共产党人坚定文化自信，首要是在新时代共产党人思想旗帜上坚定自信，在推进"四个伟大"中坚定不移学习践行党的创新理论，彰显习近平新时代中国特色社会主义思想的强大真理力量；共产党人坚定文化自信，关键是在新时代中国人民价值观"最大公约数"上坚定自信，在推进"四个伟大"中坚定不移追求崇高价值，彰显社会主义核心价值观的强大道德力量；共产党人坚定文化自信，底色是在新时代中华民族独特精神标识上坚定自信，在推进"四个伟大"中坚定不移守护精神命脉，彰显中华优秀传统文化的强大精神力量，构筑中华民族共有的精神家园。

◎ 以革命精神坚定文化自信

习近平总书记指出，伟大的革命实践产生伟大的革命精神。中国共产党革命精神是中国共产党领导全国人民在革命、建设、改革实践中经过一代又一代共产党人不懈奋斗、艰辛探索所形成的独特精神谱系，已经深深融入中华民族的血脉和灵魂，成为中华民族精神的丰富滋养，是鼓舞和激励中国人民不断攻坚克难、从胜利走向胜利的强大精神动力。

革命精神为国家独立和富强提供了精神保障，为中国人民解放和幸福提供了精神支撑，为人类文明的长久持续发展提供了精神启发，贡献了中国智慧和中国经验，具有显著的世界价值。

新中国成立后，毛泽东要求全党保持"过去革命战争时期的那么一股劲，那么一股革命热情，那么一种拼命精神，把革命工作做到底"。在改革开放过程中，邓小平特别提出，"革命精神是十分宝贵的，没有革命精神就没有革命行动"。迈入新时代，习近平总书记强调，"我们千万不能在一片喝彩声、赞扬声中丧失革命精神和斗志，逐渐陷入安于现状、不思进取、贪图享乐的状态"。

以革命精神坚定文化自信要有革命到底精神。以开放的胸襟拓展国际视野，在国内外对比中充分认识中国共产党为什么"能"、马克思主义为什么"行"、中国特色社会主义为什么"好"，不断增强中国特色社会主义道路自信、理论自信、制度自信、文化自信。牢记我们党肩负的实现中华民族伟大复兴的历史使命，勇于进行具有许多新的历史特点的伟大斗争，在经风雨、见世面中长才干、壮筋骨，练就担当作为的硬脊梁、铁肩膀、真本事，敢字为先、干字当头，勇于担当、善于作为，以"踏平坎坷成大道，斗罢艰险又出发"的顽强意志，加强斗争历练、增强斗争本领。

以革命精神坚定文化自信要有立党为公、执政为民的革命情怀。坚持和完善党密切联系群众的制度，虚心向群众学习，真心对群众负责，热心为群众服务，诚心接受群众监督，着力防范脱离群众的风险，确保党始终同人民想在一起、干在一起，始终与人民群众同呼吸、共命运、心连心。强化宗旨意识和为民情怀，牢记群众是真正的英雄，任何时候都不能忘记为了谁、依靠谁、我是谁，积极解决群众最急最忧最盼的问题。把尊重民意、汇集民智、凝聚民力、改善民生贯穿在治国理政全部工作之中，深入基层、深入一线，积极回应群众关切，进一步增强群众获得感、幸福感、安全感。

以革命精神坚定文化自信要有谦虚谨慎、艰苦奋斗的优良作风。保持务实清廉的政治本色，正确处理公私、义利、是非、情法、俭奢、苦乐、得失的关系，自觉同特权思想和特权现象作斗争。强化政治监督，保障制度执行，推动落实全面从严治党责任，把负责、守责、尽责体现在每个党组织、每个岗位上，坚持民主集中制，保证权力在正确轨道上运行。坚决贯彻中央八项规定精神，保持定力、寸步不让，防止老问题复燃、新问题萌发、小问题坐大，永葆党的先进性和纯洁性。

以革命精神坚定文化自信要做好文以化人的工作。中国共产党在领导中国革命的征程中形成的井冈山精神、长征精神、延安精神和西柏坡精神，和平建设时期形成的大庆精神、"两弹一星"精神、抗洪精神、抗震救灾精神、载人航天精神，都是革命精神在不同时期不同的表现形式。革命精神用鲜活的形式向人民传达出老一辈革命家的付出与成绩建立在他们对祖国深厚的爱之上。一个人对祖国爱得越深，历史责任感就越强烈，人生目标就越明确，人生信念就越坚定。深入发掘革命精神的文以化人功能，既是培育新的民族精神的现实需要，也有利于革命精神深入人心。

革命精神从历史深处走来，不断绽放时代的光芒，它与中华传统文化、社会主义先进文化一道，丰富中国特色社会主义文化的形态，滋养着中华民族的精神根基。当代共产党人作为革命精神的传承人和发展者，要肩负起全面建设社会主义现代化国家的历史重任，永葆革命锐气，勇做时代先锋。

◎ 价值观自信彰显文化自信

价值观自信是一个国家文化软实力的核心内容，是综合国力的重要组成部分，是一个民族文化心理成熟的重要标志，也是民族自尊心、自信心和自豪感的集中体现。

文化的核心是价值观，人们据之以观世界、思人生、辨善恶、别曲直、识美丑，也以之为向心凝聚、一体认同、创新创造的依据和向导。任何一种文化体系的性质，都由其内含的价值观决定、表征；任何一种文化体系的魅力，都由其内含的价值观培育、彰显；任何一种文化体系的发展，也都由其内含的价值观规约、引导。价值观在文化体系中的这种独特地位与功用，决定了它在文化体系中的核心意义，也使得价值观的自信，成为文化自信的内核。价值观决定着文化自信的性质和方向。习近平总书记指出："核心价值观是文化软实力的灵魂、文化软实力建设的重点。这是决定文化性质和方向的最深层次要素。一个国家的文化软实力，从根本上说，取决于其核心价值观的生命力、凝聚力、感召力。"价值观是凝结文化中的"魂"，一方面，价值观决定文化选择的价值标准，承载着一种精神追求，有什么样的价值观，就有什么样的文化立场、文化取向、文化理念、文化选择。另一方面，价值观决定文化的性质和影响力。

价值观决定着文化体系的性质，彰显着文化体系的魅力，引领着文化体系的发展，更直接影响和决定着一个国家和民族的未来。判定一种文化有无影响力及其影响力大小，归根结底取决于其所蕴含和弘扬的价值观是否科学、是否高尚、是否进步；价值观决定文化自信的生命力。当今，在激荡的全球化背景下，中国依然能应对各种挑战，迅速崛起，根本原因还是在于中国先进文化的价值观的坚强生命力。中国特色社会主义伟大实践及其所取得的巨大成就，本身就是一种丰厚文化，这是最为表象、最为直观的文化维度，也是最容易直接刺激文化自信的文化灵魂。文化自信是对中国人民创造的一切优秀文化的自信。文化自信产生于人民的实践活动之中。价值观决定一切实践活动和文化的方向和性质，始终渗透于一切活动和文化之中。因此，文化自信的灵魂和核心是价值观，文化自信归根到底是对价值观自信。

社会主义价值观源于对马克思主义的价值追求，脱胎于中华文化的丰腴沃土，内生于当代中国的历史性实践，契合于当今世界的发展潮流，具有深刻的理论基础、文化基础、实践基础和世界视野。价值观自信来自马克思主义所占领的科学和道德的双重高地。马克思主义的正确指引构成价值观自信的深刻基础。有了马克思主义，社会主义核心价值观就有了引领和整合复杂社会思想意识的强大力量。价值观自信来自中华文化的丰厚滋养。每一个社会的核心价值观都有固有的文化根脉。作为世界上唯一未曾断裂的文明，中华文明构成社会主义价值观的文化基础，是涵养社会主义价值观的精神宝库。中华民族五千年的厚重文化足以支撑起当代中国人的价值观自信。正如习近平总书记所说："我们生而为中国人，最根本的是我们有中国人的独特精神世界，有百姓日用而不觉的价值观。"社会主义价值观具有鲜明的内生特质和遗传惯性，它根植于中华文化的沃土，潜藏于中华民族的文化血脉之中，是中华传统文化优质基因的当代复活和崭新呈现。价值观自信来自中国道路的巨大成功。今天，中国的GDP大致相当于两个日本，三个德国，四个英国，五个印度，六个意大利，七个加拿大，八个俄罗斯。中国连续40年中高速增长，现已成为当之无愧的全球经济发展的重要引擎，这不能不说明我们的道路是成功的，体制是有效的，不能不说明这条道路的内核——价值观是正确的。价值观自信来自对人类文明的吸收借鉴。自信不等于自大。价值观自信本质上应该是一种兼收并蓄、从容吐纳的自信。能不能正视自身文化的弱点，敢不敢包容外来文化的优长，正是判断一个国家是否有自信的表现。社会主义核心价值观是以中国的方式呈现出来的世界文明成果，是抹上了中国色彩、添加了中国元素的人类价值追求。

以价值观自信彰显文化自信必须用好文化的力量。在漫长的历史进程中，中华民族创造了辉煌灿烂的文化，也形成了与之相应、独具民族气质的价值观。优秀的传统文化及其内蕴的价值观，承载着中华民族的精神基因，是社会主义核心价值观的文化之源，也是支撑我们价值观自信的底气与底蕴。我们应当通过创造性转化，让优秀的传统鲜活于当下，为社会主义核心价值观涵养发达的文化根系。要在承古汲外的基础上，激发全民族的文化创造活力，推动中华文化的创新性发展，创造中华文化的新辉煌。

以价值观自信彰显文化自信必须传承发展优秀传统文化。习近平总书记深刻指出，中国道路是在改革开放40多年的伟大实践中走出来的，是在中华人民共和国成立70多年的持续探索中走出来的，是在对近代以来170多年中华民族发展历程的深刻总结中走出来的，是在对中华民族5000多年悠久文明的传承中走出来的。这就把40多年与5000多年相联系，将中国道路与中华文明相贯通，表明中国道路离不开中华文明，它们是内在衔接、相互贯通、有机结合、辩证统一、不可分割的，从而使中国道路具有强烈的纵深感和深厚的历史渊源。

以价值观自信彰显文化自信必须把社会主义价值观融入法治建设。要坚持法治和德治相互促进。把道德要求贯彻到法治建设中，以法治承载道德理念，积极运用法治思维和法治方式推动社会主义核心价值观建设。要坚持社会主义核心价值观与社会主义法治建设相得益彰。推动社会主义核心价值观入法入规，强化依法治国的价值导向。把社会主义核心价值观融入法治国家、法治政府、法治社会建设全过程，融入科学立法、严格执法、公正司法、全面守法各环节，以法治体现道德理念、强化法律对道德的促进作用。把社会主义核心价值观的要求体现到宪法法律、法规规章和公共政策之中，转化为具有刚性约束力的法律规定。要坚持公共政策和道德建设良性互动。形成有利于培育和弘扬社会主义核心价值观的良好政策导向和利益引导机制，防止具体政策措施与社会主义核心价值观相背离，使社会治理更加有序，社会发展更加和谐。

以价值观自信彰显文化自信必须不断提升国家文化软实力。当前，我们正在进行许多具有新的历史特点的伟大斗争，文化软实力在国际竞争和国内发展中的地位和作用更加凸显。我们必须加快提升文化软实力，为全国各族人民推进中国特色社会主义事业提供坚强的思想保证、强大的精神力量、丰富的道德滋养。要坚定不移走中国特色社会主义文化发展道路，坚持社会主义先进文化前进方向，坚持以人民为中心的工作导向，坚持把社会效益放在首位、社会效益与经济效益有机统一，贯彻落实党中央关于文化建设和文化体制改革的一系列方针政策，创作生产更多优秀文化产品，夯实文化自信的现实基础。

以价值观自信彰显文化自信必须大力推进文化创新。我们必须增强改革创新意识，把改革创新精神贯穿于文化建设全过程，积极探索有利于解放和发展文化生产力、有利于破解文化发展难题的新办法、新举措、新途径和新载体。一要聚焦完善公共文化服务体系、文化产业体系、文化市场体系，使中国特色社会主义文化制度更加成熟更加定型；二要实施中华优秀传统文化传承发展工程，努力实现中华文化的创造性转化和创新性发展，使中华民族最基本的文化基因与当代文化相适应、与现代社会相协调；三要构建技术先进、传输快捷、覆盖广泛的现代传播体系，形成多主体、多层次、多形式的交流格局，提升讲好中国故事的能力，增强我国国际话语权；四要探索有利于激发文化创新活力的体制和机制，使一切创新举措得到支持、一切创新才能得到发挥、一切创新成果得到肯定，让我们的文化更具时代感和吸引力，更能引领时代风气，更能坚定人们的文化自信。

以价值观自信彰显文化自信必须以价值观凝魂聚力。共同价值取向、共同思想基础，是一个民族、一个国家、一个政党赖以存在和发展的根本前提。坚定文化自信，首要的就是坚定社会主义核心价值观自信，要把培育和践行社会主义价值观作为铸魂工程，坚持融入贯穿结合、落细落小落实，加大宣传力度，强化实践养成，注重法规导向，抓好典型示范，持续用力推进社会主义核心价值观建设。要强化社会主义核心价值观对经济建设、政治建设、文化建设、社会建设和生态文明建设的价值引领，把社会主义核心价值观的培育融入社会生活的方方面面和现代化建设的全过程，不断提升全民族的精气神，不断增强全国各族人民的民族自豪感，不断塑造全社会的新风貌。

◎ 党内政治文化彰显独特优势

习近平总书记指出："我们的党内政治文化，是以马克思主义为指导、以中华优秀传统文化为基础、以革命文化为源头、以社会主义先进文化为主体、充分体现中国共产党党性的文化。"党内政治文化是一种信仰文化，信仰是一个政党的政治灵魂，也是一个政党政治实践的初心、出发点与归宿。党内政治文化是一种组织文化，党内政治文化当然会影响并通过每一个政党成员的思想行为反映出来，每一个政党成员也是党内政治文化的塑造者、担当者、实践者。党内政治文化是一种制度文化，用一系列科学规范有效的制度与体制把我们的文化精神、价值倡导固定下来，让尊重制度规矩成为全体党员的思想自觉和行动自觉。党内政治文化，是一个政党生命力、创造力、凝聚力的重要表征和滋养，是其凝聚合力开拓事业的精神旗帜和灵魂。政治文化是政治生活的灵魂。

中国共产党的党内政治文化建设从建党之初就开始了，经过革命、建设、改革不同历史时期的积淀发展，逐渐形成了系统完备、具有自身特色的党内政治文化。革命战争时期的《关于纠正党内的错误思想》《反对本本主义》《实践论》《矛盾论》《新民主主义论》《反对党八股》《党委会的工作方法》《论共产党员的修养》；新中国成立之后的《关于修改党的章程的报告》《关于正确处理人民内部矛盾的问题》；新时期的《关于党内政治生活的若干准则》《关于建国以来党的若干历史问题的决议》等，都是我们党内政治文化建设的经典之作，哺育和滋养了一代又一代的中国共产党人。党的十八大以来，习近平总书记在继承弘扬党内政治文化优良传统、总结升华全面从严治党新实践新成果的基础上，就党内政治文化发表了一系列重要论述，深刻揭示了新时代党内政治文化的基本内涵和实践要求，为当前和今后加强党内政治文化建设提供了基本遵循、指明了前进方向。

党内政治文化是中国共产党人的党性文化。党性原则、党性修养、党性品格是党内政治文化的基本支撑，与之相对应的文化形态是党的信仰文化、组织文化、实践文化。

严肃政治生活彰显党内政治文化独特优势。中国共产党是世界超大规模的政党，党内政治生活的运行、党内政治生态的建构、执政党形象的塑造，都需要党内政治文化支撑。严肃党内政治生活是加强党的建设的优良传统和宝贵经验，也是解决党内存在的突出问题的重要途径。共产党人要认真执行党内政治生活制度，坚决落实《关于新形势下党内政治生活的若干准则》，提高党内政治生活质量，形成遵守制度、严守规矩、规范行为的良好氛围；严格执行民主集中制，实现民主基础上的集中与集中指导下的民主的有机结合，既要防止只要民主不要集中的软弱涣散，又要防止只要集中不要民主的独断专行；严肃开展批评和自我批评，倡导形成不怕得罪人、容得下尖锐批评的良好风气；推动党内政治生活方式创新，不断丰富党内政治生活的内容，把党内政治生活搞得更加生动活泼。

独特的制度规范彰显党内政治文化独特优势，回望历史，用一系列科学规范有效的制度与体制把党的文化精神、价值倡导固定下来，让它们不仅成为每一个共产党人应该具备的政治品德，更是每一个党员干部必须遵守的从政准则。如，党的二大召开，确立了党的代表大会制度和民主集中制原则，制度文化开始形成。党的六届六中全会通过了《关于中央委员会工作规则与纪律的规定》等三部党内法规，延安整风中通过了《关于统一抗日根据地党的领导及调整各组织之间关系的决定》，七大党章规定了民主集中制的制度安排——选举制、报告制、服从制、执行制，七大党章对党的代表大会制度、党内监督制度也作出了明确规定，这些制度规范逐步成为全体党员的行为遵循，标志着制度文化建设走向成熟。解放战争时期，党中央从战争需要和全国执政需要出发，健全民主集中制，建立党内请示报告制度，制度文化建设进一步完善。党的十一届五中全会通过了《关于党内政治生活的若干准则》，标志着制度文化进入系统性建设阶段。此后，制度文化在思想建党与制度治党相统一中进一步发展。特别是党的十八大以来，党中央先后修订和颁布了90多部党内法规，制度的笼子越扎越牢，越扎越密，遵守纪律、尊重规矩成为全体党员的思想自觉和行动自觉，制度文化建设实现跨越式发展。

习近平总书记强调，党内政治文化是政治生活的灵魂，具有以文化人以文育人、滋养执着信仰、培厚政治生态土壤的重要作用。一是形象塑造功能。不断影响着党员个体的价值取向和行为方式，塑造出一系列党员个体特质和政党整体形象。二是政治教化功能。对全体党员教而化之，通过共产党人价值观的弘扬、制度的约束、行为方式的规制教育引导党员，使党的政治理想、政治价值、政治伦理及政治生活准则在潜移默化中内化于心、外化于行。三是激励约束功能。潜在地对符合党的要求的行为产生正面评价，对不符合党的要求的行为则产生负面评价，正面评价会激励党员和党组织进一步作出良好行为，负面评价则会约束党员和党组织的不良行为，并使之自觉纠偏。四是凝聚引领功能。注重以文聚人、以文化人，整合引领社会各类资源、各方力量，凝聚为思想、政治、行动高度一致的磅礴伟力。

推进党内政治文化建设，要围绕倡导和弘扬党的价值观，提升党内政治文化建设成效。习近平总书记强调，要注重加强党内政治文化建设，倡导和弘扬忠诚老实、光明坦荡、公道正派、实事求是、艰苦奋斗、清正廉洁等价值观，旗帜鲜明抵制和反对关系学、厚黑学、官场术、"潜规则"等庸俗腐朽的政治文化，不断培厚良好政治生态的土壤。推进党内政治文化建设一要坚持与党规党纪结合，与社会主义核心价值观相衔接，与中华优秀传统文化、革命文化、社会主义先进文化相融合。二要加强思想教育和理论武装,强化党内政治文化意识。党内政治文化虽然无形,但对政治生活和政治生态的影响却深远重大。要抓住思想教育这个根本,不断推动党内政治文化理论学习,建设思想上坚定追随、政治上绝对忠诚、情感上衷心拥戴、行动上看齐紧跟核心的党内政治文化。三要坚持问题导向,坚定不移推进全面从严治党。习近平总书记强调,直面问题是勇气,解决问题是水平。要坚持有什么问题就解决什么问题,什么问题难就重点解决什么问题,什么问题突出就着力攻克什么问题,无论解决什么问题,都要综合分析、举一反三,使每项措施、每次努力都有利于加强和规范党内政治生活,有利于净化党内政治生态。加强新时代党内政治文化建设要着力解决党内政治文化建设的实际问题,确保有的放矢,落地见效。四要坚持以人民为中心,增强人民群众推进党内政治文化建设的参与感获得感。加强党内政治文化建设,不单单是党内的事情,应全面落实以人民为中心的发展思想,做好开门建党、广纳贤言的大文章,发动人民群众大参与,运用人民群众大智慧,积极践行立党为公、执政为民的宗旨,努力建设好新时代党内政治文化。推进党内政治文化建设要增强传承性、创造性、务实性、开放性,在继承传统中弘扬党内政治文化,在开放交流中丰富发展党内政治文化,在逐步规范中铸造党内政治文化,以党风正、政风清促民风淳,巩固全党全国人民团结奋斗的共同思想基础,保持党的先进性和纯洁性,提高党的创造力、凝聚力、战斗力,确保我们党始终成为中国特色社会主义事业的坚强领导核心。

◎ 党建文化:党的力量之根

党建文化是在党的建设中培育形成的指导思想、价值观念、理想信念、组织行为、行为规范、制度建设、活动形式等的总和,是党的建设的灵魂与活力之源。党建文化是党内政治文化的重要组成部分,是我们党在长期革命和执政实践中培育形成的,集中体现了中国共产党党性在信仰、组织、制度、实践方面具有的鲜明特征。

党建文化是党的力量之根。党建文化作为一个内涵丰富的政治组织文化,在中国共产党自身建设过程中起到了关键性的作用,是推动中国特色社会主义事业发展的强大动力。第一,党建文化有助于塑造政党形象。政党形象是政党的软实力,对其塑造需要依托党建文化。党建文化是政党形象的一个重要构成因素。正是包含着中国共产党思想观念、组织观念、行为观念、价值观念、标识观念的党建文化,通过坚定党员的理想信念、规范党员的行为、陶冶党员的道德情操、激发共产党人的使命感与荣誉感,加强了党的自身建设,塑造出了党优质的执政形象。第二,党建文化有助于提升党的执政能力。政党执政必须依靠执政文化的支撑,作为执政要素中的精神软件,执政文化对政党执政起着决定性作用。党建文化是中国共产党在长期革命斗争和执政中创造出的宝贵精神财富,作为一套关于党自身建设的系统化观念体系,体现出了党的性质、宗旨、执政理想、执政路线,党可以从自身党建文化的建构中不断吸取执政经验、汲取执政智慧,提升党的执政能力,从而不断推动社会主义事业朝着正确的方向前进,完成党的历史任务。第三,党建文化有助于凝聚党内外力量。党建文化的主要意义是培养共产党人共同的价值理念,并能对共产党人行为进行有效规范,而且还能协调党员与党员、党员与党组织之间的关系,从而实现党内整合,让全党上下紧紧地凝聚在一起,使之能为了共同的政治信仰而一起努力奋斗。同时,以全心全意为人民服务为根本宗旨的党建文化,也获得了广大人民群众的认同,赢得了他们的支持。党建文化在共产党人培养中具有非常重要的作用,党建文化具有强烈的号召力,因而会得到广大党员的响应。在此基础上,对党员进行教育,进而通过锻炼使其成长为有担当的党员。第四,党建文化能创造良好的氛围。党建文化会营造出一种民主、积极以及具有正能量的环境,这样的环境会激励共产党人不断进取、与时俱进,同时加强对自己的要求,使得自己不断学习,用过硬的知识来武装自己,尽最大努力成长为党和人民需要的人才。党建文化对党员干部具有一定约束作用。不可否认,党建文化作为党内政治生态中的一部分,包含一定的制度与意识形态。党建文化对党员干部具有较高的要求标准,要求共产党人遵守党的规矩以及纪律,能加强共产党人的自律性,使其更好发挥模范带头作用。

文化,是一个国家和民族的血脉和灵魂。党建文化,则是党的建设的灵魂与活力之源。党建文化是中国共产党在长期的革命和执政实践中形成的一笔宝贵精神财富,蕴含着党的指导思想、奋斗目标、纲领路线、组织纪律、工作作风、行为规范等一系列价值遵循。加强党建文化建设直接关系到中国特色社会主义文化自信的精确表达和传播,也深刻影响着新时代党的先进性与纯洁性建设大局。因此,必须强化党建文化建设。

强化党建文化建设首先要在真懂实悟上下功夫。当前,"四大考验"和"四大危险"依然严峻,党建文化的创新发展面临着许多前所未有的挑战。新常态下,能否坚定党建文化信念,是检验每一名党员合格与否的"试金石"。可以说,自信是一种植根灵魂的坚守,每名党员都要绷紧"三严三实"和"四讲四有"精神之弦,始终坚守理想信念,坚定"四个自信"、增强政治定力,带头抵制西方意识形态的渗透和宗教迷信思想的侵蚀,做到"千磨万击还坚劲,任尔东西南北风";始终坚守政治纪律,严格遵守党章党纪党规,严守党的政治纪律、政治规矩和组织原则,坚持不越界、不逾矩、不妄议中央;始终坚守作风底线,驰而不息,反"四风",正作风,带头继承优良传统、增强宗旨意识、锤炼道德修养、树立清风正气;始终坚定主责主业,坚守责任担当,自觉履行管党治党兴党的主体责任、直接责任和具体责任,理直气壮抓好党的建设、繁荣党建文化、厚植自信底气。

强化党建文化建设关键在于传承创新。文化自信的生命力在于与时俱进。百年来，党建文化历经革命性党建文化、开拓性党建文化、发展性党建文化、先进性和创新性党建文化等系列变革，自信力不断增强。传承无止境，创新也无止境。各级党组织应将文化自信融入党建"基因"，坚持在文化的扬弃中树立对党建文化的坚定信念，注重继承和发扬党的优良传统，让实事求是、密切联系群众、为人民服务等优秀党内文化代代传承；注重吸收中华民族优秀传统文化，从尊道厚德、勤俭自强、诚信敬业、天下为公等民族文化中吸收营养，以党建文化引领社会文化；注重汲取西方其他政党先进的治党理念，加强融合创新，提升党建文化的开放性、包容性。坚持在实践中厚植对党建文化的坚定信念，自觉将党建文化融入党的实践活动中，引领和指导党的思想建设、组织建设、作风建设、反腐倡廉建设和制度建设，深入挖掘党建活动的先进经验和理论成果，在党建文化的自我净化、自我革新、自我完善中提升自信。坚持在共振中厚植文化自信理念，广泛吸收社会主义文化建设的成果，始终将党建文化融入社会主义现代化建设大局，始终围绕中华民族伟大复兴创新发展党建文化，不断提升党建文化的战斗力，在实现中国梦的伟大征程中彰显党建文化的红色自信、内涵自信和活力自信。

强化党建文化建设还要着力打造党建文化的阵地和平台。党建文化并不仅仅局限于精神层面，还应具备具体的内容及表现形式。具体来讲，党的各级组织应建立党建文化的档案库，对其党建文化材料进行整理，在此基础上，设置展示台，包括但不限于党员工作室、宣传海报以及科研实验室等。对上述材料进行广泛宣传，进一步加强党建文化的影响力。同时，还应将上述党建文化运用现代化的科技手段进行宣传，尽力打造专门的党建文化平台，如，通过文化节目、网络微博等方式。将党建文化与主流技术相结合，进一步提高党建文化的影响力。为落实建设社会主义文化强国的号召，各级党组织的每一名共产党人都应将党建文化铭记于心，主动担负起自己的责任与使命，将党建设得更加坚强有力，使党始终走在时代前列。

◎ 为文化自信注入时代内涵

文化自信是民族复兴的重要体现，是民族复兴的昂扬动力，有利于意识形态的凝聚力和引领力，有利于夯实社会主义核心价值观的认同基础，有利于提升国家文化软实力，有利于实现人民对美好生活的向往，有利于从根本意义上增强中国特色社会主义的"四个自信"。新时代坚定文化自信，要立足当代中国现实，为文化自信注入时代内涵。推动社会主义文化繁荣兴盛是坚定文化自信的强大支撑，满足人民美好生活需要是坚定文化自信的实践指向，增强国际话语权是坚定文化自信至关重要的一环。坚定中国特色社会主义文化自信，要在中国特色社会主义伟大实践中，以马克思主义为指导，以社会主义核心价值观为灵魂，以中华优秀传统文化为根基，以革命文化和社会主义先进文化为支柱与活水，构筑中华民族独特的精神标识，凝聚强大的中国精神、中国价值、中国力量。

一个伟大的时代，总有伟大的文化。当前，中华民族伟大复兴呈现出光明的前景，我们比历史上任何时期都更接近、更有信心和能力实现中华民族伟大复兴的目标，但同时世界处于百年未有之大变局，国际格局变幻动荡，霸凌主义与单边主义潜流暗涌，人类和平发展仍面临许多共同挑战。习近平总书记指出，中华民族创造了源远流长的中华文化，也一定能够创造出中华文化新的辉煌。增强文化自信的时代擘画，创造中华文化新辉煌的宏大愿景，在中国特色社会主义新时代徐徐铺展的璀璨华章中，强中国之本、鼓中国之气、塑中国之魂、成中国之治。

第五章 凝心铸魂的文化优势

为文化自信注入时代内涵要增强文化自觉并坚定文化自信。党的十九大报告将中国特色社会主义文化作为与中国特色社会主义道路、理论、制度并称的第四个"自信"，充分彰显了党和国家高度的文化自觉和文化担当。增强文化自觉，首先要深刻认识文化在引领社会发展中的重要作用，要坚持以马克思主义为指导，大力弘扬中华优秀传统文化、革命文化和社会主义先进文化，推动社会主义精神文明和物质文明协调发展，为建设社会主义文化强国、实现中国梦提供强大精神支撑；其次，要深刻把握文化发展规律，充分认识文化发展同基本国情和社会主要矛盾转化之间的关系，在立足经济社会发展实际、满足人民对美好生活需要的基础之上，不断提高人民文化素养，激发全民族文化创新活力，为进行伟大斗争、建设伟大工程、推进伟大事业、实现伟大梦想提供精神动力。

为文化自信注入时代内涵要保持以人民为中心的文化内核。马克思主义认为，人民是社会所有财富的创造者，是社会变革的决定性力量；代表先进阶级的正确文化思想，一旦被人民掌握，就会变成改造社会、改造世界的强大物质力量。中国共产党创建伊始，就明确以马克思主义理论为指导，深入社会，考察人民利益需求，充分与广大民众相结合，形成了以人民为中心的群众路线与全心全意为人民服务的奋斗宗旨，得到了广大民众的极大支持，从而能使之成为中国革命、建设与改革开放时期最重要的依靠力量。新时代，不断满足人民群众对美好文化生活的新期待，就是要从人民群众的现实文化需求出发，创造条件，激发活力，生产出更加丰富多样的文化产品供消费者选择，增强人民群众的文化获得感、幸福感。

为文化自信注入时代内涵要走好守正创新的文化之道。善于继承才能更好创新，不忘本来才能开辟未来。中华优秀传统文化是具有独特精神内核和自身延续风格的完整文化体系，是我们国家、民族传承和发展的根本，党在领导人民进行革命、建设、改革的伟大实践中，要自觉做中华优秀传统文化的忠实传承者和弘扬者；要坚持在继承中实现创新发展。

要实现中华优秀传统文化的创造性转化和创新性发展,就要在继承中发展、在发展中继承,结合新的实践要求和时代特征进行辩证取舍,坚持有鉴别的对待、有扬弃的继承,摒除消极因素,继承积极思想。新时代中华优秀传统文化不是要"照着"讲下去,而是要在继承和创新中"接着"讲下去,对陈旧的表现形式加以改造,对仍有借鉴价值的内涵予以保留并赋予其新的时代表征和现代形式,增强其影响力、提升其感召力、激活其生命力。

为文化自信注入时代内涵要坚持文明互鉴,推动建构世界新型文明秩序。早在一百多年前,马克思、恩格斯便揭示和预测了世界历史和精神文化生产全球化的趋势,他们指出,"每个文明国家以及这些国家中的每一个人的需要的满足都依赖于整个世界","许多民族的和地方的文学形成了一种世界的文学"。当今世界,随着全球化进程的加快,各种不同形态文化间的冲突和融合已成为一个不争的事实。在异常激烈的国际竞争格局中,中国共产党提出,要尊重世界文明多样性,以文明交流超越文明隔阂、文明互鉴超越文明冲突、文明共存超越文明优越,创造新型文明观,推动构建人类命运共同体,建构新型全球文明秩序,受到了世界广大爱好和平国家和人民的认可。坚定文化自信的底气,坚持文化平等的原则,以开放的精神,兼收并蓄、交流互鉴,吸纳各民族之优长,采百家之智慧,一方面"引进来",吸收借鉴世界其他民族的文化,加强对外文化交流与合作;另一方面"走出去",增强中华文化的世界影响力。同时,要坚持各民族文化平等,以对话取代对抗、以交流取代排斥,消解冲突和促进融合,共同创造"文明交流、文明互鉴、文明共存"的新型文明观和新型文明秩序。

为文化自信注入时代内涵要着力增强文化的传播力和影响力。首先要大力弘扬社会主义核心价值观。弘扬社会主义核心价值观,关键是要围绕培养什么人、怎样培养人、为谁培养人这个根本问题,培养担当民族复兴大任的时代新人。要在立德树人上下真功夫、长功夫。在培育路径上，强化教育引导、实践养成、制度保障，发挥社会主义核心价值观对国民教育、精神文明创建、精神文化产品创作生产传播的引领作用，把社会主义核心价值观融入社会发展各方面，转化为人们的情感认同和行为习惯。在培育方式上，坚持全民行动、干部带头，从家庭做起，从娃娃抓起。弘扬社会主义核心价值观要深入挖掘中华优秀传统文化蕴含的思想观念、人文精神、道德规范，结合时代要求继承创新，让中华文化展现出永久魅力和时代风采。其次要做强做优做大文化事业和文化产业。新时代，要满足人民过上美好生活的新期待，必须提供更丰富、更有营养的精神食粮，让文化事业和文化产业比翼齐飞。要深化文化体制改革，完善文化管理体制，加快构建把社会效益放在首位、社会效益和经济效益相统一的体制机制，要健全现代文化产业体系和市场体系，创新生产经营机制，完善文化经济政策，培育新型文化业态和文化消费模式，切实解决文化产业中存在的结构不合理、质量效益不高等问题，以高质量文化供给增强人们的文化获得感、幸福感。再次要增强国际话语权。当今世界正处在大发展大调整大变革之中，文化在综合国力竞争中的功能与地位日益凸显，文化影响比以往任何时期都更加广泛而深刻。在各种思潮及文化交流愈加频繁的背景下，谁能占据文化发展的制高点、拥有强大的文化软实力，谁就能在当前激烈的国际竞争中获得更快发展。中国要想在国际话语舞台上拥有自己的一席之地，必须以更加自觉的历史主体姿态推进中国特色社会主义道路自信、理论自信、制度自信和文化自信，构建具有中国特色、中国气派的，富有感染力、传播力和影响力的独特话语体系。

面向未来，我们要着重宣介好习近平新时代中国特色社会主义思想，带头讲好中国共产党治国理政的故事、中国人民奋斗圆梦的故事、中国坚持和平发展合作共赢的故事，让世界更好读懂中国，了解一个更真实、更立体、更全面的中国，并将中国道路、中国理论、中国制度、中国精神寓于其中，在努力为完善全球治理贡献中国智慧的伟大进程中，提升文化软实力，为文化自信注入时代内涵，唤起亿万人民心底的文化自信，以坚定的文化自信助推民族复兴的实现。

第六章

特色鲜明的制度优势

中国共产党的领导是中国特色社会主义的最本质特征，是中国特色社会主义制度的最大优势，彰显出强大的生命力。中国共产党领导的多党合作和政治协商制度，是中国共产党和中国人民的伟大创造，是中国土生土长的新型政党制度。坚持党总揽全局、协调各方的原则，切实保证了党领导人民有效治理国家，具有集中力量办大事的优势。坚持党对一切武装力量的绝对领导，坚持和加强党对宣传思想文化工作的全面领导，确保了中国社会的稳定，为改革发展奠定了坚实的基础。党领导的国家治理体系，是在我国历史传承、文化传统、经济社会发展的基础上长期发展、渐进改进、内生性演化的结果，具有独特性和优越性，具有西方制度不可比拟的治理能力。中国特色社会主义制度是当代中国发展进步的根本制度保障，是具有鲜明中国特色、明显制度优势、强大自我完善能力的先进制度。

◎ 制度优势源自哪里

制度优势是一个国家的最大优势。制度竞争是国家间最根本的竞争。制度是一国之本、国之纲纪，经济发展、科学技术、人民生活、社会稳定、生态环境、军事实力、国际地位等，都能从不同方面反映一个国家的综合国力。我们之所以具有制度优势，是由其内在的科学依据、客观事实、人民立场和历史贡献所决定。中国特色社会主义是科学社会主义理论逻辑和中国社会发展历史逻辑的辩证统一，既坚持了马克思主义的基本原理，又在中国革命、建设和改革的进程中获得了深厚渊源与新鲜经验。"中国特色社会主义是不是好，要看事实，要看中国人民的判断，而不是看那些戴着有色眼镜的人的主观臆断。"我们判断一个制度是否具有优势，还要看人们对它是否具有自信。因为，制度并不只是写出来的条文与规章，它背后有文化、有价值、有精神。不同的文化根基、价值导向、精神追求，会塑造出不同的制度形态。其背后昂扬向上的自信，是制度优势转化为治理效能的重要催化剂。那么，社会主义中国的制度优势源自哪里？

制度优势源于中国共产党的坚强领导。东西南北中，党政军民学，党是领导一切的。正是因为有着中国共产党的集中统一领导，我们实现了从"一盘散沙"走向"团结起来"，能够保持政治社会长期稳定，确保国家始终沿着社会主义的方向前进。从毛泽东思想到中国特色社会主义理论体系，从改革开放的历史性转折到新时代一系列重大决策部署，中国共产党以马克思主义科学原理武装头脑，不断推进实践基础上的理论和制度创新，既保持战略定力，不走歪路邪路，又永葆旺盛活力，以制度创新提升治理效能。

制度优势源于近百年来的艰辛探索。路是走出来的，制度也是不断探索实践得来的。中国共产党自成立以来,团结带领全国人民,坚持把马克思主义基本原理同中国具体实际相结合,赢得了中国革命胜利,并深刻总结国内外正反两方面经验,不断探索实践,不断改革创新,建立和完善社会主义制度。这一过程,浸润着无数人的奋斗和付出,也历经曲折和坎坷,在摸着石头过河中,蹚出了一条中国特色社会主义的康庄大道。在这一过程中,我们不断深化对共产党执政规律、社会主义建设规律、人类社会发展规律的认识,实现了制度建设更加成熟、更加定型。

制度优势源于人们的道路自信。说到道路自信,我们既没有走改旗易帜的"邪路",也没有走封闭僵化的"老路",而是走了不断改革创新的中国特色社会主义道路。判断中国所走的道路是否正确、为什么正确,其根本依据和标准是由内在的科学依据、客观事实、人民立场和历史贡献所决定的。社会主义制度的兴起,其目的就是要解决资本主义发展过程中的弊病。自从1840年以来,各种主义和理论在近代中国竞相登场。辛亥革命虽然推翻了清政府的腐朽统治,但止步于此,无力向前完成历史的任务。其他如改良主义、自由主义、社会达尔文主义、无政府主义、实用主义、民粹主义、工团主义等纷纷出场,无一例外地失败了,都解决不了中国的前途和命运问题。资本主义道路走不通,只有以马克思主义为指导的中国共产党才能带领中华民族推翻三座大山,建立新中国,并开始了探索中国特色社会主义的新长征。鞋子合不合脚,自己穿了才知道。制度管不管用,要看是不是适合中国。中国特色社会主义制度和国家治理体系之所以具有强大生命力和巨大优越性,在于这是以马克思主义为指导、植根中国大地、具有深厚中华文化根基、深得人民拥护的制度和治理体系。党的十八大以来,我们立足社会主义初级阶段这个最大国情,牢牢抓住社会主要矛盾的转变,一方面通过全面深化改革优化国家治理体系,确立顶层设计的四梁八柱;另一方面着力激发基层创造活力,因地制宜提升制度建设成效,确保了中国特色社会主义制度符合中国国情、切合实践要求、顺应人民期待。

制度优势源于人们的理论自信。说到理论自信，我们做到了"不忘老祖宗，敢于讲新话"，不断推进马克思主义中国化。当前，中国如何发挥社会主义制度的优越性，就是在新时代特色理论的指引下，全面建成小康社会、加快推进社会主义现代化、实现中华民族伟大复兴。这是当代中国面临的最集中、最紧迫、最能牵动亿万中国人民心弦的历史性课题，要完成这一任务，我们理论上的优势在哪里？其一，必须坚持公有制为主体、多种所有制经济共同发展和按劳分配为主体、多种分配方式并存，把社会主义制度和市场经济有机结合起来，不断解放和发展社会生产力，把市场这只"无形之手"和政府这只"有形之手"很好结合起来，推动经济发展。其二，必须坚持以人民为中心的发展思想，不断保障和改善民生、增进人民福祉，走共同富裕道路的显著优势，凝聚全社会的力量。其三，必须坚持共同的理想信念、价值理念、道德观念，弘扬中华优秀传统文化、革命文化、社会主义先进文化，促进全体人民在思想上精神上紧紧团结在一起，从而凝心聚力、为共同理想而奋斗。

制度优势源于人们的文化自信。说到文化自信，就是我们竖起了旗帜，找准了目标。我们"以人民为中心"来干事业目标，实现人类最壮丽的事业，是非常自豪而且是非常自信的。中国共产党一经成立，就将人民写在自己的旗帜上。开国领袖毛主席鲜明地将"为人民服务"概括为党的宗旨。此后，历届中央领导人都结合新的时代背景，要求必须坚持人民主体地位，始终把人民对美好生活的向往作为自己的奋斗目标。当前，中国特色社会主义制度之所以深得人民拥护、具有强大生命力和巨大优越性，就在于其坚持了人民至上。上下同心者胜，众志成城者赢。中国特色社会主义制度具有集中力量办大事的能力，在社会主义初级阶段虽然人力物力财力有限，但能够发挥整体优势。例如，中国的基建工程规模，中国的科技发展速度，中国应付水灾、冰灾、地震、瘟疫的能力……就是明证。

习近平总书记指出:"制度优势是一个国家的最大优势,制度竞争是国家间最根本的竞争。制度稳则国家稳"。国家制度维护社会运行秩序、调节社会关系矛盾、确立社会行为导向,对于国家稳定发展发挥着重要的压舱石作用。制度稳指的是制度系统完备、科学规范、运行有效,并且成熟定型。新中国成立70多年来,我们党领导人民创造了世所罕见的两大奇迹,一是经济快速发展奇迹,二是社会长期稳定奇迹。创造社会长期稳定的奇迹根本在于我国国家制度和国家治理体系始终着眼于实现好、维护好、发展好最广大人民根本利益,着力保障和改善民生,使改革发展成果更多更公平惠及全体人民,具有无可比拟的先进性。我们的制度自信是由于中国特色社会主义制度具有高度的自我完善能力,不断着力固根基、扬优势、补短板、强弱项,使各方面制度更加成熟更加定型。可以说,中国特色社会主义制度越是完善和发展,制度优势就越为巩固。

◎ 中国制度何以管用

制度是人类在社会发展进程中创造的维持社会生存、推进社会发展,建立在一定社会生产力发展水平基础之上、具有正式形式和强制性的社会规范体系。制度具有根本性、全局性、稳定性和长期性。在长期的革命、建设、改革实践中,中国共产党人深刻认识到,要改变中国的贫穷落后面貌,实现国家富强、民族振兴、人民幸福,必须建立符合我国实际的先进社会制度。

历史和现实都表明,一个国家选择什么样的政治制度,归根到底是由这个国家的性质和国情决定的。政治制度是否合理和优越,直接关系到一个国家的盛衰兴亡,中国特色社会主义,是党领导中国人民把马克思主义基本原理同中国具体实际相结合、经过长期探索和实践逐步形成确立的，是中国历史和中国人民的必然选择。

"美国人在那儿吵的时候，中国人已经开始干了"，"中国人建设新机场的速度比德国快多了"……曾经对中国百般挑剔的西方媒体和政客，如今发出越来越多的这种感叹。相比许多国家存在的人走政息、决策短视、党派相互攻讦拆台等问题，中国的制度优势显而易见。美国著名未来学家约翰·奈斯比特指出，"中国的制度优势有利于激发发展活力并保持政策的稳定性和连续性。"

中国制度何以管用是基于中国特色社会主义制度具有巨大的优越性和独特优势。

这一制度植根于中国文化传统，适合中国国情，具有深厚的历史根基和鲜明的中国特色。各个国家的国情不同，其制度必然具有独特性，选择一种什么样的制度，"是在这个国家历史传承、文化传统、经济社会发展的基础上长期发展、渐进改进、内生性演化的结果"。中国特色社会主义制度的建立和完善，具有深厚的历史渊源和广泛的现实基础，是在中国改革开放40多年的伟大实践中走出来的，是在中华人民共和国成立70年的持续探索中走出来的，是在对近代以来170多年中华民族发展历程的深刻总结中走出来的，是在对中华民族5000多年悠久文明的传承中走出来的。

这一制度有利于党的集中统一领导。中国特色社会主义的本质特征和最大优势在于中国共产党的领导。东西南北中，党政军民学，党是领导一切的。正是因为有着中国共产党的集中统一领导，我们实现了从"一盘散沙"走向"团结起来"，能够保持政治社会长期稳定，确保国家始终沿着社会主义的方向前进。从毛泽东思想到中国特色社会主义理论体系，从改革开放的历史性转折到新时代一系列重大决策部署，中国共产党以马克思主义科学原理武装头脑，不断推进实践基础上的理论和制度创新，既保持

第六章 特色鲜明的制度优势

战略定力，不走歪路邪路，又永葆旺盛活力，以制度创新提升治理效能。应该看到，在中国特色社会主义制度优势中，党的领导是其本质优势，经济社会和文化等方面的制度优势，则是其功能优势。离开了党的领导这个本质特征和最大优势，中国特色社会主义制度的功能优势就难以发挥，甚至不复存在。

这一制度有利于激发党和国家的活力、调动广大人民群众和社会各方的积极性、主动性、创造性。中国特色社会主义制度坚持以人为本，坚持人民主体地位，坚持党的领导、人民当家作主、依法治国的有机统一，坚持实现好、维护好、发展好最广大人民的根本利益。这一制度最大限度地调动了各方的积极性，使整个社会充满了活力。

这一制度有利于解放和发展社会生产力、推动经济社会持续快速发展。中国特色社会主义制度创造性地把社会主义和市场经济有机结合起来，建立起了社会主义市场经济体制，极大地解放和发展了社会生产力。中国实行改革开放以来取得了巨大进步，最大的成功之处就在于中国创造了一种适合自己的经济和政治发展模式。中国以繁荣发展的崭新面貌，充分展现了中国特色社会主义经济制度的成功，也向世界昭示了中国社会主义政治制度的正确。在世界经济发展史上，像中国这样一个有着14亿人口的大型经济体长期保持平稳快速发展非常罕见。改革开放以来，中国经济以惊人的速度发展起来。从综合国力看，中国从贫穷落后跃升为世界第二大经济体，进出口贸易总额位居世界第二，外汇储备稳居世界第一，大多数工农业产品产量位居世界第一，不仅用不足世界10%的耕地养活了世界22%的人口，而且创造了人民生活从贫困到温饱再到总体小康的历史性跨越。党的十八大以来的5年，我国实现7000多万贫困人口稳定脱贫，教育事业全面发展，城镇新增就业年均达到1300万人以上，中等收入群体持续扩大，人民获得感、幸福感、安全感更加充实、更有保障、更可持续。

这一制度有利于维护和促进社会公平正义、实现全体人民共同富裕。中国特色社会主义制度在强调多种所有制经济共同发展的同时，始终坚持公有制为主体；在强调多种分配方式并存的同时，坚持按劳分配为主体；在强调一部分地区、一部分人先富起来的同时，坚持地区之间、城乡之间协调发展，最大限度地体现了中国特色社会主义制度蕴涵的公平正义价值追求。

这一制度有利于最大限度地整合社会资源、集中力量办大事。中国特色社会主义制度集中体现了广泛民主与高度集中的统一、党的领导与人民当家作主的统一、民主决策与高效执行的统一、宏观调控与市场调节的统一、中央治理和地方自主的统一。这种科学高效的制度设计，使我们党、国家和社会拥有强大的资源整合力、统筹协调力、组织动员力、决策执行力和危机应对力，能够集中力量办大事。改革开放近40多年来，我国许多超大型建设项目的建成和一系列重大科技成果的问世，都充分彰显了这一制度的独特优势。

这一制度有利于维护民族团结、社会稳定、国家统一。民族区域自治制度坚持国家统一与保证各少数民族享有平等权利相结合，使少数民族依法自主地管理本民族事务，保证我国各民族不论大小都享有平等的经济、政治、文化和社会权利，共同维护国家统一和民族团结。中国共产党领导的多党合作和政治协商制度，既不同于西方两党制和多党制那种权力争夺型的政党关系，也不同于一党制那种权力垄断型的政党关系，有利于社会和谐稳定。

这一制度有利于凝聚强大发展合力。应当看到，中国特色社会主义事业的发展从来不是一帆风顺的。面对新形势新任务新挑战，必须充分发挥我们党凝心聚力的优势，凝聚起推动新时代中国特色社会主义发展的强大合力。其中，特别重要的是凝聚起以下三个方面的合力：一是接续奋斗的历史合力。我们党秉持为中国人民谋幸福、为中华民族谋复兴的初心和使命，坚持一张蓝图干到底、一茬接着一茬干，通过完成一个又一个阶段性使命任务，为坚持和发展中国特色社会主义凝聚起接续奋斗的历史合力。二是集中统一的政治合力。在国家治理中，党中央是坐镇中军帐的"帅"，车马炮各展其长，一盘棋大局分明。党的十八大以来，以习近平同志为核心的党中央大力发展社会主义协商民主，健全民主制度，丰富民主形式，拓宽民主渠道，保证人民当家作主落实到国家政治生活和社会生活之中，使大家心往一处想、劲往一处使，有事情大家商量着办，有困难大家共同解决，以强有力的政治合力推动中国特色社会主义伟大事业不断开拓前进。三是聚沙成塔的人民合力。我们党坚定依靠人民创造历史伟业，用最大公约数汇聚精神，用最大同心圆铸就梦想，让每个人都有人生出彩的机会，把人民团结起来、组织起来，依靠民心民智民力克服困难、开拓前进，推动中国特色社会主义事业不断向前发展。

这一制度的优越性还在于其制度韧性。一种好的制度，不仅能够在特定的历史阶段内保持稳定延续，还能够随着历史的发展而自我调适，不断适应新的形势要求。中国特色社会主义制度之所以优越，一个重要原因在于它具有自我完善的制度韧性。这种制度既能保持稳定性与连续性，又能不断改革创新；既能够避免因制度僵化导致的治理失效，也能避免因制度发生颠覆性变化使国家和社会陷入混乱。

"鞋子合不合脚，自己穿了才知道。"衡量一个社会制度是否科学、是否先进，主要看是否符合国情、是否有效管用、是否得到人民拥护。只有扎根本国土壤、汲取充沛养分的制度，才最可靠、也最管用。中国特色社会主义制度之所以行得通、有生命力、有效率，就是因为它是从中国的社会土壤中生长起来的。英国著名思想库伦敦外交政策中心发表题为《北京共识》的长篇研究报告认为，中国实行改革开放以来取得了巨大进步，最大的成功之处就在于中国创造了一种适合自己的经济和政治发展模式。中国以繁荣发展的崭新面貌，充分展现了中国特色社会主义经济制度的成功，也向世界昭示了中国社会主义政治制度的正确。

实践发展没有止境，理论创新没有止境，制度完善也没有止境。中国特色社会主义制度还处于发展的过程中，还会随着外界环境和自身条件的变化而不断发展。只要牢牢守住中国制度的优势，始终坚持中国共产党的领导、始终坚持以人民为中心的理念、始终坚持民主集中制的组织方式和实事求是的原则，坚持和完善中国特色社会主义制度，不断推进国家治理体系和治理能力现代化，坚决破除一切不合时宜的思想观念和体制机制弊端，突破利益固化的藩篱，吸收人类文明有益成果，构建系统完备、科学规范、运行有效的制度体系，充分发挥我国社会主义制度优越性，中国特色社会主义制度就会越来越成熟、越来越完善，其优越性也必将日益彰显。

◎ 从制度优势到制度自信

近代以来，中国人民历经千辛万苦，努力寻找适合中国国情的现代化之路，最终确立了中国特色社会主义制度和立足于该制度基础上的国家治理体系。实践表明，中国特色社会主义制度和国家治理体系是以马克思主义为指导、植根中国大地、具有深厚文化根基、深得人民拥护的制度和治理体系，是具有强大生命力和巨大优越性的制度和治理体系，是能够持续推动拥有近14亿人口大国进步和发展、确保拥有5000多年文明史的中华民族实现"两个一百年"奋斗目标进而实现伟大复兴的制度和治理体系。

走出制度自卑。公元1500年左右，西方国家进入了近代史。这一时期内，地理发现、宗教改革、民族国家崛起、世界市场拓展、工业革命、启蒙运动，等等，把西方国家带入了早发现代化行列，也开启了西方国家对非西方世界殖民与侵略的历史,世界进入了各民族历史向世界历史转变的新时期。在这部"世界历史"中,中国不能幸免,被迫纳入新的世界秩序。

近代以来的中国一路放眼西眺,中国在现代化进程中一路艰难行走,摸索从器物学习谋自强。然而,中日甲午海战打碎了中国人器物现代化之梦,使不少知识精英断然选择走制度现代化新路。戊戌维新、清末立宪运动探索过中国制度现代化之途,却脱离国情,免不了失败的命运。五四运动期间,中国的年轻人吼出"民主""科学"的口号,希望从观念上启迪民智,走向现代化,然而也免不了矫枉过正,掉入把传统和现代对立起来的误区。

近代以来,中国人民和中华民族客观上存在利益的最大公约数,如:国家统一、人民富裕、国家强大、文化繁荣兴盛,等等,这是建立现代国家的逻辑起点,也是确立国家制度和国家治理体系的逻辑起点。从历史合力论角度看,一切有利于代表并实现这个公约数的政治力量和社会制度就会被历史和人民所选择,一切背离这个公约数的政治力量和社会制度就会被历史和人民所抛弃。历史和人民最终作出了正确选择,选择了中国共产党,选择了社会主义制度。马克思恩格斯在《共产党宣言》一文中反复阐述一个观点:资产阶级的贡献在于实现了社会化大生产,却把生产资料集中在少数人手上,形成了生产社会化与生产资料私人占有之间的矛盾。不破解这个矛盾,就不可能真正解放和发展生产力,就不可能消解异化,实现自由。为着彻底解决这个矛盾,马克思恩格斯设计了一条现代化新路:成立共产党,建立社会主义制度。一方面,克服社会化大生产与生产资料私人占有之间的矛盾,真正解放和发展生产力;另一方面,确保消解人的异化。于是,中国共产党把马克思列宁主义与中国国情结合起来,在一个人口多、底子薄、生产力不发达的发展中大国成功找到了现代化新路:坚持党的集中统一领导,集中力量办大事;用马克思主义中国化的最新成果武装全党全国人民;确立社会主义制度和这个制度基础上的国家治理体系;始终朝着解放和发展生产力,建设社会主义现代化强国的目标前进。随着社会主义制度的确立与巩固,随着党的领导日益巩固,国家制度的优势不断转化为国家治理效能,中国人民从此走出制度自卑的阴影,一个日益强大的社会主义中国屹立在世界东方。

走进制度自信。任何制度要长盛不衰,都必须在本国土壤中长出来,不能简单从外国抄过来。长出来的,有生命力;抄过来的,没有生命力。恩格斯曾经指出:"所谓'社会主义社会'不是一种一成不变的东西,而应当和任何其他社会制度一样,把它看成是经常变化和改革的社会。"我国的社会主义制度是历史和人民的选择,是马克思主义中国化的产物,诞生于中国土壤,拥有文化根基,然而却缺乏实践经验。因此,建立社会主义制度不易,发展和完善社会主义制度更难。新中国成立,中国共产党带领全国各族人民探索并确立了社会主义制度。从政治上看,确立了人大制度、政协制度、新型政党制度、民族区域自治制度,确保人民主体地位;从经济上看,随着"三大改造"完成,确立了公有制和计划经济体制,确保实现人民利益最大公约数;从文化上看,确立了马克思主义在意识形态领域的指导地位,同时确立了人民享有平等文化权益的制度,等等。新中国成立以来,党领导人民确立的社会主义制度尽管还不够成熟、不够完善,但已经能够使中国摆脱自近代以来国家四分五裂、人民"一盘散沙"的难题,在资源有限的条件下集中力量办大事,加快推进国家的现代化建设。

改革开放后,邓小平基于对历史经验和教训的深刻认识,认真思考我国现代化的关键:制度建设。早在1980年,邓小平就指出:"领导制度、组织制度问题更带有根本性、全局性、稳定性和长期性。"1992年,邓小平在南方谈话中拓展了制度视野,提出再有三十年时间,在各方面形成更加成熟、更加定型的制度。沿着这个思路,党的十四大、十五大、十六大、十七大都对制度建设提出了明确要求。这一时期,中国共产党带领人民健全和完善了党和国家领导制度、健全和完善了根本政治制度、健全和完善了基本政治制度、健全和完善了基本经济制度、健全和完善了中国特色社会主义法治体系,等等。在所有这些制度中,党的领导制度是根本和关键,决定了其他制度的执行力和效能。

党的十八大以来,以习近平同志为核心的党中央把制度建设摆在了更加突出的位置。党的十八届三中全会提出全面深化改革的总目标是完善和发展中国特色社会主义制度、推进国家治理体系和治理能力现代化,并在此后全面深化改革的实践中大力推进国家制度和国家治理体系现代化,取得了历史性成就。比如:坚持和加强了党的全面领导,进一步健全维护党中央权威和集中统一领导制度;坚持和完善全面从严治党制度;坚持和完善中国特色社会主义法律体系;坚持和完善人民当家作主制度;还坚持和完善了包括经济、行政、文化、民生、社会、生态文明、军队、"一国两制"、外事等方面的许多体制机制。

新中国成立尤其是改革开放以来,中国人民选择的社会主义制度成功转化为国家治理效能,形成了制度和治理体系的显著优势,使中国人民昂首走进制度自信,形成了全党全军全国各族人民的制度定力。

走向制度自觉。中国特色社会主义进入新时代,标志着中国特色社会主义制度和国家治理体系进入更加成熟、更加定型、更加完善、更加巩固和优势充分发挥的时代。党的十九届四中全会把这个制度和治理体系系统总结为根本制度、基本制度、重要制度。即:形成了党的集中统一领导制度和全面领导制度这一党和国家的根本领导制度、人民代表大会制度这一根本政治制度、马克思主义在意识形态领域指导地位制度这一根本文化制度、共建共治共享这一根本社会治理制度、党对人民军队绝对领导这一根本军事制度,以及中国共产党领导的多党合作和政治协商制度、民族区域自治制度、基层群众自治制度这三大基本政治制度,公有制为主体、多种所有制共同发展,按劳分配为主体、多种分配方式并存,社会主义市场经济体制等三大基本经济制度,和众多由根本制度、基本制度派生而来的、贯穿于国家治理各领域各方面各环节的具体的重要制度。坚持完善、巩固发展这些根本制度、基本制度、重要制度,是实现"两个一百年"奋斗目标的重大任务,是把新时代改革开放推向前进的根本要求,是应对风险挑战、赢得主动的有力保证。

党的十九届四中全会提出坚持和完善我国国家制度和国家治理体系建设的十三个努力方向,体现了中国共产党人和中国人民"坚持和巩固什么、完善和发展什么"的制度自觉,也为完善和发展制度定了向。

党带领中国人民独立自主探索国家治理体系和治理能力现代化的成功经验表明,中国拓展了发展中国家走向现代化的途径,给世界上那些既希望加快发展又希望保持自身独立性的国家和民族提供了全新选择。建党百年之际,中国共产党之所以能够实现制度定型、保持制度定力、完善制度定向,带领中国人民摆脱自近代以来的制度自卑,走进制度自信,走向制度自觉,取决于党的品格。党的初心使命保证了制度和治理体系的道德性,党的科学理论保证了制度和治理体系的科学性,党的群众路线保证了制度和治理体系的人民性,党的开阔胸襟保证了制度和治理体系的开放性,党的组织力保证了制度和治理体系的稳定性,党的自我革命精神保证了制度和治理体系的革命性。在实现"两个一百年"奋斗目标交汇之际,中国的制度优势之所以能够持续转换为国家治理效能,取决于党的领导制度。一句话:中国之治,离不开中国之制;中国之制,离不开中国共产党之志。

"履不必同,期于适足;治不必同,期于利民。"来过中国、生活在中国的人都知道,中国特色社会主义制度有利于解决中国发展中出现的各方面矛盾与问题,有利于实现广大人民对美好生活的向往,这是中国特色社会主义制度最突出的优势,也是我们毫不犹豫坚定制度自信的根本所在。

第六章 特色鲜明的制度优势

◎ 党的领导制度是最大优势

初心砥砺使命，使命见证初心。中国共产党走过的百年奋斗历程，就是一部为中国人民谋幸福、为中华民族谋复兴的奋斗光荣史。"在中国共产党日趋坚强、成熟的领导下，中国走出符合本国国情的中国特色社会主义道路""中国取得巨大发展成就，这一切都是中国共产党带领十几亿中国人民坚持走中国特色社会主义道路的结果"……外国专家学者这样评价中国国家制度和治理成就。

党政军民学，东西南北中，党是领导一切的。党的领导是中国特色社会主义最本质的特征，是中国特色社会主义制度的最大优势。党的领导制度是我国的根本领导制度。党的十九届四中全会把坚持和完善党的领导制度体系放在首要位置，突出了党的领导制度体系的统领地位，抓住了国家治理的关键和要害。这是对新时代我国国家制度和治理体系建设提出的根本政治要求，是确保中国特色社会主义事业始终沿着正确方向前进的根本制度保证。"三次伟大飞跃"有力诠释党的领导这一"最大优势"。从"只有社会主义才能救中国"，到"只有中国特色社会主义才能发展中国"，再到"只有坚持和发展中国特色社会主义才能实现中华民族伟大复兴"，中国共产党百年来的奋斗历程跃然纸上，中国共产党团结带领人民创造的丰功伟绩让人心潮澎湃。显然，这"三次伟大飞跃"贯穿其中的灵魂与主线就是党的领导与党的奋斗，既深刻表明马克思主义是中国革命、建设、改革的强大思想武器，揭示出中国共产党的执政规律和中国特色社会主义的发展规律，更是有力诠释和彰显中国共产党的领导是中国特色社会主义最本质的特征和最大优势。

众星捧月，定海神针。70多年伟大征程波澜壮阔，党领导人民在筚路蓝缕中艰难起步，在封闭僵化中勇毅破局，在严峻考验中坚强捍卫，在伟大斗争中砥砺前行……中国共产党同当代中国的发展进步、中国特色社会主义的勃勃生机紧密联系在一起。

唯有高瞻远瞩的"领路人"，中国特色社会主义旗帜才能始终高高飘扬。旗帜决定方向，道路决定命运。新中国成立后，每当重大历史关头，我们党高高举起社会主义旗帜，确保红色基因代代赓续。新生政权刚刚建立时，针对中国应该选择何种社会制度，社会上还有不同看法，但我们党坚定地认为，中国一定要进入社会主义。进入新时期，改革成为共识，但往哪儿改、改什么还存在争论。对这个问题我们党非常明确，无论是对内搞活经济还是对外开放，都必须在社会主义原则下进行，如果没有这个前提，改革就有可能改向，变革就有可能变色。正因为有党的举旗定向，才保证了中国特色社会主义江山永固、基业长青。

唯有不屈不挠的"革命者"，中国特色社会主义航船才能破浪前行。社会主义是一项崭新的事业，中国特色社会主义这艘航船开辟的是未知航道，前方有许多旋涡、暗礁和险滩，需要不断探索和突破。我们党是一个大无畏的革命党，敢于在领导伟大社会革命的同时不断进行伟大自我革命，一次次靠自我革命解决了自身存在的问题，纠正了所犯错误，使党永远走在时代前列。正因为党具有鲜明的革命品格，才能破除思想观念的禁锢和利益固化的藩篱，以改革创新的精神推动社会革命，使"中国号"航船涉深水、过暗礁、闯险滩，顺利穿越壮丽而艰险的时代航道。

唯有凝心聚力的"主心骨"，中国特色社会主义大厦才能巍然屹立。中国共产党拥有9000多万党员，领导着一个14亿人口的社会主义大国，要团结带领全党全国人民步调一致地阔步前行，顺利推进中国特色社会主义事业，没有一个坚强的领导核心是不行的。特别是随着社会主义市场经济和对外开放的深入发展，党内和社会上容易产生各种各样的思想和行为,使全党全国人民团结奋斗的共同基础容易受到侵蚀和消解。在我们这么一个大国,只有充分发挥党总揽全局、协调各方的作用,才能形成统一意志和行动,朝着社会主义现代化的奋斗目标稳步前进。

中国共产党干革命、搞建设、抓改革,都是为人民谋利益,让人民过上好日子。我们党从不讳言自己的利益追求,除了人民利益之外没有自己特殊的利益,这与西方政党代表特定利益集团有着根本区别。加强党的全面领导,是由党的性质和宗旨决定的,这不是争权夺利,更不是专制集权,而是为了更好地为人民执政、靠人民执政,实现好、维护好、发展好最广大人民的根本利益。

事在四方,要在中央。坚定维护党中央权威和集中统一领导,是一个成熟的马克思主义政党必须始终坚持的重大原则,也是我们党深刻总结历史经验教训得出的科学结论。一部中国共产党历史,就是一部形成并维护党中央权威和集中统一领导的历史。万山磅礴,必有主峰。党的十八大以来,面对严峻复杂的国内外形势,我们党之所以能战胜一系列风险挑战,推动党和国家事业取得历史性成就、发生历史性变革,推动我国国际影响力、感召力、塑造力全面显著提高,根本在于坚决维护习近平总书记党中央的核心、全党的核心地位,坚决维护党中央权威和集中统一领导。

站在新的历史起点,新时代开启新征程。历史和实践充分证明,中国共产党的领导是中国特色社会主义最本质的特征和最大优势。因此,毫不动摇坚持和加强党的全面领导,勇于自我革命,从严管党治党,不断巩固、放大、淬炼党的领导这一"最大优势",实现治理效能不断优化升级,我们党才能更好地紧紧依靠人民不断创造新的更大奇迹。要坚决做到"两个维护",完善党的领导体制机制;要优化党的领导方式方法,提高执政能力和领导水平;要以党的自我革命引领社会革命,不断夯实党的执政根基;把握关键环节,把制度优势更好转化为治理效能。在统筹推进"四个伟大"进程中，实现"两个一百年"奋斗目标，实现中华民族伟大复兴的中国梦，还有许多"雪山""草地"要跨越，还有许多"娄山关""腊子口"要征服，战胜各种风险挑战，完成光荣历史使命，从根本上讲还是要靠党的领导、靠党把好方向盘。因此，面向未来，把中国特色社会主义这篇大文章继续写好、写精彩，关键在党，关键在于始终确保党成为中国特色社会主义事业的坚强领导核心。

◎ 凝聚共识和力量的新型政党制度

我国新型政党制度的鲜明特征是共产党领导、多党派合作，共产党执政、多党派参政。民主党派是接受中国共产党领导、同中国共产党通力合作的亲密友党，是中国特色社会主义参政党，是中国共产党的好参谋、好帮手、好同事。在坚持和发展中国特色社会主义这一共同思想政治基础上，中国共产党和各民主党派团结合作，共同为实现"两个一百年"奋斗目标、实现中华民族伟大复兴的中国梦而奋斗。共同的思想政治基础和奋斗目标，使中国共产党和各民主党派紧密团结在一起，确保新型政党制度凝聚各方面团结奋斗的智慧和力量。

中国共产党领导的多党合作和政治协商制度，是近代以来中国政治发展的必然结果，是中国在革命、建设和改革过程中逐渐形成并确定下来的政党制度，是中国共产党和中国人民政治智慧的结晶。中国共产党与各民主党派风雨同舟、患难与共，共同构成了中国政党制度的主体，体现了鲜明的中国特色。中国政党制度在推动社会发展、维护社会稳定、促进社会团结和谐方面具有明显的优越性。中国政党制度及其蕴含的理论，是中国理论、中国道路、中国制度、中国文化的重要组成部分。新型政党制度具有鲜明的中国特色与优势。

第六章　特色鲜明的制度优势

中国的新型政党制度突破了西方政治制度中一党制、两党制或多党制的思维模式，摆脱了执政党与在野党、反对党轮流执政的制度设计，创造性地确定了执政党与参政党多党合作和政治协商的政治关系。中国共产党作为执政党，在国家政治生活、经济生活中发挥着领导作用，参政党参加国家政权并接受中国共产党的领导。执政党与参政党是一个有机的整体，在国家政权中共同发挥作用，在国家事务中合作共事。中国的政党制度不涉及政党之间的席位分配，这与西方多党制的政党联合关系完全不同。我国的政党制度使得执政党与参政党之间的关系长久稳固，同时，我国的民主党派也不是在野党、反对党。西方国家的在野党、反对党主要是通过议会、新闻媒体等监督执政党，通过攻击执政党的问题在大选中争取选票获得执政权力，而中国的民主党派是真心诚意地拥护和接受中国共产党的领导，各民主党派积极主动地参与国家事务，是推动中国社会主义现代化建设的政治力量。

中国共产党与各民主党派具有共同的、牢固的政治基础。这个政治基础在新中国成立初期是《中国人民政治协商会议共同纲领》，在社会主义改造完成后主要是建设社会主义的共同目标和《宪法》。改革开放以来，中国共产党和各民主党派共同遵守的政治准则主要有：坚持以马克思列宁主义、毛泽东思想、邓小平理论、"三个代表"重要思想、科学发展观、习近平新时代中国特色社会主义思想为指导；坚持中国共产党领导；坚持社会主义初级阶段的基本理论、基本路线、基本方略；坚持长期共存、互相监督、肝胆相照、荣辱与共的基本方针，保持宽松稳定、团结和谐的政治环境。中国共产党和各民主党派以宪法为根本活动准则，维护宪法尊严，保证宪法实施。正是这些共同的政治准则，为中国共产党和各民主党派的长期合作奠定了牢固的基础。而西方国家的两党制或多党制，各政党之间虽然也有共同追求的目标，但无论是实施途径还是背后不同利益集团的操纵，都使得各政党难以摆脱资本的控制，难以全心全意地为共同目标而努力,从而在实践过程中相互制约、相互掣肘,扩大了社会裂痕,制造了社会对立,背离了民主政治发展的初衷。

中国的新型政党制度丰富发展了马克思主义关于多党合作的思想。恩格斯指出,在资产阶级革命中"不同阶级的这种联合,虽然在某种程度上向来是一切革命的必要条件,却不能持久,一切革命的命运都是如此。在战胜共同的敌人之后,战胜者之间就要分成不同的营垒,彼此兵戎相见"。而我国在革命和建设的实践中,根据历史发展的实际,明确提出了中国共产党与各民主党派长期共存的方针,不仿照苏联的一党制,而是坚持中国共产党存在多长时间,民主党派也存在多长时间,各党派之间同呼吸、共命运,坚持中国共产党与其他民主党派的合作共事,坚持统一战线。中国共产党与各民主党派长期共存的方针,把多党合作作为一种长期的、根本的、战略的需要,充分认识到了实行社会主义条件下多党合作制度的必要性和重要性,这是对马克思主义理论的丰富和发展。

中国共产党与各民主党派是相互监督的关系,而不是相互竞争的关系。中国共产党与各民主党派相互监督,是中国政党制度长期存在的基本条件。监督也是一种合作,无论是对民主党派还是对中国共产党来说,都需要有效的监督才能保持自身肌体的健康。我国多党合作中的相互监督,既是我国监督体系的重要组成部分,也具有自己独特的方式和特点,主要体现在三个方面:一是这种监督是政党之间的监督。由于中国共产党处于执政地位,民主党派对中国共产党的监督更多的是对中国共产党领导国家和执掌政权情况的监督。二是这种监督是高层次的政治监督,是在坚持四项基本原则基础上,通过意见、批评、建议等方式进行的政治监督。三是这种通过意见、批评、建议等进行的监督是非权力性的监督,即民主监督。它与人民代表大会的监督有着本质的不同,其目的是为了加强和改善中国共产党的领导,具有广泛性、多样性、灵活性、建设性等特点,这一点与西方政党之间的监督也有着根本的不同。

中国的多党合作、相互监督有制度化的非权力机构，就是中国人民政治协商会议，简称人民政协。人民政协是一个非国家权力机构，是国家统一战线的机构，这是中国政党制度的又一大创举。人民政协曾经在新中国的诞生中发挥了极大作用，后来随着全国人民代表大会的成立和召开，也并没有取消人民政协，而是改造成为统一战线组织，长期存在。人民政协不同于西方议会的下院或众议院，它不是一个权力机构，但是发挥着交流、合作、监督等重要职能，体现了中国政治制度的独特性。

中国新型政党制度是对人类政治文明的重大贡献，中国新型政党制度丰富了世界政党制度模式，中国新型政党制度拓展了民主的实现方式，中国新型政党制度更新了政党自我净化方式。一方面强调自我革命，另一方面强调协商民主，在发展党内民主、加强党内监督的同时，通过制度化、程序化、规范化的制度安排集中各民主党派的意见、建议和批评，从而始终确保党的先进性与纯洁性。

中国特色社会主义进入新时代，我国发展处于新的历史方位，国家治理也面临着更多新任务新要求。推动我国新型政党制度优势转化为治理效能，要站在建设社会主义现代化强国新征程的历史起点上，站在党和国家事业的战略高度，科学谋划、整体推进。推动我国新型政党制度优势转化为治理效能：其一，要坚持中国共产党的领导。习近平总书记指出："中国共产党所做的一切，就是为中国人民谋幸福、为中华民族谋复兴、为人类谋和平与发展。"我国新型政治制度的发展历程充分表明，坚持中国共产党的领导是各民主党派、无党派人士和各界代表人士在历经曲折、反复比较之后的政治自觉和制度自觉。中国共产党的初心与使命体现了各民主党派的宗旨和追求；各民主党派和无党派人士见证参与了当代中国经济持续健康发展、社会长期稳定的奇迹；中国共产党擘画的中华民族复兴伟业昭示着中国特色社会主义才是符合中国国情的人间正道。做好中国特色社会主义参政党，拥护中国共产党的领导，与中国共产党通力合作、携手前行，是各民主党派、无党派人士实现政治抱负、永葆发展活力的根本遵循。其二，要优化政党协商。协商民主是中国特色社会主义民主政治中独特的、独有的、独到的民主形式，是切实保障人民当家作主的制度安排。习近平总书记指出，新时代多党合作舞台极为广阔，要用好政党协商这个民主形式和制度渠道，有事多商量、有事好商量、有事会商量，通过协商凝聚共识、凝聚智慧、凝聚力量。健全相互监督特别是中国共产党自觉接受监督、对重大决策部署贯彻落实情况实施专项监督等机制，完善民主党派中央直接向中共中央提出建议制度。搞好合作共事，巩固和发展和谐政党关系。其三，要增强履职能力。民主党派的自身建设是发挥新型政党制度优势的基础性工作。各民主党派应加强自身建设，着力提高政治把握能力、参政议政能力、组织领导能力、合作共事能力、解决自身问题的能力，做中国特色社会主义的亲历者、实践者和服务大局的维护者、捍卫者。其四，要巩固思想基础。参政党思想建设是发挥我国新型政党制度优势的精神基础。各参政党应努力建设学习型党派，注重新一代民主党派成员思想基础工作，积极做好政治引导，在重大问题上做到明辨是非、头脑清醒、立场坚定。建立科学有效的理论学习机制，既搞好日常学习，又做好对重大事件、突发事件的思想引导，确保将党派成员的思想和行动统一到中国特色社会主义事业大局上来。

◎ 铸牢中华民族共同体意识

民族区域自治，是中国共产党解决民族问题的一项基本政策，是我国的一项重要政治制度，是中国共产党把马列主义民族理论同我国民族实际相结合的一个创举，也是全国各族人民的共同选择。我国把实行民族区域自治制度作为解决民族问题的基本政策，是中国共产党运用马克思主义理论，经过长期观察、实践而后慎重决定的。中国共产党自成立以后，就非常重视民族问题。随着中国共产党的日益成熟，对中国国情认识的不断深化，逐步明确提出了符合我国国情的民族区域自治，作为解决中国民族问题的基本政策。1941年5月1日，陕甘宁边区政府颁布了《陕甘宁边区纲领》，其中规定："依据民族平等原则，实行蒙回民族与汉族在政治经济文化上的平等权利，建立蒙回民族的自治区。"1945年10月23日，中央在关于内蒙工作方针的指示中指出："对内蒙的基本方针，在目前是实行民族区域自治"。1946年2月18日更明确指出："根据和平建国纲领要求民族平等自治，但不应提出独立自决口号"。在这一方针指导下，1947年5月1日，党领导建立了我国第一个省一级的内蒙古自治区，为以后在其他民族地区实行民族区域自治指明了方向，积累了宝贵的经验。

1949年《中国人民政治协商会议共同纲领》中明确规定："各少数民族聚居的地区，实行民族区域自治，按照民族聚居的人口多少和区域大小，分别建立各种民族自治机关"。后来，民族区域自治又明确载入历次宪法，成为我国的一项重要政治制度。邓小平说："民族区域自治制度是我们的制度优势，是成功解决民族问题的重要保证。"民族区域自治制度之所以是"我们的制度优势"，是因为这一制度：一是有利于把国家的集中统一和各民族的自主平等结合起来，保障了少数民族政治上的平等地位和平等权利，极大地满足了各少数民族积极参与国家政治生活的愿望。同时，通过自治机关，国家保持了与少数民族声息相通、血肉相联的关系，在民族平等、自主的基础上，实现真正的集中统一，维护了国家统一和民族团结。二是有利于党和国家总的方针政策与少数民族和民族地区的具体实际相结合。我国的民族区域自治，是在国家统一领导下的自治，各自治地方都是中国不可分离的组成部分。各民族自治地方的自治机关，都是中央政府领导下的一级地方政权，都必须服从党和国家总的方针政策，国家尊重少数民族和民族地区的平等地位和自治权利，制定了一系列的符合民族地区情况的优惠政策，动员各方面的力量对民族地区大力帮助。西部大开发就是国家为推动民族自治地方加快发展而采取的一项重大决策，已经取得了举世瞩目的巨大成就。三是有利于把国家发展与少数民族发展结合起来。民族区域自治既是各民族实行政治合作的良好制度，也是各民族实现经济合作和文化交流的良好体制，统一的国家能够按照科学发展观的要求，真心实意地帮助少数民族和民族地区，而自治地方可以通过调动和发挥少数民族和民族地区的积极性共同推进各民族的繁荣进步，从而进一步巩固和发展了平等、团结、互助、和谐的社会主义民族关系。民族区域自治，作为党解决我国民族问题的一条基本经验不容置疑，作为我国的一项基本政治制度不容动摇，作为我国社会主义的一大政治优势不容削弱。我们必须坚持和完善这一基本政治制度，坚持共同团结奋斗，共同繁荣发展，为巩固和发展我国平等、团结、互助、和谐的社会主义民族关系不懈努力。

我国的民族区域自治制度具有以下基本特征：第一，凡是实行民族区域自治的地方，都是中华人民共和国不可分割的重要组成部分，国家和民族区域自治的地方是中央和地方的关系。这一特征昭示人们，在我国禁止一切破坏民族团结和任何制造民族分裂的行为，无论是汉民族，还是少数民族都要像保护自己的眼睛那样来保护民族团结。第二，凡是实行民族区域自治制度的地方，都是少数民族聚居的地区。它体现了国家维护和保障各少数民族的合法权利和利益，维护和发展各民族的平等、团结和互助关系的宗旨，实行该项制度既是为了维护和发展各民族平等，同时也是为了维护和发展民族团结和互助的关系。第三，凡是实行民族区域自治的地方，其主体是少数民族的人民自治，是人民群众当家作主在少数民族地区的具体体现。第四，凡是实行民族区域自治的地方，也同所有国家机关一样都实行民主集中制。作为民族区域自治地方设立的自治机关，是国家的一级地方政权组织，下级服从上级，所以，民族区域自治地方也必须实行民主集中制。第五，凡是实行民族区域自治的地方，也必须无条件地遵守宪法所规定的总原则，宪法是中华人民共和国的根本大法，任何民族地区的地方性法规都不得与国家宪法和法律相抵触，一切民族自治地方都必须无条件地确保国家宪法和法律在本地区的实施。民族区域自治制度优势何在。

实行民族区域自治制度，是对我国传统民族地区治理体制的超越。历代中央政府治理民族地区，大都实行有别于内地的特殊治理体制，如秦汉时期的属邦属国、唐代的羁縻州府、元明清时期的土司制等。虽然每个朝代对民族地区治理的具体方式不尽相同，但"天下统一"之大道、"因俗而治"之方略、"和而不同"之目标是其共有特点。这也是几千年来中华民族多元一体、中华文明绵延不绝的一个重要原因。但其实质是"怀柔羁縻"，并不能从根本上消除民族压迫和民族歧视，实现民族平等。这种历史局限性，为新中国采取何种制度解决民族问题提供了有益历史借鉴。我们党实行的民族区域自治，既继承了"天下一统""因俗而治""和而不同"的传统政治智慧，又实现了各民族一律平等、共同当家作主。这一制度设计有利于各族人民把爱祖国与爱家乡、爱中华民族与爱本民族有机结合起来。这一制度综合平衡各种民族政策可能导致的片面性，最大程度解决了"一"和"多"的矛盾，从根本上超越了传统治理体制。

民族区域自治制度，具有苏联民族共和国联邦制度无可比拟的优越性。这一制度并非苏联模式，而是我们党把马克思主义民族理论与中国国情相结合，进行独立自主思考的结果。党成立之初，我们曾受苏联民族政策的影响，主张实行民族自决、联邦制。随着党对统一的多民族国家国情认识的深化，老一辈革命家认为我国与苏联的历史发展、国情特点、民族分布等不同，不宜实行联邦制，创造性地提出民族区域自治。对于这一点，邓小平明确指出："解决民族问题，中国采取的不是民族共和国联邦的制度，而是民族区域自治的制度。我们认为这个制度比较好，适合中国的情况。我们有很多优越的东西，这是我们社会制度的优势，不能放弃。"20世纪八九十年代发生的苏联解体、东欧剧变，也从一个侧面有力证明了中国民族区域自治制度的优越性。

与当今世界各国民族政策相比，民族区域自治是解决民族问题的成熟制度设计，具有独特优势。民族问题是一个世界问题，全世界约3000多个民族或类似群体，分属于近200个国家和地区。这种情况决定了当代世界以多民族国家为主体的基本格局，也决定了民族问题是所有多民族国家都面对的重大事务。不少国家在处理民族问题时仍处于徘徊之中。世界上因民族问题导致国家分裂和民族冲突时有发生，甚至有的国家仍然处在动乱或战火之中。

反观中国，民族区域自治制度在70多年的实践中，有力地维护了国家统一、领土完整的主权原则，有效地保障了民族平等、共同发展的权利，民族地区实现跨越式发展。新中国成立70多年来，我国民族地区经济社会发展水平不断跃升，各族人民生活水平和质量不断提高。2018年，民族地区8省区生产总值突破9万亿元，与1952年相比年均增长8.7%；城乡居民人均可支配收入分别达到33983元、11426元，与1978年相比年均增长分别为12.6%、12%。党的十八大以来，民族地区的脱贫工作取得显著成效。2012年至2019年，民族地区累计减贫2500多万人，贫困发生率从21%下降到4%。少数民族与全国人民共同奋斗，共享发展成果。在全面建成小康社会进程中，我国56个民族并肩奋斗、携手前行，共同描绘着实现中华民族伟大复兴的宏伟蓝图。事实胜于雄辩，我国民族工作的成就就是对民族区域自治制度优越性的最有力证明。

实践已经充分证明，我国的民族区域自治制度，既不是我们党主观意志的产物，也不是个人偏好的主观臆断，而是植根于中国大地，在人民民主革命、社会主义建设和改革开放的伟大实践中形成的，是历史的选择，也是中华儿女的共同选择。我国的民族区域自治制度不仅保证了国家高度统一，同时又实现了各民族人民群众当家作主。民族区域自治制度是我国的一项基本政治制度，是中国特色解决民族问题的正确道路的重要内容和制度保障。民族区域自治制度体现了"坚持各民族一律平等，铸牢中华民族共同体意识，实现共同团结奋斗、共同繁荣发展的显著优势"。

◎ 集中力量办大事的显著优势

集中力量办大事，是我们党的一贯主张和优良传统，是我们党带领人民长期实践探索的智慧结晶。集中力量办大事，就要坚持全国一盘棋，调动各方面积极性，有效协调各领域、各层级资源，集中力量解决改革发展稳定中的关键难题，应对重大突发事件和重大灾难，推进具有重大战略意义的尖端项目或重大活动。集中力量办大事是我国的一大制度优势。

中国共产党是经过血与火的考验，在革命、建设、改革的实践中成长壮大起来的，具有卓越的政治智慧和治国理政能力的马克思主义政党。新中国成立70多年的成就生动地证明，中国共产党立足人民立场，依靠集中力量、组织动员群众办大事办好事办实事的制度优势，办成了一件又一件大事，取得了一个又一个伟大成就，演绎了改天换地的宏伟篇章。

在社会主义道路探索中所取得的辉煌成就，充分彰显了中国共产党集中力量办大事的能力。从新中国成立到党的八大召开的短短七年时间里，刚刚赢得全国革命胜利、开始执政的中国共产党，就经历了朝鲜战争、镇压反革命、三反五反、制定宪法、"一化三改"等一系列重大事件。除旧布新，千头万绪，但是以毛泽东同志为核心的党中央领导全党和全国人民有条不紊地沉着应对，初步显示了中国共产党执政伊始就具有的卓越政治

大党优势：百年大党何以永葆活力

优势与集中力量办大事的能力。

社会主义三大改造的顺利完成是这一时期中国共产党集中力量办大事的重要体现。为了使我国尽快从落后的农业国转变为工业国，从新民主主义国家过渡到社会主义国家，在建立完善的社会主义政治制度的同时，建立以公有制为主体的社会主义经济制度，进而发挥社会主义制度的优越性，加快对农业、手工业和资本主义工商业的社会主义改造，就显得非常迫切。从1953年起我国开始对农业、手工业和资本主义工商业进行改造。由于近代以来中国社会半殖民地半封建的特殊性，因此在社会主义改造之初，我们以为要经过10年或15年甚至更长的时间才能完成，但是出乎意料的是，由于得到广大的农民、手工业者，尤其是广大民族资本家的热烈拥护与响应，社会主义改造仅仅用了三年时间就全面完成了，我国在1956年就进入了社会主义国家。

之所以能在这么短的时间里，实现几千年的私有制到公有制的制度变迁，主要归结于以下几点：第一，中国共产党的领导。中国共产党是领导我们事业的核心力量，是全国人民的主心骨，这在新中国成立后成为全国人民的共识。有了这种共识，中国共产党集中力量办大事的政治愿望就可以通过得到最广大人民群众的拥护支持而实现。第二，循序渐进的方式。在社会主义改造过程中，中国共产党充分尊重、考虑到人民群众对于社会主义这一新鲜事物的接受程度。毛泽东指出，农业互助合作要先成立农业生产互助组、初级农业生产合作社、高级农业生产合作社等形式，正是采取循序渐进的改造方式，逐渐在改造过程中提高广大人民群众的社会主义理论水平，才能进一步加深他们对社会主义的认识，进而更充分地调动广大人民群众的积极性和主动性。第三，政策和策略得当。对资本主义工商业改造过程中，充分考虑民族资本家爱国友善的一面，采取和平赎买、委托加工、计划订货、统购包销、委托经销代销、公私合营、全行业公私合营等形式，通过和平赎买的方式，采用"五马分肥"的做法，给予民族资本家一部分利润，使民族资本家在社会主义改造过程中与中国共产党保持了良好的关系，也让资本家明确了社会主义改造的重大意义，从而把民族资本家的力量集中起来，激发他们的生产积极性，实现民族资本家对社会主义制度的自觉拥护。

新中国成立后，中国共产党接过来的是一个烂摊子，还要面临西方帝国主义国家的封锁。但是中国共产党人发扬艰苦奋斗的精神，充分调动全社会的力量开展社会主义建设，建成投产了许多重大工业项目。比如，鞍山钢铁公司无缝钢管厂等三大工程建成投产，中国第一个生产载重汽车的工厂——长春第一汽车制造厂生产出第一辆"解放"牌汽车；中国第一个飞机制造厂——沈阳飞机制造厂试制成功第一架喷气式飞机；中国第一个制造机床的工厂——沈阳第一机床厂建成投产；武汉长江大桥、南京长江大桥等建成通车，等等。正如1979年邓小平同志所指出的："三十年来……我们毕竟在工农业和科学技术方面打下了一个初步的基础。"从新中国成立到改革开放前的30年里，中国共产党带领全国人民把一个曾经破破烂烂的国家建设成为在国际上具有崇高地位、拥有一定工农业基础的国家。

改革开放以来，中国共产党在促进经济增长、实施体制改革，推进改革开放伟大事业的过程中，不断发挥集中力量办大事的独特优势和光荣传统，展现出强烈的历史担当精神和卓越的政治智慧以及治国理政的杰出能力。改革开放之初面临的迫切问题是如何才能吃饱饭。改革开放前，我国农村劳动力占全社会劳动力总量的76.3%，且81.91%的农村劳动力滞留在农作物种植业上，90.58%的农村劳动力集中在农林牧副渔业中，人地矛盾突出，农村发展落后，农民生活贫困。党的十一届三中全会后，实行家庭联产承包责任制，既很快解决了几亿人饿肚子的大问题，也为中国共产党带领人民群众集中力量办大事提供了最基本的物质支撑。到1983年底，全国有99.5%和97.1%的生产队和农户实行了联产承包责任制。家庭联产承包责任制的推广，让广大农民在农业生产中获得了好处、在耕作中展现自身的劳动价值，也激发了他们的生产积极性，进而提高了农业生产率。家庭联产承包责任制不仅集中人民群众的智慧和力量提高了农业生产力，改变了农村积贫积弱的面貌，还让广大农民走向城市，投身于改革开放的伟大事业中。实行改革开放的基本国策和家庭联产承包责任制政策给中国社会带来了翻天覆地的变化。这再次说明，党必须通过制订正确的路线方针政策赢得人民群众，正确的路线方针政策是集中力量化解风险、办大事、促进党的事业成功的基本前提。历史的经验教训告诉我们，什么时候党的路线方针政策正确，党的事业就顺利发展，化解风险就会高效有力，集中力量办大事的底气就足。

事实上，并不是所有后发国家都能够做到集中力量办大事。有的国家在某个时期、某些特殊情况下做到过集中力量办大事，但只有中国能够把集中力量办大事上升为制度，进而成为能够长期发挥重要作用的显著优势。这是由我国的社会主义国家性质、中国特色社会主义制度和国家治理体系决定的。我国以宪法这个国家根本大法的形式规定，"国家的根本任务是，沿着中国特色社会主义道路，集中力量进行社会主义现代化建设"，并将此体现到各个具体领域。集中力量办大事制度优势的形成，并非仅仅源自于国家某个方面的优越性，而是在政治、经济、社会、文化等方面综合协调的基础上得以形成的。比如在经济领域，我国有公有制为主体、多种所有制经济共同发展，按劳分配为主体、多种分配方式并存，社会主义市场经济体制等社会主义基本经济制度为集中力量办大事保驾护航，同时在经济运行中又充分发挥市场在资源配置中的决定性作用、更好发挥政府作用，由此形成了一套完善的制度体系，在革命、建设、改革的实践中形成了民主集中制下科学高效的决策机制，单一制结构下灵活有效的治理机制，以公有制为主体的社会主义市场经济机制，密切联系群众的社会动员机制、先进文化的精神支撑体系，为集中力量办大事奠定了坚实制度基础。中国的集中力量办大事，可以说是做到了"三个一"："一张图"，就是对所办大事有统一规划；"一盘棋"，就是各地区、各部门从全局着眼，围绕所办大事形成合力；"一竿子"，就是保证从中央到地方政令畅通，在贯彻执行上一竿子插到底。如此运行方式，大事自然办得成。

中国特色社会主义进入新时代，我们要创造新的更大的奇迹，必须进一步发挥集中力量办大事的显著优势。

◎ 用制度优势创造更大奇迹

回望历史，中国共产党领导和我国社会主义制度能够集中力量办大事的政治优势，是中国实现一个又一个"不可能"、创造一个又一个难以置信的奇迹的根本原因。新中国成立初期百废待兴，却克服一切困难建立起独立工业体系，改变贫穷落后面貌。20世纪六七十年代，全国"勒紧裤腰带"，在极其艰难的环境下研制成功"两弹一星"，保障了国家安全，提高了国际地位。中国特色社会主义进入新时代，我们解决了许多长期想解决而没有解决的难题，办成了许多过去想办而没有办成的大事。中国用短短几十年的时间走过了西方发达国家几百年走过的工业化历程，从"现代化的迟到国"一跃成为"现代化的视觉中心"，靠的正是党的集中统一领导，靠的正是全国上下一心，靠的正是集智攻关、积力远行。

制度的成熟定型不可能一蹴而就，而是需要经历一个动态演进、发展完善的过程。中国特色社会主义国家制度与法律制度从探索到形成不过几十年时间,必然要随着新时代中国特色社会主义伟大实践的推进而不断完善和发展。我们有党的坚强领导和中国特色社会主义制度的显著优势,有改革开放以来积累的雄厚物质技术基础,有超大规模的市场优势和内需潜力,有庞大的人力资本和人才资源,这是我们战胜各种风险挑战的定力所在,也是中国经济稳中向好、长期向好的底气所在。发挥好制度优势,运用好制度威力,我们就能攻坚克难,不断从胜利走向新的胜利。

用制度优势托举更大奇迹需要坚持党的集中统一领导。办好中国的事情,关键在党。中国共产党是按照马克思主义建党原则建立起来的具有崇高理想信念和严密组织纪律的政党。我们需要不断加强党的自身建设,实行自我完善、自我净化、自我革新、自我提高,时刻保持党的先进性、纯洁性和先锋队本色。中国共产党从革命、建设和改革的伟大实践中不断锻造自己,在锻造自身的过程中也重新塑造了国家、社会和个人,从而有利于确保在探索实践中实现经济快速发展奇迹和社会长期稳定奇迹,并赢得疫情防控和经济社会发展的"双胜利"。坚持党的集中统一领导,不忘初心、牢记使命,保持先锋队本色,这是将我国制度优势更好转化为国家治理效能的坚强政治保障。

用制度优势托举更大奇迹需要不断推进社会主义制度自我完善、自我发展。"以数千年大历史观之,变革和开放总体上是中国的历史常态"。我国国家制度和国家治理体系,具有"坚持改革创新、与时俱进,善于自我完善、自我发展,使社会充满生机活力的显著优势"。着眼当前,无论是坚持"两个毫不动摇",促进公有制经济和非公有制经济共同发展;还是改革分配制度,既做大"蛋糕"又分好"蛋糕";抑或是推进经济体制改革,让"看不见的手"和"看得见的手"形成合力,都说明不断自我完善、自我革新,就能以制度优势激发经济社会发展的蓬勃活力。

用制度优势托举更大奇迹需要更好贯彻以人民为中心的发展思想。

第六章 特色鲜明的制度优势

习近平总书记强调:"中国共产党的一切执政活动,中华人民共和国的一切治理活动,都要尊重人民主体地位,尊重人民首创精神,拜人民为师"。坚持以人民为中心,既有"为了人民"的价值指向,又有"依靠人民"的深厚动力。世界最大的社会保障网,世界规模最大的教育体系,世界上减贫人口最多的国家……一项项成就,道出了千家万户追梦圆梦的喜悦,更激发起经济社会发展最广泛、最深层的动力。正所谓"人民是历史的创造者,是我们的力量源泉",在新时代发展征程中,更好贯彻以人民为中心的发展思想,就能最大范围凝聚共识、最大程度激发力量。

用制度优势托举更大奇迹需要树立辩证的制度优势观和治理效能观。制度优势和治理效能是内在统一、相辅相成的。国家制度优势决定国家治理效能,国家治理效能有赖于国家制度体系。制度缺乏优势,治理就易成空谈;治理效能低下,制度就无法完善。国家治理现代化的过程就是对制度进行完善、创新和定型的过程,也是最大限度地实现治理与善治的过程。因此,我们应当树立辩证的制度优势观和治理效能观,既讲制度优势又讲治理效能。将我国制度优势转化为国家治理效能,揭示的正是制度优势与治理效能的一致性。只有将国家制度体系与治理效能有机统一起来,才能更好推动制度优势向治理效能不断转化。

用制度优势托举更大奇迹需要集中力量。集中力量才能保证重点;集中资源,才能实现突破。习近平总书记指出:"我们最大的优势是我国社会主义制度能够集中力量办大事。这是我们成就事业的重要法宝。"70年来新中国走过的辉煌历程证明,我们的国家制度和国家治理体系,具有"坚持全国一盘棋,调动各方面积极性,集中力量办大事的显著优势"。无论是建设现代化工业体系还是攻关重大科技项目,无论是建设国家重大工程还是贯彻防灾救灾、脱贫攻坚、生态保护等重要部署,无不需要善于在社会主义市场经济条件下发挥举国体制优势,无不需要下好全国一盘棋、集中力量协同攻关。正是因为始终在党的领导下，集中力量办大事，国家统一有效组织各项事业、开展各项工作，才能成功应对一系列重大风险挑战、克服无数艰难险阻，始终沿着正确方向稳步前进。

用制度优势托举更大奇迹需要提高执行力。制度的生命力在于执行，制度的活力寄托于创新。从我国国情出发，继续加强制度创新，才能进一步巩固好制度优势、拓展好治理效能。"健全党中央对重大工作的领导体制""健全充分发挥中央和地方两个积极性体制机制""健全推动发展先进制造业、振兴实体经济的体制机制""构建社会主义市场经济条件下关键核心技术攻关新型举国体制"……党的十九届四中全会就更好发挥社会主义集中力量办大事的制度优势作出一系列重要部署。"万夫一力，天下无敌"。在前进道路上，面对改革发展稳定任务，面对各类艰难险阻、风险挑战，我们必须毫不动摇坚持、与时俱进发挥集中力量办大事的制度优势，运用制度威力应对风险挑战的冲击，为推进社会主义现代化建设注入不竭动力。

"奇迹是干出来的，社会主义是干出来的。"中华民族伟大复兴绝不是轻轻松松、敲锣打鼓就能实现的，必须进行具有许多新的历史特点的伟大斗争。新时代新征程，发挥好坚持全国一盘棋、调动各方面积极性、集中力量办大事的显著优势，集中精力办好自己的事情，必能推动中华民族伟大复兴的航船乘风破浪、扬帆远航。实践已经证明还将继续证明，中国人民一定能，中国一定行。1980年，邓小平深刻指出："我们的制度将一天天完善起来，它将吸收我们可以从世界各国吸收的进步因素，成为世界上最好的制度。"回看这些年国际风云变幻，对比中国特色社会主义"风景这边独好"，人们对这番话有了更加具体深刻的理解。中国特色社会主义制度是人类制度文明史上的伟大创造，是当代中国发展进步、长治久安的根本保障，一定要坚持好、巩固好，完善好、发展好。

第七章

自我革命的品格优势

　　自我革命是党永葆生命力的力量之基。一条红船造就一个大党,一个政党改变一个民族的命运。回顾党的百年历程,一部中国共产党党史,从某种意义上说也是一部自我净化、自我完善、自我革新、自我提高的自我革命史。中国共产党自成立以来,为实现民族独立、人民解放和国家富强、人民幸福两大历史任务,不断进行自我革命。党之所以能够不断应对挑战、抵御风险、克服阻力、战胜困难,在很大程度上得益于党伟大的自我革命精神和政治勇气,这是我们党区别于其他政党最鲜明的品格。习近平总书记指出:"勇于自我革命,是我们党最鲜明的品格,也是我们党最大的优势。"这集中概括了中国共产党的本质属性和根本特点,揭示了中国共产党从胜利走向胜利的动力源泉。勇于自我革命,既是中国共产党区别于世界其他政党的优良传统,又是领航中国特色社会主义事业源源不断的动力。

◎ 我们党最鲜明的品格优势

马克思主义政党具有的先进本质使它区别于其他任何政党，体现着独有的品质风格。勇于自我革命，是我们党最鲜明的品格，也是我们党最大的优势。党的自我革命的实质是党的自我扬弃和辩证否定，既是一种实践行动，也蕴含着丰富的精神内涵，是政治勇气、创新精神和崇高追求的统一。这些精神品格在不同层面展现了自我革命的内容和特质，塑造和培育了党的先进性和政治优势，为世界政党治理乃至政治文明贡献了中国智慧。

中国共产党为什么要坚持自我革命？归根结底是两条：第一，这是马克思主义政党性质的必然要求；第二，这是我们党近百年奋斗历程的经验结晶。中国共产党是马克思主义的政党，是一个迄今有着百年历史、9000多万名党员、460多万个基层党组织，在14亿人口的大国执政70多年的世界第一大政党。成立之初，只有50多名党员，一大召开时只有13名代表，党在秘密状态下、在没有一句新闻报道的情况下诞生了。28年后新中国建立时再回头看，这一历史事件就显示出非同寻常的重大意义。毛泽东称之为中国历史上开天辟地的大事变。党带领全国各族人民完成了新民主主义革命，进行社会主义改造，建立社会主义基本制度，进行社会主义建设，开创中国特色社会主义道路，取得改革开放和社会主义现代化建设的巨大成就。中国和中华民族正在从站起来、富起来，走向强起来。我们党取得成功的秘诀和根本原因是什么？就是党勇于不断进行自我革命。

勇于自我革命是中国共产党最鲜明的品格。我们党的历史是不平凡的，所经历的苦难是世界上其他任何政党所不可比拟的。毋庸讳言，我们党在历史上曾遭受过挫折，出现过失误，犯过错误，甚至犯过大错误，但我们党纠正失误、改正错误，靠的不是别人，而是自己。出现失误、发生错误，由自己克服、纠正和由别人克服、纠正，其性质和意义是大不一样的。由自己克服、纠正，说明党的领导集体思想敏锐、头脑清醒，自身仍有旺盛活力和强大的生命力，党内监督和修复能力机制还在起作用；由别人来克服、纠正，特别是由别的政党和政治力量来克服、纠正，形势就危险、问题就严重了。对一个执政党，特别是长期执政的党来说，尤其如此。

勇于自我革命是我们党最大的优势。那么，如何认识和对待马克思主义政党也会犯错误这一现象呢？习近平总书记指出：中国共产党的伟大不在于不犯错误，而在于从不讳疾忌医，敢于直面问题。也就是说，关键是对于问题所采取的态度。列宁说："一个政党对自己的错误所抱的态度，是衡量这个党是否郑重，是否真正履行它对本阶级和劳动群众所负义务的一个最重要最可靠的尺度。公开承认错误，揭露犯错误的原因，分析产生错误的环境，仔细讨论改正错误的方法——这才是一个郑重的党的标志。"综观世界，没有一个政党不犯错误。但是，决定一个政党的前途命运的不是犯不犯错误，或犯多大错误，而是犯了错误后能不能纠正、能不能及时纠正、能不能自己纠正。中国共产党之所以伟大、光荣、正确，并不是说党从来不犯错误，而是说党犯过错误，但敢于承认错误、正视错误，又勇于纠正错误、改正错误。这是中国共产党所具有的一个了不起的特点和优点。

历史是最好的教科书。习近平总书记指出："我们党为什么能够在现代中国各种政治力量的反复较量中脱颖而出？为什么能够始终走在时代前列、成为中国人民和中华民族的主心骨？根本原因在于我们党始终保持了自我革命精神，保持了承认并改正错误的勇气，一次次拿起手术刀来革除自身的病症，一次次靠自己解决了自身问题。"

不贵于无过，而贵于能改。回顾20世纪初辛亥革命之后的中国，政党政治兴起，大大小小最多时成立了几百个政党，后来其他许多政党都在中国历史舞台上昙花一现，中国共产党却最终不断发展壮大起来。然而，中国共产党的发展历程并非一帆风顺，也曾遭受过挫折，犯过错误。在新民主主义革命时期，就曾遭受过两次大的挫折，犯过两次大的错误。一次挫折是大革命失败，犯的是陈独秀右倾机会主义的错误；一次挫折是第五次反"围剿"失败，犯的是王明"左"倾教条主义的错误。大革命失败，使无数共产党人和革命群众惨遭反动派杀害，倒在血泊之中，近6万党员锐减到1万多人。毛泽东后来形象地比喻说：被人家一巴掌打在地上，像一篮鸡蛋一样摔在地上，摔烂很多，但没有都打烂，又捡起来，孵小鸡。第五次反"围剿"失败，使红一方面军（中央红军），红二、六军团（红二方面军），红四方面军，红二十五军等先后被迫退出革命根据地，实行战略大转移，进行万里长征。土地革命战争时期创立的十几块革命根据地大部丢失，最后仅保留陕甘革命根据地，成为各路红军长征的落脚点。当时革命力量遭到极大损失，红军从30万人减到3万人左右，党员从30万人减到4万人左右。然而，我们党两次挫折，两次奋起。大革命失败后，党认真总结经验教训，纠正错误路线，转变战略策略，很快实现土地革命战争的兴起，开创出革命新局面。第五次反"围剿"失败后，党在长征途中召开遵义会议，改组中央领导机构，开始形成以毛泽东同志为核心的第一代中央领导集体。党领导红军打破敌人的围追堵截，确立北上抗日方针，战胜张国焘分裂主义，取得长征的伟大胜利。紧接着党又适应形势任务的发展变化，提出抗日救国纲领和抗日民族统一战线政策，从局部走向全国，成为在全国有影响力的大党，实现全民族抗日战争的兴起。

我们党在社会主义革命和建设时期，也曾遭受过两次大的挫折，犯过两次大的错误。一次挫折是发动"大跃进"和在农村实行人民公社化运动，犯了"左"的错误；一次挫折是发动"文化大革命"，犯了极左错误。"大跃进"和农村人民公社化运动，违反客观规律，欲速则不达，造成国民经济比例严重失调，使高指标、瞎指挥、浮夸风和"共产风"泛滥开来，国家和人民遭到重大损失。"文化大革命"是一场内乱,使国民经济到了崩溃边缘,给党、国家、人民带来严重灾难。但我们党仍然两次挫折,又两次奋起。党以勇于自我革命的精神,直面问题,纠正错误,最终"柳暗花明又一村"。面对"大跃进"和农村人民公社化运动造成的经济困难,党确立新的经济方针,对国民经济和其他领域的各种关系进行调整,很快使国民经济得到恢复,局面得以改观。面对"文化大革命"造成的混乱和损失,在党的十一届三中全会上形成的以邓小平同志为核心的党的第二代中央领导集体,做出把党和国家工作中心转移到经济建设上来、实行改革开放的历史性决策,成功开创了中国特色社会主义。

革命是我们党的历史起点和优良传统,我们党能够领导革命胜利并保持革命本色,不仅在于战胜了外部的敌人,还在于敢于自我革命,不断战胜自身存在的问题。一部中国共产党的历史,就是一部在自我革命中实现超越和发展的奋斗史。中国共产党领导革命、建设、改革的伟大征程需要自我革命,实现中华民族伟大复兴中国梦、实现为人类文明做出更大贡献的庄严承诺依然需要自我革命。历史和现实充分证明,中国共产党要肩负人民和民族的重托、承载人类文明发展进步的希望,一刻也不能停止自我革命。党的历史表明,勇于自我革命,是我们党永葆生机活力的根本保障和动力源泉。党的这种能力,既是我们党区别于世界其他政党的显著标志,也是我们党兴盛不衰的重要原因所在。

◎ 自我革命的勇气从哪里来

革命,就其本源意义来讲是革故鼎新,其价值指向是向好、向新、向善,正所谓"苟日新、日日新、又日新"。自我革命,则是指这一革命是来自主体对自己自觉、自发、自动的行为。中国共产党的自我革命,概括来说就是不忘初心,牢记宗旨,坚持一切从实际出发,在自我警醒、自我否定、自我反思、自我超越中实现自我净化、自我完善、自我革新、自我提高。

自我革命是一种坚持真理、修正错误的崇高追求。到过延安、瞻仰过党的七大会址的同志都不会忘记,会场两侧挂有六个插着党旗的旗座,每个旗座上都书写着"坚持真理,修正错误"八个大字,既显示出这次具有里程碑意义会议的灵魂,也彰显出中国共产党人不断自我革命的精髓。历史总是循着曲折的道路前进,一帆风顺是理想,曲折前行是常态。中国共产党从胜利走向胜利,重要秘籍就是不掩饰缺点、不回避问题、不文过饰非,有缺点克服缺点,有问题解决问题,有错误承认并纠正错误。

自我革命是一种刀刃向内、无私无畏的政治勇气。自我革命意味着要"革"自己的命,对自身存在的问题"动刀子";意味着反躬自省,自己否定自己,自己扬弃自己,自己超越自己。但刀刃向内、自我革命并不是形而上学的否定观,而是一种辩证的否定观。也就是说,自我革命的目的不是要自己推翻自己、全盘否定自己,不是要改弦更张、改旗易帜,而是要确保党始终成为中国特色社会主义事业的坚强领导核心,确保党开创的事业始终沿着正确的轨道、既定的目标前进,确保中国特色社会主义制度变得更加成熟、更加定型。一个成熟、强大的马克思主义政党,既要有坚守自我的定力,也要有革新自我的魄力;既要有自美其美的自信,也要有揭短亮丑的自觉;既要有"革别人命"的胆识,也有要"革自己命"的勇气。

自我革命是一种全方位、全过程变革的历史运动。大凡进行革命的政党,或多或少都有一些自我革命的行动,但自我革命的广度、力度决定了不同政党所能达到的境界。中国共产党的自我革命,是全方位的革命,是全过程的革命,更具积极谋划、自觉发动、自主掌控的特性,既包括对自身的革命,也包括对所推进事业的革命,是推进党的事业和加强自身建设的统一。

自我革命是一种革故鼎新、守正出新的实际行动。社会生活在本质上是实践的、变化的,辩证法在本质上是批判的、革命的,自我革命体现了马克思主义的实践品格和批判精神。马克思曾指出,哲学家们只是解释世界,问题在于改变世界。因循守旧,抱残守缺,只能复制一个旧世界;革故鼎新,守正出新,才能创造一个新世界。中国共产党的自我革命是一种意志、一种精神、一种追求、一种勇气,但归根结底是一种行动,一种突破陈规、开拓创新的实际行动。

我们党自我革命的勇气来自哪里?习近平总书记指出:"我们党之所以有自我革命的勇气,是因为我们党除了国家、民族、人民的利益,没有任何自己的特殊利益。不谋私利才能谋根本、谋大利,才能从党的性质和根本宗旨出发,从人民根本利益出发,检视自己;才能不掩饰缺点、不回避问题、不文过饰非,有缺点克服缺点,有问题解决问题,有错误承认并纠正错误。"

我们党富有自我革命的勇气,这源自于坚定的政治信仰。中国共产党勇于自我革命,源于坚持共产主义远大理想和中国特色社会主义共同理想。革命理想高于天始终是中国共产党保持团结统一的思想基础。中国共产党之所以叫共产党,就是因为自成立之时起,就把共产主义、社会主义写在自己的旗帜上,并不断为崇高理想进行不懈奋斗。百年来,共产主义远大理想激励了一代又一代共产党人舍生取义、英勇奋斗。"砍头不要紧,只要主义真""敌人只能砍下我们的头颅,决不能动摇我们的信仰!因为我们信仰的主义,乃是宇宙的真理",无数的革命志士用生命诠释了对"革命理想高于天"的坚贞。据统计,南京雨花台烈士很多出身富裕家庭,家庭的财富甚至有"鸦飞不过的田产",但都背离了"自小熟悉的阶级",成为信仰的献身者和理想的殉道者。对远大理想的坚贞不渝,始终保持在理想追求上的政治定力,正是自我革命勇气的不竭源泉和强大动力,确保了共产党人自我革命的自觉和勇敢。

我们党富有自我革命的底气,这源自于根本政治立场。"民惟邦本,本固邦宁"。从深层次看,执政党的自我革命能否实现,关键在于其所代表的阶级与人民群众的利益是否一致。作为马克思主义执政党,中国共产党不仅洞悉到党同人民群众的舟水关系，还把人民立场作为根本政治立场，作为区别于其他政党的显著标志。从中国共产党建立前后到中华人民共和国成立，中国先后出现过300多个政党和政治组织，而只有我们党最终夺取政权，究其原因就是因为我们党始终站稳群众立场，始终把人民作为立党之本、执政之基、力量之源，始终代表人民群众的利益，而没有自己的特殊利益。在革命战争年代，延安人民用小米哺育了革命政权，支前群众用独轮车推出了淮海战役的胜利，苏区人民满怀深情"十送红军"，沂蒙山红嫂用乳汁救活解放军伤员，这些片段与点滴，都是党同人民风雨同舟、生死与共的生动写照。无论过去、现在还是将来，我们都始终坚定党的根基在人民、血脉在人民、力量在人民，始终坚信根深则叶茂，始终坚持一切为人民、为人民一切，不断把为人民造福事业推向前进。我们党始终坚持人民至上，把人民放在心中最高位置，问需于民、问计于民、问政于民，有人民群众的深厚根基，进行自我革命才更有底气。

我们党富有自我革命的志气，这源自于强大理论自信。"知人者智，自知者明，胜人者力，自胜者强"。无论是一个人，还是一个政党、一个国家，或是一个民族，没有自强不息的志气，自我革命都只能是一句空洞的标语口号。中国共产党具有自我革命的志气，从不依赖和盲从西方政党理论，始终坚持马克思主义建党治党、管党治党理论，始终坚持走自己的道路。马克思主义是我们党的根本指导思想，背离或放弃马克思主义，我们党就会失去灵魂、迷失方向，就会失去自我革命的志气。我们党之所以能够完成近代以来各种政治力量不能完成的艰巨任务，团结带领全国人民夺取新民主主义革命、社会主义革命的伟大胜利，取得社会主义建设、改革开放的伟大成就，根本就在于始终高举马克思主义伟大旗帜。马克思主义并没有结束真理，而是开辟了通向真理的道路。毛泽东在党的七大上也讲："马克思主义有很多种，有香的马克思主义，有臭的马克思主义，有活的马克思主义，有死的马克思主义。我们所要的是香的马克思主义，不是臭的马克思主义；是活的马克思主义，不是死的马克思主义。"我们党历来以马克思主义的态度对待马克思主义，在继承中创新，在创新中继承，在坚持中发展，在发展中坚持。党的十八大以来，我们党的理论创新步伐加快推进，既坚持老祖宗没有丢，又讲了许多老祖宗没有讲过的新话。党的十九大将习近平新时代中国特色社会主义思想，作为党的指导思想并写入党章，书写当代中国马克思主义新篇章，是全党全国人民为实现中华民族伟大复兴而奋斗的行动指南。正是基于这样的理论自信，我们党才富有自我革命的志气，以非凡的勇气和强烈的自信，更加深入地推动马克思主义同中国发展的具体实际相结合，推进理论创新和实践创新，不断把马克思主义中国化推向前进。

我们党富有自我革命的锐气，这源自不懈奋斗姿态。艰辛成就伟业，奋斗创造辉煌。中国共产党是在中华民族危难深重的时刻登上历史舞台的。自成立之日起，我们党就勇敢地承担起实现民族独立和人民解放、实现国家繁荣富强和人民共同富裕的崇高使命。中国共产党成立百年，执政70多年，领导改革开放40多年的历史表明，几代中国共产党人在各个不同的历史时期，无论是风云变幻，还是沧海桑田，都能够始终团结带领全国人民克服各种艰难险阻、完成各个奋斗目标。在这一历史进程中，我们党也不断发展壮大，成为社会主义中国的执政党，并且经受住长期执政的考验。我们共产党人不惧任何风吹浪打，不怕存在问题。正所谓"开弓没有回头箭，猛药去疴心不减"。我们党始终拥有革命的大无畏精神，这源自我们党生生不息的进取之心和"铁肩担道义"的赤子情怀。

我们党是世界上最大的政党，党的前途命运系于党自身。我们党要永葆生机活力，要带领人民实现中华民族的伟大复兴，就需要永葆勇于自我革命的品格和优势，以强烈的自我革命精神、过硬的自我净化特质，努力把党建设成为始终走在时代前列、人民衷心拥护、经得起各种风浪考验的、朝气蓬勃的马克思主义政党。

◎ 推进自我革命的重要基石

我们党之所以能不断应对挑战、抵御风险、克服阻力、解决矛盾，在很大程度上得益于作为马克思主义政党与生俱来的巨大的"自我革命"的政治勇气。这也是我们党与西方政党相较，独具特色的红色气质与精神魅力。

人民立场是自我革命的价值前提。清末民初，面对空前深重的民族危机，为挽救斯民于水火，各种政党迭起，不同主义粉墨登场，但都因价值立场未能与人民利益相一致，只能以失败收场。弥留之际的孙中山先生在《国事遗嘱》中发出警醒之言："余致力国民革命凡四十年，其目的在求中国之自由平等。积四十年之经验，深知欲达到此目的，必须唤起民众及联合世界上以平等待我之民族，共同奋斗。"价值立场表征着价值主体的原点与归宿。持守一定的价值立场，对一个政党而言实属根本，关乎其政治命运。中国共产党自成立之日起就始终秉承人民立场。毛泽东深刻指出："从四万万五千万人民的利益出发……讨论其他任何别的问题，就是这个出发点，或者叫做立场。还有什么别的出发点、别的立场没有？没有了。为了全党与全国人民的利益，这就是我们的出发点，就是我们的立场。"《党章》指出："我们党的最大政治优势是密切联系群众，党执政后的最大危险是脱离群众。"我们党之所以能够面对复杂多变的中国问题，不断调适，实现自我革命，人民立场是价值前提。正如习近平总书记所言："人民立场是中国共产党的根本政治立场，是马克思主义政党区别于其他政党的显著标志。"

批评与自我批评是自我革命的基本方法。批评和自我批评，是党的优良传统与作风。毛泽东对此下过精辟定义："我们分析一个事物，首先加以分解，分成两个方面，找出哪些是正确的，哪些是不正确的，哪些是应该发扬的，哪些是应该丢掉的，这就是批评。对自己的工作、自己的历史加以分析，这是自我批评；对别人进行分析，就是批评别人。"与批评别人相比，党开展的自我批评，与其他政党有着本质区别，"自我批评是马列主义政党的不可缺少的武器，是马列主义方法论中最革命的最有生气的组成部分"。习近平总书记指出："自我批评要一日三省，相互批评要随时随地，不要等小毛病发展成大问题再提。要让批评和自我批评成为党内生活的常态，成为每个党员、干部的必修课。"开展良好的批评与自我批评，这是巩固党的团结统一，加强党内监督，保持党的肌体健康，使党充满生机的有力武器。

中华民族的自省传统是自我革命的文化源泉。中国共产党"自我革命"的文化资源是多维度的，其继承了来自马克思主义否定之否定规律，借鉴了古希腊以降"认识你自己"的西方自我认知的理性传统，以及创造性运用了中华优秀文化中的自省传统等，这里主要论及后者。党在延安时期就曾指出："中国共产党人是我们民族一切文化、思想、道德的最优秀传统的继承者，把这一切优秀传统看成和自己血肉相连的东西，而且将继续加以发扬光大。"明确指出党是优秀传统文化的继承者。我们党之所以能在关键时期敢于坚持真理，敢于自我革命，正是作为马克思主义政党，在政治伦理中很好地继承并发扬了中华优秀文化的自省传统。自省是中国传统文化中非常重要的修养方法。这套独特的修养方法，要求根据一套普遍的道义原则，经常反省自我的思想意识、言论行动等，审视其是非，辨识其善恶，不断提高道德修养与人生境界。如《论语》的"内省不疚，夫何忧何惧？""见贤思齐焉，见不贤而内省也。""吾日三省吾身"更是耳熟能详的自省方法。如《大学》的"苟日新，日日新，又日新"，《孟子》的"行有不得者，皆反求诸己"等，都在时刻提醒自我反省。至宋明后，自省传统进一步发展，王阳明曾言："要人晓得一念发动处，便即是行了。发动处有不善，就将这不善的念克倒了，须要彻根彻底，不使那一念不善潜伏在胸中。此是我立言宗旨。"要求时刻以是非善恶来警醒自我。中华文化中的自省传统源远流长，影响深远。我们党是优秀传统文化的最坚定继承者与真正发扬者，从建党之日起就把中华民族深远悠久的自省传统作为政党伦理的重要组成部分，并把其转化到勇于自我革命、勇于着力解决自身存在问题的政治坚守上。

　　一个时代有一个时代的主题。中国特色社会主义进入新时代，我们正奋进在实现"两个一百年"奋斗目标和中华民族伟大复兴中国梦的新长征路上。我们必须跟上时代脚步，顺应人民的新期待、新要求，不断推进党的建设新的伟大工程，不断探索自我革命的新内容、新方法和新路径，始终保持先进性和纯洁性。

◎ 用好自我革命的锐利武器

　　批评与自我批评、理论与实践相结合、密切联系人民群众，并称党的"三大作风"，是推进自我革命的锐利武器。

　　中国共产党自成立之初到发展壮大，经历了千难万险的曲折进程，经受住了历史的检验，这是因为我们党创立、坚持了批评与自我批评的优良作风，而且在整个发展历程中充分运用这一最有力的思想武器，使得中国共产党最终取得革命的胜利，取得辉煌的发展成就。

　　用好自我革命的锐利武器要勇敢面对。无论是接受批评还是自我批评都要正确地面对，勇敢地接受。接受批评的勇气和坚持自我批评的勇气是一个问题的两个方面，都需要直面问题和不足，要敢于揭短亮丑，而不能讳疾忌医。李瑞环同志曾经说过，"掌声、歌颂未必真帮忙，批评、反对不一定都添乱。""如果听到的都是歌功颂德，久而久之就会忘乎所以，看不到自己的问题，更谈不上自我批评，那么就会犯更多更大的错误。"正确对待和真诚接受他人的批评，认真听取不同的意见，就能够帮助自己更好的认识自己，改正缺点、修正错误。严肃认真的开展自我批评是检验一个共产党员是否合格的试金石,自我批评要克服心理障碍,甩掉思想包袱,深入剖析自己,对自我开展真刀真枪地真批评,才能真进步。

用好自我革命的锐利武器要坚持问题导向。自我批评就是全面检视自己。检视自己不但要全面而且要带着问题去检视,从政治上、初心上、工作上、作风上经常性地做剖析,对自己有个正确的、客观的认识。在政治上检视自己,是否严格做到树立"四个意识",坚定"四个自信",做到"两个维护",是否做到严守党的政治纪律和政治规矩,反对"七个有之"和"两面派""两面人"的问题。在践行初心使命上,重点检视自己是否落实《党章》要求,坚定理想信念,牢记宗旨意识,履行党员义务。在工作上,检视是否存在官僚主义思想,高高在上,脱离群众;是否存在落实中的形式主义,没有从实际出发,深入调查研究;在作风上,是否严格落实廉洁自律准则和廉洁纪律,落实中央八项规定精神,反对享乐主义、奢靡之风,管理好亲属子女和身边工作人员等。

用好自我革命的锐利武器要坚持精准思维。准确掌握情况是开展自我批评的前提条件之一。自我批评要建立在客观事实基础之上,找准参照系,用参照系对照检查自己的言行,准确把握问题,不夸大、不缩小、不掩饰。要坚决跨越怕丢面子、不好意思等心理障碍,有什么问题就解决什么问题,不能弄虚作假,糊弄自己,糊弄同志,否则就背弃和远离了自我批评的本意。自我批评和批评的最终落脚点是解决问题,只有精准地找到问题,并认真分析危害和原因,进而提出精准可行的解决问题的办法,才能使批评起到应有的成效。

用好自我革命的锐利武器要坚持与时俱进。保持党的先进性是自我革命的重要任务之一。党的先进性与党员的先进性是辩证的统一,保持共产党员先进性是实现党的先进性的必由之路。保持党员自身的先进性,就要严格做好自我批评。先进性是历史的、具体的,过去先进不代表现在先进,在一个地方一个领域先进不代表在另一个地方另一个领域先进。要用变化了的和发展的眼光看待自己，扣住时代脉搏、顺应时代潮流，根据形势变化、所处环境变化、新的要求和思想认识变化，对照自身实际状况经常性地开展自我批评，不能"躺在功劳簿上吃老本"，要把自我批评做到与时俱进，才能实现自身的与时俱进，才能永葆共产党员的先进性。

用好自我革命的锐利武器要坚持以改促新。开展自我批评的最终目的是提升我们的修养，增强我们的党性，不断净化我们的灵魂，使我们常改常新，以适应不断变化的新情况。解决问题是检验批评和自我批评是否成功的根本标准。只有决心去改的自我批评才是真的自我批评，旧的问题不改，就不能达到自我更新的目的。所以自我批评不能停留在口头上，不能欺人也不能自欺。要自我革新，加强对习近平新时代中国特色社会主义思想的学习，用党的创新理论武装头脑，不断革除思想上的陈旧观念、僵化思维，解放思想，开拓创新。要自我提高，养成善学、勤学的好习惯，在学习实践中砥砺品格、增长才干，练就过硬的本领，增强解决问题的能力。

用好自我革命的锐利武器要坚持日省其身。自我批评贵在平时，养成一种习惯，而不是只出现的民主生活会上和剖析材料上。古代圣贤尚能"吾日三省吾身"，我们共产党人更要时时反省自己。自我批评不是让别人听的更重要的是对自己说的，自我批评是须臾不能或缺的清醒剂。自我批评是每一个共产党人的终身课题，永恒课题，不存在一劳永逸，也不能有喘口气歇歇脚的想法。如果只在上级安排了才去做自我批评，如果只在出问题了才去做自我批评，那么问题就会层出不穷，自身的素质和能力就很难提高。所以自我批评贵在坚持，贵在平时，贵在自觉。因此，我们必须坚持批评，学会批评，养成批评和自我批评的习惯，在日积月累中不断实现自身各方面的提升。

用好自我革命的锐利武器要坚持以上率下。毛泽东的一个重要的过人之处，就是闻过则喜、知错就改。1962年1月至2月，中央工作扩大会议在北京召开，出席会议的有中央、各省市自治区党委、地委、县委、重要厂矿党委及军队的负责人,共7000多人。这是党成立以来举行的规模最大的一次工作会议,通常称为七千人大会。在会上,身为党中央主席的毛泽东,也作了自我批评,并主动地承担了责任,他指出:"有了错误,一定要作自我批评,要让人家讲话,让人批评。去年6月12号,在中央北京工作会议的最后一天,我讲了自己的缺点和错误。我说,请同志们传达到各省、各地方去。事后知道,许多地方没有传达。似乎我的错误就可以隐瞒,而且应当隐瞒。同志们,不能隐瞒。凡是中央犯的错误,直接的归我负责,间接的我也有份,因为我是中央主席。我不是要别人推卸责任,其他一些同志也有责任,但是第一个负责的应当是我。我们的省委书记,地委书记,县委书记,直到区委书记,企业党委书记,公社党委书记,既然作了第一书记,对于工作中的缺点错误,就要担起责任。不负责任,怕负责任,不许人讲话,老虎屁股摸不得,凡是采取这种态度的人,十个就有十个要失败。人家总是要讲的,你老虎屁股真是摸不得吗?偏要摸!"结果,这次会议让很多人"出了气",也推动了全国批评与自我批评之风。我们的领导机关和领导干部如果平时听到的都是歌功颂德,看不到自己的问题,更谈不上自我批评,那么就会犯更多更大的错误。一个单位一个地区工作出了问题,作为负责人首先要进行自责而不是问责,要先从自身找问题,先从班子找问题,然后再往下面找问题,只有这样的组织才是负责任的组织,健康的组织,才是有前途的组织。同时,一个单位,一个地区,只有领导干部带头坚持开展自我批评,这个单位,这个地区才能形成勇于开展自我批评的良好风气。为什么领导在台上时听到的都是赞扬声而到了下台时才听到了批评声,这都是因为没有形成良好的自我批评的风气。

　　开展自我革命,自我批评是锐利武器,没有严肃认真地自我批评,自我革命就无法真正实现,每一个党员都要把自我批评真正重视起来,用好这个锐利武器,不断改造提升自己,将自我革命进行到底。坚持了自我批评,我们就有了抵抗各种错误思想的天然免疫力;做好了自我批评,我们就能够顺利推进自我革命，我们党就能跳出"其兴也勃焉，其亡也忽焉"的历史周期律，就能成为始终走在时代前列、人民衷心拥护、经得起各种风浪考验、朝气蓬勃的战无不胜的马克思主义执政党。

◎ 在斗争中实现自我革命

习近平总书记指出："马克思主义产生和发展、社会主义国家诞生和发展的历程充满着斗争的艰辛。建立中国共产党、成立中华人民共和国、实行改革开放、推进新时代中国特色社会主义事业，都是在斗争中诞生、在斗争中发展、在斗争中壮大的。""共产党人的斗争，从来都是奔着矛盾问题、风险挑战去的。"问题是时代的声音，勇于自我革命是党最鲜明的品格。勇于自我革命就是刀刃向内，以极大的政治勇气和魄力向顽瘴痼疾开刀，着力解决党自身存在的突出问题。勇于自我革命，是我们党始终保持强大生命力的宝贵经验，是我们党推动伟大社会革命的强大动力，是我们党发扬斗争精神、增强斗争本领的具体要求。

斗争精神的时代特征、丰富内涵，随着时代的发展、社会主要矛盾的变化、战略目标和任务的不同而改变。中国共产党领导人民进行革命、建设、改革伟大斗争，勇往向前，推动中华民族从站起来、富起来到强起来，谱写了感天动地的历史篇章，斗争精神也在接续奋斗的历史进程中不断完善升华、发扬光大。

斗争精神是马克思主义的鲜明特征。从根本上讲，斗争来自于矛盾的对立性，有矛盾就会有斗争。矛盾是社会发展进步的动力，通过斗争解决社会矛盾，进而推动人类社会发展进步，这是马克思主义的基本观点。马克思主义中的"斗争"，绝非为了一己私利而进行的争斗，而是指社会中的先进阶级和先进组织为了解决社会基本矛盾、推动社会发展进步而进行的积极活动。党员、干部只有正确理解"保持斗争精神"的科学内涵，才能理直气壮地敢于斗争、勇于担当。

斗争精神是中国共产党发展壮大的成功经验。综观党史，我们党始终保持顽强的斗争精神，无论是建立中国共产党、成立中华人民共和国，还是实行改革开放、推进新时代中国特色社会主义事业，都是在斗争中诞生、发展和壮大的。正是因为敢于斗争，我们党才能战胜各种艰险，取得革命、建设、改革的辉煌成就，带领中华民族迎来了从站起来、富起来到强起来的伟大飞跃。

斗争精神是推进党的自我革命的根本要求。在推动革命、建设和改革的同时，我们党总是以高度的自觉，不忘初心、牢记使命，不断检视自己。保持斗争精神不仅是我们党赢得胜利、发展壮大的成功经验，也是我们党从严管党治党、勇于自我革命的重要法宝。在新时代新征程中，我们党面临的"四大考验""四种危险"依然复杂严峻，要做到不忘初心、牢记使命，必须有强烈的自我革命精神。那么，如何推进党的自我革命？关键是要在长期执政条件下继续保持斗争精神，坚定不移推动全面从严治党向纵深发展，坚决割除一切滋生在党的肌体上的毒瘤，坚决防范一切违背初心和使命、动摇党的根基的危险，确保我们党始终成为民族脊梁、时代先锋，以党的自我革命推动新时代伟大社会革命，实现中华民族的伟大复兴。

回顾历史，党和人民的伟大事业都是在革命和斗争中诞生、发展和壮大，行至"船到中流、人到半山"的关键时刻，更需以勇于自我革命的精神和胆魄，进一步发扬斗争精神，增强斗争本领，在面临各种风险挑战时敢于斗争、善于斗争，夺取伟大斗争新胜利。

勇于自我革命是党取得斗争胜利的优良传统。我们党发展到今天成为拥有9000多万名党员的世界第一大执政党，勇于自我革命是中国共产党区别于世界其他政党显著而独特的政治优势。正是凭借勇于自我革命的马克思主义政党本色，才能在革命、建设和改革的进程之中，不断战胜一个个风险挑战，推动党和国家事业取得历史性成就、发生历史性变革。进入新时代，世情、国情、党情、社情发生了深刻变化，面对"四大考验"和"四种危险"的严峻挑战，传承和弘扬勇于自我革命的优良传统，成为赢得伟大斗争的关键所在。

勇于自我革命是发扬斗争精神的必要途径。做到不忘初心、牢记使命，必须要有强烈的自我革命精神。自我革命首先是思想革命，需要深刻理解唯物辩证法关于矛盾同一性和斗争性的思想，认识到矛盾是普遍存在于一切事物及其发展过程之中，并不以人的主观愿望为转移的客观存在。要提升思想武装，坚决摒弃任何贪图安乐、消极懈怠、回避矛盾的思想和行为，该争取的积极争取，该斗争的坚决斗争。

勇于自我革命是增强斗争本领的有力武器。自我革命如同提升内在修为，开展斗争更像战地摔打磨炼，要在内外兼修中造就高强本领。我们党的自我革命是以党的理论创新为根本指引，以刀刃向内、刮骨疗毒的政治勇气，开展正确的党内斗争，用好批评与自我批评，在自我警醒、自我反省、自我超越中实现自我净化、自我完善、自我革新、自我提高，不断增强党的创造力、凝聚力和战斗力，自觉积极主动地维护自身先进性、纯洁性的奋斗过程。

勇于自我革命是形成斗争合力的重要保障。维护党中央权威和集中统一领导，坚决防止和反对党内的分散主义，是我们党之所以能在各种风险挑战中破浪前行，取得历史性胜利的重要经验和制胜法宝。在推进新时代的伟大斗争中，必须毫不动摇继续巩固坚持。在重大斗争中始终同以习近平同志为核心的党中央保持高度一致，牢牢站稳人民立场、全面贯彻群众路线，团结一切可以团结的力量，调动一切积极因素，在斗争中争取团结，在斗争中谋求合作，在斗争中争取共赢。

中国共产党人的立场是人民立场，这是共产党人的价值追求，是"为人民谋幸福，为民族谋复兴"的初心所向，更是自我革命的勇气来源，也是我们能够赢得伟大斗争的底气所在。因此"越是长期执政，越不能忘记党的初心使命，越不能丧失自我革命精神，在新时代尤其要把党的自我革命推向深入，把党建设成为始终走在时代前列、人民衷心拥护、勇于自我革命、经得起各种风浪考验、朝气蓬勃的马克思主义执政党"，在自我革命中增强伟大斗争本领，在伟大斗争中实现自我革命。

◎ 引领社会革命成功的密码

坚持自我革命，是中国共产党成功的密码。回顾近百年党史，中国共产党坚持在失败中自我反省、跟随时代浪潮自我革新、自我超越，永不止步于当下现状，才能以自我革命引领社会革命取得伟大成就。我们党成立百年、执政70多年、改革开放40多年，一路走来，风雨兼程、砥砺奋进，勇于自我革命精神已经熔铸在中国共产党人的血脉里，成为中国共产党能够永葆先进性和纯洁性、能够保持长盛不衰始终走在时代前列、能够为中国人民和中华民族担当主心骨的关键所在。

从新民主主义革命时期到中国特色社会主义新时代，中国共产党从来都是伟大社会革命的坚强领导核心。在党的带领下，中国人民才能团结一心、劲往一处使，在革命、改革、发展的进程中推动中国社会一直进步发展到巨变。新民主主义革命时期，中国共产党领导人民在艰苦斗争中推翻了"三座大山"，完成了中国从分裂割据到逐步统一，实现人民民主专政，广大贫苦人民得以当家做主，完成了一场最为深刻而伟大的社会革命。中国革命的胜利对世界人民的革命斗争也产生了深刻影响。世界上与旧中国同样遭受压迫和剥削的人民受到了中国共产党勇于斗争精神和中国革命胜利的激励，也掀起社会革命的浪潮。

社会主义过渡时期，在党的带领下，中国人民彻底消灭了封建残余，解决了历史遗留问题，新生人民政权得以巩固。党继续进行社会革命，带领人民做好基础建设，发展经济，推进社会主义工业化。我国经济慢慢恢复并逐步发展，为其他领域的建设提供了物质保障。社会主义制度确立后，以毛泽东同志为核心的中国共产党人以自我革命的精神开始独立探索出一条与我国具体国情相符并带有我国鲜明特点的社会主义建设道路。在建设道路上也遭受过挫折和失败，但我们党一直保持自我革命精神，及时反省和纠错。

进入社会主义现代化建设新时期，中国共产党更加注重经济建设，并以此作为各项工作的中心。做出了实行"第二次革命"——改革开放的历史性决策。改革开放是我们党领导人民在新时期进行的一项新的事业和一场新的伟大社会革命。党的十八大以来，以习近平同志为核心的党中央开创了中国特色社会主义新时代。这个新时代，是在全方位、开创性成就的基础上发生的，是在深层次、根本性变革的过程中实现的，以习近平同志为核心的党中央坚持制度治党、依规治党，系统完备、科学规范、运行有效的制度体系逐渐构建起来，全面从严治党由此得以不断深入。

马克思主义政党的自我革命从来是和它领导的社会革命紧密联系在一起的。一方面，我们党之所以能够领导人民进行伟大社会革命，是与党具有勇于自我革命的鲜明品格分不开的。自中国共产党诞生以来，中国人民谋求民族独立、人民解放和国家富强、人民幸福的斗争就有了主心骨。中国共产党作为马克思主义政党，代表的是最广大人民的根本利益，没有任何自己的特殊利益，因而能够具有自我革命的勇气。回顾党的奋斗历程，正是因为我们党始终不忘初心、牢记使命，从党的性质和根本宗旨出发，从人民根本利益出发，不掩饰缺点、不回避问题、不文过饰非，以勇于自我革命的精神坚持真理，与人民始终保持血肉联系，才得以不断发展壮大，并且领导人民跨过一道又一道沟坎，取得一个又一个胜利。先进性和纯洁性是马克思主义政党的本质属性。党的先进性和纯洁性，要靠党的自我革命来获得,也要靠党的自我革命来加固。在长期的社会革命实践中,也正是因为我们党不断以勇于自我革命精神打造和锤炼自己,才能永葆先进性和纯洁性,获得最广泛最可靠的群众基础和最深厚的力量源泉,凝聚起了攻坚克难的磅礴力量。

另一方面,我们党领导的伟大社会革命,也为党的自我革命提供了实践沃土和坚实依托。我们党百年的历史,既是持续推进伟大社会革命的历史,也是不断开展党的自我革命的历史。回顾革命、建设、改革波澜壮阔的伟大实践,面对社会革命进程中的荆棘坎坷,我们党从不讳疾忌医,而是勇于直面矛盾问题,在挫折之后毅然奋起,在错误之后拨乱反正,在磨难面前百折不挠,所以才能历久弥坚。正是凭借着这种在社会革命"大考场"中催生锻造出的勇于自我革命精神,经过百年的持续探索,党对共产党执政规律、社会主义建设规律、人类社会发展规律的认识更加深刻。我们党团结带领人民进行的伟大社会革命,既没有现成的模式可供复制,又没有成熟的经验可供借鉴,走的都是前人没有走过的道路。探索的过程就如同进行万里长征,曲折而艰辛,也进一步磨砺了我们党勇于自我革命、从严管党治党的鲜明品格。在带领人民完成新民主主义革命、完成社会主义革命和进行改革开放新的伟大革命的历史进程中,我们党勇于进行自我革命,永葆共产党人的政治本色,团结带领人民创造了一个又一个彪炳史册的人间奇迹,引航中国特色社会主义破浪前行、驶入新时代。

进入新时代,中华民族迎来了从站起来、富起来到强起来的伟大飞跃,迎来了实现中华民族伟大复兴的光明前景。党的长期顺利执政,一个关键因素就在于科学把握顺境与逆境的辩证关系,迎难而上、自净自新而不脱离实际,顺势而为、自强不息而非随波逐流。改革开放考验对国际国内两个大局的战略洞察力和把握力,市场经济考验驾驭经济社会发展的能力和水平,外部环境多样多变考验战略定力和斗争本领。新形势下党的学习、创新、调适、应战,必须克服精神懈怠、能力不足、脱离群众、消极腐败危险。党的自我革命因而必须也只能不断走向深入。新时代党领导人民进行伟大社会革命，涵盖领域之广泛、利益格局调整之深刻、涉及矛盾问题之尖锐、体制机制障碍突破之艰巨前所未有，伟大斗争形势之复杂前所未有。因此，"我们必须增强忧患意识、责任意识，把党的伟大自我革命进行到底"。

打铁必须自身硬。在统揽伟大斗争、伟大工程、伟大事业、伟大梦想中，起决定性作用的是新时代党的建设新的伟大工程。新时代党的伟大自我革命必须以政治建设为统领，走思想建党、理论强党、制度治党之路，必须坚持习近平新时代中国特色社会主义思想指导地位和理论旗帜，必须坚持实践创新、理论创新和制度创新及其有机统一、辩证共进。党是政治组织，党的活动属于政治实践，党的自我革命是政治统领的自我革命。离开或者淡化政治（立场、原则、方向）谈自我革命、党的建设，没有任何意义。百年的斗争实践，党始终是在思想建党、理论强党、制度治党的辩证统一之中推进自我革命，进而统领社会革命的。思想建党、理论强党就是思想、理论掌握人，革命主体马克思主义化，共产党员信马克思主义、学马克思主义、懂马克思主义、循马克思主义。没有先进思想指导和先进理论武装的党是没有希望的。习近平新时代中国特色社会主义思想是当代中国马克思主义、21世纪马克思主义，在其指导下和用其武装起来的中国共产党人，是必将自我革命进行到底的。真正强大的党是人（党员干部队伍）强、制度（中国特色社会主义制度）强，工作（决策部署及各项具体工作）强、生态（党内政治生态）强。有真正强大的党，真正强大的自我革命，有这样的党和其自我革命统领下的社会革命，中国革命事业就会永远立于不败之地。

第七章 自我革命的品格优势

◎ **纪律和规矩的伟大力量**

马克思主义政党是用革命理想和铁的纪律组织起来的革命政党。严密的组织性和严格的纪律性是马克思主义政党的力量所在和政治优势。中国共产党始终坚持用铁的纪律规范和约束党员、干部和党组织,以自我革命精神指导党的组织队伍建设,始终保持党组织和党员队伍的先进性和纯洁性。中国共产党能够取得伟大成就和保持长盛不衰,其成功之道在于用铁的纪律坚持勇于自我革命的光荣传统和政治优势。用严明的纪律和规矩推进自我革命,是中国共产党永葆蓬勃朝气和生机活力的根本所在。

严明的纪律和规矩是马克思主义政党的基本特性和宝贵品质。党的纪律是指按照民主集中制原则,根据党的性质、纲领和实现党的路线、方针、政策需要而确立的各种党规党法的总称。党的规矩是党的各级组织和全体党员必须遵循的行为规范和规则,包括党章、党的纪律、国家法律,以及党在长期实践中形成的优良传统和工作惯例,是成文纪律和不成文纪律的统称。习惯上,对前者的遵守称为守纪律,对后者的遵循称为讲规矩。

严明的纪律和规矩是马克思主义政党与生俱来的内在品质,是思想建党、组织建党的重要基础。从马克思主义政党的纲领性文献《共产主义者同盟章程》和《共产党宣言》,到马克思、恩格斯、列宁关于无产阶级政党建设的经典著作中,无不体现对纪律的严格要求。1847年,世界上第一个无产阶级政党——共产主义者同盟组建时,马克思就鲜明指出:"我们现在必须绝对保持党的纪律,否则将一事无成。"列宁在创建俄国布尔什维克党和建立共产国际的斗争中强调:"共产党只有按照高度集中的方式组织起来,在党内实行近似军事纪律那样的铁的纪律,党的中央机关成为拥有广泛的权力、得到党员普遍信任的权威机构,只有这样,党才能履行自己的职责。"在创建和发展马克思主义政党的实践中，革命领袖与各种错误思潮和错误观点进行了激烈斗争，在生死考验中捍卫了这些重要的基本特性和根本原则，把党锻造为具有铁一般纪律的坚强组织。严明的纪律和规矩也成为马克思主义政党区别于其他政党的重要标志。

中国共产党是马克思列宁主义与中国工人运动相结合的产物，自成立之日起就遵照无产阶级政党的建党原则，坚持用严格的纪律和规矩立党。党的一大通过的中国共产党第一个纲领，共15条内容，大多数内容涉及组织纪律、财经纪律和保密纪律等基本要求。党的二大通过的党的第一部《中国共产党章程》第四章专门讲纪律，提出了9条纪律要求，涉及政治纪律、组织纪律、宣传纪律、党员从业纪律等，初步体现了个人服从组织、少数服从多数、下级服从上级、全党服从中央的基本组织原则。党章是党的总章程，党的根本大法，是全党必须遵循的总规矩。这种在党章中设立"纪律"专章的模式，一直被此后的党代会所继承和发扬。党的七大到十一大的《党章》中虽没有设纪律专章，但在总纲和党的组织、党的监察机关部分都强调了纪律，体现了我们党对基本特性的始终坚守和自身建设规律的深刻把握。

历经革命、建设和改革百年的探索和完善，我们党已经形成了包括一部党章、二部准则、二十四部条例，以及几千件规则、规定、办法、细则等比较完备的党内法规体系，成为规范党的组织和党员言行、纠正和处置违规违法行为、清除蜕化变质分子的重要准绳，维护了党的团结和统一，保证了党的先进和纯洁，促进了党的巩固和发展，形成和发展了我们党独特的"纪律优势"和优良传统。

我们党正是靠着严明的纪律和规矩一路胜利走来。作为一个拥有9000多万党员的世界上规模最为庞大的执政党，习近平总书记旗帜鲜明地指出，党要管党、从严治党，靠什么管、凭什么治？就要靠严明纪律。实践证明，严明党的纪律，不仅是马克思主义政党的自觉追求和重要建党原则,是我们党区别于西方资产阶级政党的重要标志,也是我们党赢得革命、建设和改革的重要政治法宝。没有革命的纪律,就没有革命的胜利。在长期的革命建设改革实践中,党栉风沐雨、历经坎坷,从小到大、由弱变强,发展成为世界第一大政党,靠的就是统一意志、统一行动、统一步调的严明纪律和规矩。

用马克思主义武装起来、具有严明纪律的中国共产党的成立,给灾难深重的中国人民带来了光明,给中国革命带来新的希望,从一开始就被视为新鲜血液,受到正在苦寻革命前途的孙中山的热烈欢迎。党倡导并实现了第一次国共合作,掀起了轰轰烈烈的国民革命,在全国政治舞台上展示了自己的力量和形象。

在开创中国革命道路的过程中,以毛泽东同志为代表的中国共产党人,始终高度重视党的纪律和规矩建设。1927年,毛泽东确定的24个字入党誓词,就有"服从纪律"要求,这一要求保留至今。他创设的人民军队基本纪律,后来发展为"三大纪律、八项注意"。1929年召开的古田会议,明确了红军的性质和任务,纠正了党和红军内极端民主化和非组织观点等错误倾向。

在伟大的全民族抗日战争中,党的组织得到快速壮大和发展,面对新形势和新任务,党大力加强纪律和规矩建设。毛泽东提出了一个著名的论断:"路线是'王道',纪律是'霸道',这两者都不可少。"他指出:孙行者头上套的箍是金的,共产党的纪律是铁的,比孙行者的金箍还厉害,还硬。包括纪律和规矩建设在内的党的建设,被毛泽东豪迈地称为"伟大的工程",成为夺取中国革命胜利的重要法宝之一。

在解放战争的胜利推进和解放区的不断扩大进程中,毛泽东提出了"军队向前进,生产长一寸,加强纪律性,革命无不胜"的经典论述。党中央要求各地严格遵守中央制定的各项政策,建立定期向中央请示报告制度,加强党的民主生活,健全党委制。党的七届二中全会提出"两个务必"的重要思想，确定了必须遵循的"六条规定"。这些举措为党迎接和推进即将到来的全国胜利创造了重要条件。

新中国成立后，党以"进京赶考"的姿态围绕新的中心任务加强纪律和规矩建设，成立了中央及地方各级纪律检查机构，制定和明确了中国共产党党员标准的八项条件，并按照新的标准和要求进行整党，坚决反对官僚主义，惩处了贪污腐化分子，积累了执政条件下密切党群关系、加强纪律和规矩建设的经验。正是依靠理论路线的正确、党组织和党员干部的严明纪律等优势，党领导人民迅速巩固了人民政权，进行了社会主义改造，实现了从新民主主义向社会主义的转变，建立起社会主义制度，开展大规模的社会主义建设并取得了重大成就。

党的十一届三中全会以后，邓小平总结历史的教训，深刻指出，"我们这么大一个国家，怎样才能团结起来、组织起来呢？一靠理想，二靠纪律"。他强调"中央要有权威"，"共产党员一定要严格遵守党的纪律"。为适应党的工作中心转移到经济建设上来和实行改革开放的新形势，我们党重新设立和选举产生中央纪律检查委员会，在党章中对党的纪律进行了新的强调，制定了党内政治生活准则、加强领导干部生活会制度等一系列重要文件，通过全面整党纯洁党的组织，并大力加强党的思想、组织、作风建设，为党领导全党全国人民开创党的建设新的伟大工程、成功开创中国特色社会主义道路提供了重要保证。

党的十八大以来，习近平总书记提出了全面从严治党的战略任务和建设良好政治生态的命题，突出强调要把思想建党和制度治党紧密结合，严格党的纪律和规矩。他指出："我们党是靠革命理想和铁的纪律组织起来的马克思主义政党，纪律严明是党的光荣传统和独特优势"，"要把严守纪律、严明规矩放到重要位置来抓，努力在全党营造守纪律、讲规矩的氛围"。这些重要思想和重要论述，贯穿了马克思主义政党建设的基本原则和根本要求，体现了鲜明的时代特征和对现实的深刻把握，体现了依规治党和以德治党的思想理念，是新形势下党的建设的基本方向和根本要求。我们党百年的奋斗历程充分证明，严明的纪律和规矩，是我们党立党兴党的强大武器，是我们党从胜利走向胜利的根本保证。

党的使命无上光荣，党的事业未有穷期。纪律建设永远在路上。我们要紧密团结在以习近平同志为总书记的党中央周围，严格遵守纪律和规矩，增强"四个意识"、坚定"四个自信"、做到"两个维护"，同心同德，顽强奋斗，在全面建设社会主义现代化国家的新征程上创造新的历史伟业。

◎ 以自我革命引领新时代

习近平总书记指出："全党要以自我革命的政治勇气，着力解决党自身存在的突出问题，不断增强党自我净化、自我完善、自我革新、自我提高能力，经受'四大考验'、克服'四种危险'，确保党始终成为中国特色社会主义事业的坚强领导核心。"中国共产党要担负起领导人民进行伟大社会革命的历史责任，必须勇于进行自我革命。"应该将勇于自我革命作为一个应有的品格永远来保持，作为一个应有的精神大力来弘扬，作为一个应有的责任长期来担当"，不断增强党在四个方面的力量，那就是政治领导力、思想引领力、群众组织力、社会号召力，唯有如此，才能永葆先进性和纯洁性，永葆党的生命力和战斗力。

千秋伟业，百年恰是风华正茂。忆往昔，百年前那个诞生于上海石库门、党员总数不足60人的新生政党，已发展壮大为一个拥有9000多万党员、领导14亿人口大国的世界第一大党。如果说，把世界上最大的发展中国家全面建成社会主义现代化强国，是人类史上从未有过的宏伟事业，那么，让一个党员人数比许多国家人口数量都多、长期执政而且成绩斐然的大党不忘初心、牢记使命，更是世界级挑战。大就要有大的样子。以世界大党的样子引领新时代，以世界大国的胸襟奔向新目标，习近平总书记的重要讲话激励我们，中国共产党有创造奇迹的意志，有自我革命的决心。立志大国大党，以身许党许国，重任在兹，舍我其谁？

长征的血战、抗日的烽烟，开放的探索、改革的攻坚，民族复兴的事业每前进一步，我们党都要经受一次洗礼。我们党为什么能够在各种政治力量的反复较量中脱颖而出？为什么能够始终走在时代前列、成为中国人民和中华民族的主心骨？根本原因就在于始终从崇高理想信念出发，保持初心使命，在前进道路上一次次拿起手术刀来革除自身的病症、解决自身的问题。这种能力既是我们党区别于世界上其他政党的显著标志，也是我们党长盛不衰的重要原因所在。

坚持自我革命精神，关键要有正视问题的自觉和勇气。"天下之患，莫大于不知其然而然。"眼下，全球风云变幻莫测，外部环境波谲云诡，"黑天鹅""灰犀牛"时有显现，不确定性正在增加；放眼国内，我们正处于距离伟大复兴最近的历史节点上，但发展不平衡不充分的问题依然突出，各个领域需要攻克的"娄山关""腊子口"还有不少。世情国情党情深刻变化，我们党面临的挑战和风险更加复杂，面临的"四大考验""四种危险"更加严峻。作为当今世界第一大党，没有什么外力能够打倒我们，能打倒我们的只有我们自己。要兴党强党，保证党永葆生机活力，实现长期执政，必须具有强烈的自我革命精神、过硬的自我净化特质，坚持不懈同自身存在的问题和错误作斗争，绝不能在一片喝彩声、赞扬声中丧失革命精神和斗志，逐渐陷入安于现状、不思进取、贪图享乐的状态。

"我们这么大一个国家，怎样才能团结起来、组织起来呢？一靠理想，二靠纪律。"邓小平1985年的这段话，同样是对党自我革命的鲜明概述。对全党来说，要承担好历史使命，同样一靠理想信念，"担当起该担当的责任"；二靠严守规矩，"使纪律真正成为带电的高压线"。这种自我革命的姿态，在党的十八大以来体现得尤为明显。一方面主题教育渐次推进、覆盖全党，从严明政治纪律和政治规矩，到燃旺党内政治生活的熔炉，促动全党以思想自觉推动行动自觉；另一方面制度笼子越扎越密，正风反腐利剑高悬，"铁八条"震慑常在，全面从严治党一步不退，勇于直面问题，敢于刮骨疗毒，反腐败斗争取得压倒性胜利。事实也说明，筑牢信仰之基、补足精神之钙、把稳思想之舵，以信念、人格、实干立身，我们就能在乱云飞渡中做到"千磨万击还坚劲，任尔东西南北风"，在泥沙俱下时诠释"丹可磨也，而不可夺赤"。

自我革命是党的永恒课题，是共产党的终身课题。而检验这一课题的成效，考官是人民群众。70多年前的"延安窑洞对话"和"西柏坡赶考"，都给出了"得民心者得天下，失民心者失天下"的答案。人民群众反对什么、痛恨什么，我们就要坚决防范和纠正什么。坚持以自我革命精神推进全面从严治党，不断自我净化、自我完善、自我革新、自我提高，办好中国的事情，关键在党，关键在坚持党要管党、全面从严治党。党的十八大以来，我们党以刀刃向内的自觉和刮骨疗毒的决心推进自我革命，党在革命性锻造中更加坚强，焕发出新的强大生机活力，为党和国家事业发展提供了坚强保证。

以自我革命引领新时代要不断增强政治领导力。我们党始终坚持和加强政治领导，引导全党切实增强政治意识、大局意识、核心意识、看齐意识，坚定执行党的政治路线，严守党的政治纪律和政治规矩，在政治立场、政治方向、政治原则、政治道路上同党中央保持高度一致；严格尊崇党章，严格执行准则，切实增强党内政治生活的政治性、时代性、原则性、战斗性，不断厚实良好政治生态的土壤；加强党性锻炼，提高政治觉悟和政治能力，强化对党忠诚、为党分忧、为党尽职、为民造福的根本政治担当，树牢说老实话、办老实事、做老实人的基本行为准则，永葆共产党人的政治本色。

以自我革命引领新时代要不断增强思想引领力。我们党始终坚持用马克思主义中国化最新成果武装头脑、指导实践、推动工作,在学深悟透、务实戒虚、整改提高上持续发力,引领全党坚持马克思主义,牢固树立共产主义远大理想和中国特色社会主义共同理想,不断筑牢确保全党步调一致、行动统一的思想基础,强化坚定理想信念、砥砺党性觉悟、忠诚履职尽责的思想自觉;引领建设具有强大凝聚力和引领力的社会主义意识形态,不断增强意识形态领域主导权和话语权,构筑中国精神、中国价值、中国力量,为人民提供强大精神指引。

以自我革命引领新时代要不断增强群众组织力。我们党始终坚持马克思主义唯物史观,坚持以人民为中心的发展思想,坚持立党为公、执政为民,践行全心全意为人民服务的根本宗旨,把人民对美好生活的向往作为奋斗目标,在发展中补齐民生短板、促进社会公平正义,全面推进幼有所育、学有所教、劳有所得、病有所医、老有所养、住有所居、弱有所扶,深入开展扶贫攻坚,在生动具体的实践中带领人民创造更加幸福美好生活,保证全体人民在共建共享发展中有更多获得感。

以自我革命引领新时代要不断增强社会号召力。我们党始终保持强有力的社会号召力,用过硬良好形象感召人,用共同价值追求和奋斗目标鼓舞人,不断提高社会治理社会化、法治化、智能化、专业化水平,加强预防和化解社会矛盾机制建设,正确处理人民内部矛盾,培育自尊自信、理性和平、积极向上的社会心态,推动政府治理和社会调节、居民自治良性互动,调动一切积极因素,团结一切可以团结的力量,找到最大公约数,画出最大同心圆,切实凝聚起实现中华民族伟大复兴中国梦的磅礴伟力。

党的自我革命任重而道远,决不能有停一停、歇一歇和自满的想法。在新时代,以自我革命精神确保党始终同人民想在一起、干在一起,推动党领导人民进行伟大社会革命,我们党就一定能够永葆先进性和纯洁性、始终走在时代前列,也一定能够直面新的历史挑战、破解新的时代命题,引领"中国号"巨轮乘风破浪、行稳致远。

第八章

精英汇聚的人才优势

《党章》讲："中国共产党是中国工人阶级的先锋队，同时是中国人民和中华民族的先锋队。"中国共产党十分重视党员素质和质量的建设，强调通过严格的党性修养和党性锻炼，全面提高党员的马克思主义水平和各项工作能力；通过强化党的每一个细胞，建立整个党组织的坚强肌体。在革命战争年代，为民族解放、国家独立、人民幸福自由而牺牲的共产党员，有名有姓的就有370多万人，无名英雄更是不计其数。在和平建设和改革开放时代，我们党海纳百川，精英荟萃，人才济济。正是拥有了一大批勇于担当、甘于奉献、勤政为民的优秀骨干，中国共产党才赢得了事业的大发展、大进步、大繁荣。中国共产党强调干部的政绩要经得起历史、实践、人民的检验，对攸关长远的事情"一届接着一届干"，这在那些热衷于"一届隔着一届干"甚至"一届对着一届干"的西方国家是不可想象的。这是中国共产党独具特色的巨大优势。

◎ 精英汇聚的最美集体

中国共产党的历史就是一部群英汇聚、人才辈出的历史。建党之初，全党仅仅只有50多名党员，百年后的今天党员人数已经突破9000万，"其作始也简，其将毕也必巨"！百年来，党的事业之所以能够从小到大，由弱到强，一步步从胜利走向胜利，其中一条重要原因，就是我们党在革命、建设、改革的各个历史时期，始终坚持五湖四海、任人唯贤，以宽广胸怀广纳各方人才，使各方精英汇聚到党的旗帜下，为争取民族独立、国家富强、人民富裕而共同奋斗。

中国共产党社会精英汇聚，具有强大的人才集中优势。《党章》的第一句话就讲："中国共产党是中国工人阶级的先锋队，同时是中国人民和中华民族的先锋队。"先锋队，顾名思义，就是由先进分子组成的始终充当先锋的队伍。

一提起"共产党员"这个词，人们或许会想到一个又一个抛头颅、洒热血的革命英雄。在人们的心目中，共产党员是一个光荣而又神圣的称号。百年来，涌现出无数优秀的共产党员楷模，他们活着是一面又一面旗帜，倒下是一座又一座丰碑，折射出一个时代中最闪亮的光芒。

越是艰险越向前，这是共产党人与生俱来的政治本色。中国共产党成立以来，经过无数次革命战争的洗礼，为了民族解放和人民的幸福，共产党人在艰苦斗争中谱写了可歌可泣的历史诗篇，塑造了大无畏的英雄气概。毛泽东指出，共产党员一定要有朝气，一定要有坚强的革命意志，一定要有不怕困难和用百折不挠的意志去克服任何困难的精神。刘少奇在《共产党员标准的八项条件》中提出，一切党员在革命斗争中，必须勇敢坚决，不能在严重的艰苦的环境中退缩。一切自私自利的人，不肯为人民牺牲自己的人,都不能做共产党员。"为有牺牲多壮志,敢教日月换新天",这是共产党员的豪迈情怀,"随时准备为党和人民牺牲一切",这是共产党员入党誓词中的铮铮誓言。

"革命战争年代,喊一声'跟我上'和吼一声'给我上',一字之差、天壤之别。"这是习近平总书记在全国"不忘初心、牢记使命"主题教育活动总结大会上的讲话中说的一句话,言简意赅,形象生动,切中要害,掷地有声,振聋发聩。"弟兄们,给我顶住,顶不住,老子毙了你。"这是很多国民党军官在关乎生死存亡的紧要关头挂在嘴边的一句话;"同志们,跟我上",这是人民军队指挥员在关键时刻常说的一句话。革命战争年代,一不怕苦、二不怕死,始终冲锋陷阵在第一线的很多都是中共党员。从1921年建党到1949年建国的28年里,为民族解放,为国家独立,为人民幸福自由而牺牲的共产党员,有名有姓的达到370多万人,无名英雄不计其数。他们是中华民族的真正脊梁,他们是中国社会的真正精英,他们是中国共产党人的杰出代表。

抗美援朝,保家卫国。中国人民志愿军打败了以美军为首的16个国家军队组成的所谓联合国军,打出了军威,打出了国威,用铁一般的事实向全世界宣告:任人宰割的旧中国,已经一去不复返了;任人欺凌的旧军队,已经变成了过眼烟云。当然,我们在取得历史性伟大胜利的同时,也付出了巨大的牺牲,抗美援朝先后参战的中国人民志愿军有290多万人,牺牲18万人,负伤28万人。在朝鲜前线,出现了很多惊天地泣鬼神、感人肺腑、可歌可泣的英雄儿女,邱少云、黄继光等英雄的名字在中国几乎家喻户晓、妇孺皆知,从小历经千辛万苦的毛泽东的儿子毛岸英也牺牲在朝鲜战场。

在革命战争年代,我们党英雄辈出;在和平建设和改革开放时代,我们党人才济济。党的英雄模范人物像天上的星星,看得见,数不清,焦裕禄、谷文昌、杨善洲、张富清等都是他们中的杰出代表,可谓海纳百川,精英荟萃，人才济济。这是中国共产党独具特色的巨大优势。

进入新世纪以来，共产党员的先进性一脉相承，共产党人的奉献精神薪火相传。在城市、在农村、在部队、在机关……依然活跃着千千万万的普通共产党员，千千万万的共产党人依然站在时代的最前列。来自各个行业、不同岗位的共产党员们，也许没有豪言壮语，也许没有惊天动地，也许没有丰功伟绩，但他们不仅平常时期能看得出来，而且关键时刻能冲得出来，危难关头能豁得出来，在平凡中树立不凡的形象，使党的崇高形象矗立于人民群众的心中。

"我是共产党员，我先上"，"我是党员，关键时刻不冲上去谁冲上去"，危难关头挺身而出，这是共产党人始终如一的忠诚底色。新冠肺炎疫情发生以来，党中央一声令下，广大党员把人民群众的生命安全和身体健康放在首位，把疫情视作无声的命令，把防控作为应尽的责任，义无反顾地投入抗疫第一线。无论是救治病人的医院，还是联防联控的车站路口、农村和社区，还是科技攻关的科研院所、复工复产的工厂企业，哪里有需要，哪里就有党员的身影，哪里有危险，哪里就有党员挺身而出。在严峻复杂的疫情形势下，与时间赛跑，与病魔较量，面临的是生死考验。党员医护人员纷纷请战，"无畏生死，不计报酬"，在疫情防控斗争第一线，共产党员用生命和热血忠诚践履这一誓言。以生命守护生命，用信念和大爱绘就"最美逆行者"；党员干部靠前指挥、守土尽责，以最快速的行动铸起防止疫情扩散的铜墙铁壁，用责任和担当擦亮人民公仆的忠诚底色；党员媒体人不畏艰险、赶赴一线，用旗帜引领方向，用事实消弭恐慌，及时把全国人民共克时艰、众志成城的信心力量传递四方；党员志愿者主动作为、敢于奉献，活跃在疫情防控的每一个角落，以点点微光汇聚成抗疫的强大力量。一个党员就是一面旗帜，一个党组织就是一座堡垒，广大共产党员在危难关头用生命书写忠诚，用忠诚擦亮党徽，让党旗在防控疫情斗争第一线始终高高飘扬。

第八章　精英汇聚的人才优势

◎ 从五湖四海到聚天下英才

党的十九大报告提出，要坚持党管人才原则，聚天下英才而用之，加快建设人才强国。三句话环环相扣，融为一体：党始终把选人用人作为关系党和人民事业的关键性、根本性问题来抓；党要树立强烈的人才意识，寻觅人才求贤若渴，发现人才如获至宝，举荐人才不拘一格，使用人才各尽其能；党要更好地实施人才强国战略，努力建设一支能够站在世界科技前沿、勇于开拓创新的高素质人才队伍。

坚持五湖四海汇聚优秀人才，坚持公道正派选拔使用干部，是我党我军的优良传统。毛泽东在其名篇《为人民服务》中谈到："我们都是来自五湖四海，为了一个共同的革命目标，走到一起来了。"

1945年重庆谈判时，毛泽东的3个卫士都不是湘潭人，也非湖南籍。蒋介石奉化籍的侍卫官问毛泽东的警卫人员陈龙："您同毛先生有什么亲故？"陈龙如实相告："我同毛主席一不沾亲二不带故，共产党的警卫人员来自五湖四海。"再看看蒋介石，他从起家便以亲友、同乡为班底，财权乃至行政权力长期由妻兄宋子文、连襟孔祥熙掌握，特务头子戴笠、毛人凤和最信任的嫡系将领陈诚、汤恩伯等都是浙江同乡，蒋介石的侍卫官、外层警卫队以及司机、厨师也都是他原籍奉化县的人。蒋介石只相信嫡系，与"杂牌军"一直矛盾重重，这种矛盾恰恰成为他失败的一个原因，也成了毛泽东所说的红色政权能够存在的一个条件。

"国家存亡之本，治乱之机，在于明选而已矣。"而明选就要沉到"五湖四海"，划"更大的圈"，决不能在"小圈子"里打转转。圈子越大，各方面的优秀人才就越容易进入视野，各方面的不同意见也越容易进入耳朵，在选人用人上就能知得愈多、识得愈准、任得愈善，就愈不容易出现偏差。选人用人只有坚持五湖四海、任人唯贤，不搞"小圈子"，不"在少数人中选人"，才能营造风清气正的政治生态，推进强党兴党的伟大事业。

百年来，在党的正确领导下，我们党一直坚持五湖四海，坚持公道正派选人用人。当年，不论是来自一野二野，还是三野四野的开国战将，调到哪里就选用哪里的人，从来不搞什么"山头主义""圈子文化"。郭林祥将军调动工作，总是只身前往，不带一人，秘书、警卫、驾驶员，全部由新单位选派。坚持五湖四海，才能百川归海；注重公道正派，才能才尽其用。各级党委和领导干部要大力弘扬我党优良传统，以更广的视野、更高的境界，打破狭隘思维，不任人唯亲，不为关系所缚，真正做到"为官择人"、任人唯贤，切实把各方面的优秀干部及时发现出来、合理使用起来，为强党兴党提供强大的智力支持和人才保证。

中国特色社会主义进入新时代，习近平总书记指出："坚持党管人才原则，聚天下英才而用之，加快建设人才强国"。何谓"聚"？就是通过必要的措施来集聚人才。首先，要树立强烈的聚天下人才的意识。习近平总书记认为："实现中华民族伟大复兴，人才越多越好，本事越大越好。"因此，我们要树立强烈的人才意识，举荐人才不拘一格，使用人才各尽其能。其次，要有聚天下英才的自信。习近平总书记说："我们有凝心聚力办大事的自信，要把最好的资源凝聚起来，发挥各类人才的智慧，聚天下英才而用之。"他在肯定外国专家带来先进技术、管理经验和新理念的同时，也肯定外国专家对中国发展中肯的见解、辨析、意见，这有利于我们正视自身问题、解决面临难题。再次，要有合理的聚天下英才的制度安排。习近平总书记指出："加快构建具有全球竞争力的人才制度体系，聚天下英才而用之。要着力破除体制机制障碍，向用人主体放权、为人才松绑，让人才创新创造活力充分迸发，使各方面人才各得其所、尽展所长。"为人才施展才能提供更加广阔的舞台，让更多千里马竞相奔腾。

"英才"是主体,"用之"是目的。习近平总书记认为,人才应具备共同的特点:一是有理想。"功崇惟志,业广惟勤",没有理想的人不可能成为人才,也不可能充分发挥自己的聪明才智成为英才。二是要爱国。"具有强烈的爱国情怀,是对我国科技人员的第一位的要求。"三是能创新,这是人才的一个基本特征。"我国要在科技创新方面走在世界前列,必须在创新实践中发现人才、在创新活动中培育人才、在创新事业中凝聚人才,必须大力培养造就规模宏大、结构合理、素质优良的创新型科技人才。"除了以上对英才的一般要求之外,习近平总书记也在不同场合多次谈到对不同类型人才的要求。如作为领导人才,党和国家领导干部应具备的基本素质是:信念坚定、为民服务、勤政务实、敢于担当、清正廉洁;广大科技工作者则应具备远大理想、不辱使命、敢于担当、勇于奉献。由此可见,英才所应具备的基本品质是德才兼备、政治坚定、才艺高超、勇于拼搏、甘于奉献。

"聚天下英才而用之","聚"是手段,"天下"是时空,"英才"是主体,"用之"是目的。如何"用之"?习近平总书记特别强调,"关键是要坚持党管人才原则"。中国共产党历来高度重视选贤任能,始终把选人用人作为关系党和人民事业的关键性、根本性问题来抓。党管人才,决不仅仅是严格管理人才,更重要的科学使用人才。坚持党管人才原则,就要遵循社会发展的基本规律,着力破除束缚人才发展的思想观念,推进体制机制改革和政策创新,充分激发各类人才的创造活力,开创人人皆可成才、人人尽展其才的生动局面。他还指出:"要按照人才成长规律改进人才培养机制,'顺木之天,以致其性',避免急功近利、拔苗助长。要坚持竞争激励和崇尚合作相结合,促进人才资源合理有序流动。"坚持党管人才原则,要构建良好的选人用人制度环境,最大限度地调动人才创新的积极性,尊重人才创新自主权,大力营造勇于创新、鼓励成功、宽容失败的社会氛围。

任何时候，国家的建设、社会的发展，都离不开人才的支撑，新时代中国特色社会主义建设，中华民族的伟大复兴，尤其离不开大量的人才，科技兴国，人才兴国，成为全党全国的共识。"聚天下英才而用之"是习近平人才思想的精髓之一，他曾在不同场合多次提到人才的培养与使用。按照习近平总书记指示，我们要以识才的慧眼、爱才的诚意、用才的胆识、容才的雅量、聚才的良方，广开进贤之路，把党内和党外、国内和国外等各方面优秀人才吸引过来、凝聚起来，努力形成人人渴望成才、人人努力成才、人人皆可成才、人人尽展其才的良好局面。

◎ 坚持"任人唯贤"路线

任人唯贤是中国共产党选拔、培养、使用和管理干部的根本途径和基本准则，也是中国共产党一贯坚持和执行的组织纪律。党章规定：党按照德才兼备、以德为先的原则选拔干部，坚持五湖四海、任人唯贤，反对任人唯亲，努力实现干部队伍的革命化、年轻化、知识化、专业化。1938年10月14日，毛泽东在中共六届六中全会上作《论新阶段》的政治报告，明确指出，共产党的干部政策，应该以能否坚决地执行党的路线，服从党的纪律，和群众有密切的联系，有独立的工作能力、积极肯干、不谋私利为标准，这就是"任人唯贤"的路线。此时，毛泽东明确提出中国共产党的干部路线是有现实指向性的。

全面抗战已经进行了一年半左右，当年10月，广州和武汉相继失守，国民党的抗战方针和能力在日本全面侵华的战略下捉襟见肘，抗战由战略防御转入战略相持，把主要战场转入敌后，共产党之于抗战的领导地位和作用也因此彰显。"政治路线确定之后，干部就是决定的因素"。因此，毛泽东特别强调："中国共产党是在一个几万万人的大民族中领导伟大革命斗争的党，没有多数才德兼备的领导干部，是不能完成其历史任务的。"中国共产党必须加强自身的组织建设和干部队伍建设，选贤与能，才能担负起领导抗战的历史使命。

建立一支德才兼备的干部队伍，以担负抗战的领导责任，是当时毛泽东提出任人唯贤"立"的意蕴。除此，任人唯贤还有"破"的深意，即破除中国共产党历史上选任干部错误路线的影响。当时毛泽东讲了这样一段话："在这个使用干部的问题上，我们民族历史中从来就有两个对立的路线：一个是'任人唯贤'的路线，一个是'任人唯亲'的路线。前者是正派的路线，后者是不正派的路线。"

土地革命时期，因为"左"倾思想的影响，党的组织干部路线出现过偏差，其中一个表现就是宗派主义，任人唯亲。结果是有着丰富斗争经验、联系群众、能力素质过硬却疏离于"左"倾路线之外的老干部被"靠边站"，被打击、处罚甚至撤换。大批优秀的同志因此受到错误的处理甚至被诬害，给党造成了极大的损失。鉴于此，毛泽东提出任人唯贤，要用德才兼备的标准识别、选拔、考察、使用干部，反对任人唯亲，反对宗派主义、山头主义，要搞"五湖四海"。

自此以后，任人唯贤的干部路线被确定下来，并随着历史的发展及党的任务的变化而不断被赋予新的内涵。1977年召开的中共十一大，鉴于"文革"的教训，提出要认真执行无产阶级"任人唯贤"的干部路线。1982年召开的中共十二大，正式确立任人唯贤的干部路线。根据这一规定，2002年中共中央印发的《党政领导干部选拔任用工作条例》和2014年修订印发的《党政领导干部选拔任用工作条例》，都明确规定任人唯贤是选任党政干部的原则之一。

从毛泽东提出任人唯贤到今天已经八十多年。八十多年，形势任务发生了很大变化，但任人唯贤的思想却历久弥新，不断散发出真理的光芒。那是因为"任人唯贤"的干部路线和标准根植于中华文化"崇德、尚贤、举能"的历史传统。选贤任能是中华民族传统文化的崇高境界，也是中华民族思想融合的光辉结晶，更是统治阶层治理经验的总结积淀；"任人唯贤"的干部路线和标准同源于马克思主义政党"民主集中制"的建党原则。中国共产党是按照马克思主义理论和马列主义建党学说建立起来的无产阶级政党，是马克思主义与中国革命实际相结合的产物。民主集中制是无产阶级政党的建党原则，是无产阶级政党区别于其他政党的显著标志之一；"任人唯贤"的干部路线和标准契合于追求公平正义的价值导向。

一个政党怎样选人、选什么人极端重要，直接决定其能否保持先进性和纯洁性，有无凝聚力和生机活力。中国共产党历来重视党的组织建设尤其是干部队伍建设，培养选拔了一批又一批高素质领导干部。党从诞生之日起就一直强调党的先锋队性质，对发展党员有着严格要求。近年来，我们党在发展党员工作中要求控制总量、优化结构、提高质量、发挥作用，进一步加强了对申请入党者的教育、考察等工作，确保党员质量。

在干部队伍建设方面，我们党在革命时期就提出五湖四海、德才兼备、任人唯贤等要求，坚决反对山头主义、任人唯亲。我们党的干部路线保证了党的团结统一、兴旺发达。改革开放以来特别是党的十八大以来，我们党在培养选拔使用干部方面不断探索，相关制度日益完善。习近平提出"信念坚定、为民服务、勤政务实、敢于担当、清正廉洁"的好干部标准，特别强调干部要忠诚干净担当。同时，要建立源头培养、跟踪培养、全程培养的素质培养体系，日常考核、分类考核、近距离考核的知事识人体系，以德为先、任人唯贤、人事相宜的选拔任用体系，管思想、管工作、管作风、管纪律的从严管理体系，崇尚实干、带动担当、加油鼓劲的正向激励体系。近年来，干部队伍建设取得很大进展，好干部标准发挥了重要导向作用。

第八章 精英汇聚的人才优势

我们党在干部培养、选拔、使用、管理等方面已经树立一系列科学理念、形成一整套制度机制。德才兼备、以德为先，五湖四海、任人唯贤，人岗相适、人事相宜，重视台阶、政绩，多岗位锻炼，坚持干部进党校学习，等等，这样一系列理念、原则、制度在干部队伍建设中发挥着越来越大的作用，也得到其他政党越来越多的认可。中国共产党已走过百年的光辉岁月，在这期间，带领中国人民推翻"三座大山"、谋求民族独立解放，开展轰轰烈烈的经济社会建设、走向繁荣富强，因时而动改革开放、迈向伟大复兴，至今党仍然以极为坚强有力、生机勃勃的姿态，在全面建设社会主义现代化的道路上昂首阔步地前进。

党的事业始终处在不断进步的路上，这并不是偶然，而是与党的路线分不开的，其中一个就是党的干部人才队伍建设的方针，即"德才兼备、以德为先、任人唯贤"。正是有了广大优秀的党员干部，党才有源源不断的新鲜血液，进而成为中华民族伟大复兴的领导核心。

人心是最大的政治，用好一个干部，能够赢得人心，反之亦然。党深知这个道理，在选干部、用人才时既重品德也重才干，强调要把好人才的政治关、廉洁关，真正把愿干事、真干事、干成事的发现出来，任用起来，所谓"不拘一格降人才"。这正是我们党取得如此巨大成就的一个重要的内在原因。

把好人才关，事关事业成败。"千里之堤，溃于蚁穴"，古今中外，因干部腐化堕落导致国家积重难返的例子，不胜枚举。干部处在重要位置，其影响是全方位的，因此从严管理在任何时候都是极其需要的。近些年来党在加强干部管理方面的努力，正是最好的注解。

把好人才关，仍然任重道远。虽然党的纪律就摆在那里，但每年仍有个别干部忘记宗旨、以身试法，这说明我们在人才的选拔使用方面，仍需要进一步完善。这需要各级党组织的共同努力，需要党员、群众的共同监督，并持续坚持下去。

◎ 为何共产党胜国民党败

100多年前，诗人龚自珍痛感于清廷衰弱腐朽，国家内忧外患，发出了"我劝天公重抖擞，不拘一格降人才"的呼唤，令人赞叹。

毛泽东、蒋介石在用人之道上，有着"五湖四海"与"黄埔浙江"、"放手使用"与"越级指挥"、"依法用人"与"帝王之术"的区别。这在某种程度上决定了他们最终的命运。

毛泽东的"五湖四海"用人原则在王稼祥的身上得到了很好的体现。1945年4月，中共七大在延安召开。新的中央委员会选举，王稼祥因为没有得到半数选票而落选。毛泽东得知这一消息后，非常吃惊。为了增强党内团结，他在选举候补中央委员前，专门做了大量的工作，力荐王稼祥。王稼祥与王明、博古等人同属留苏学生群体，在党内担任过重要领导职务，也犯过"左"倾教条主义错误。在毛泽东看来，虽然王稼祥犯过错误，但是他确实为党作出过重大贡献。因此王稼祥的当选，对于团结来自不同地方、不同部门的同志，有过意见分歧甚至冲突的同志，犯过错误的同志，都有很好的示范作用。在中共七大第20次会议上，毛泽东向全体代表做了《关于第七届候补中央委员选举问题》的讲话。讲话的第二部分就是关于王稼祥中央委员落选的问题，这一部分毛泽东讲得最多，也最着力。毛泽东指出，王稼祥同志"虽然犯过路线错误，也有缺点，但他是有功的"。他一件一件地列举了王稼祥的功劳，还特别提到了王稼祥在遵义会议和六届六中全会上所起的重要作用。最后，毛泽东非常肯定而又恳切地指出："他是能够执行大会路线的，而且从过去看，在四中全会后第三次'左'倾路线正在高涨时，在遵义会议时，在六中全会时，也都可以证明这一点。"毛泽东的讲话加深了代表们对王稼祥的了解。大会进行了候补中央委员的投票,王稼祥以第二高票当选。杨尚昆后来回忆说,"毛主席帮助稼祥同志'竞选'。"

蒋介石用人讲的是封建主义和青洪帮那套江湖法则,强调个人恩怨,任用私人,甚至亲戚朋友,特别是大搞"黄埔浙江"。蒋介石是依靠"黄埔系"起家的。蒋介石授衔的将领,主要来自"日本士官系""保定系""黄埔系"。在抗战胜利后,"黄埔系"势力达到了顶峰。其次,蒋介石在用人时还讲究同乡渊源。"浙江帮"横亘整个国民党党政军警宪特系统。军事系统有胡宗南、陈诚、汤恩伯等,掌握了国民党兵力最盛、武器最先进的军队;特务系统有戴笠、毛人凤,整个特务系统简直就是浙江人的天下;党务系统有陈果夫、陈立夫兄弟。最典型的一个例子就是陈诚。陈诚的"火箭式"发家史与其"保定系""黄埔系"和浙江老乡的身份不无关系。陈诚,浙江青田人,1919年,入保定军校第八期炮科。1925年,任黄埔军校炮兵科上尉教官兼炮兵队区队长。有一天晚上,他访友归来,天将黎明,仍不思睡,便挑灯夜读《三民主义》。这恰巧被查夜的校长蒋介石看见,当时留下了良好的印象,当得知陈诚为浙江人,便认定陈诚为可造可用之才。次日清晨,早操完毕,蒋介石便把陈诚提升为少校炮兵队长。此后,陈诚一直受蒋介石的信任和重用,一路官运亨通。1932年,在蒋介石、宋美龄的极力促成下,陈诚与国民党元老谭延闿之二女、宋美龄的干女儿谭祥结婚,做了蒋介石的干女婿。陈诚成了蒋介石最为宠信的心腹和干将,此后便平步青云,成为中央军系统第二位一级上将。到台湾后,更是成为仅次于蒋介石的第二号人物。蒋介石任人唯亲、唯私的用人方法,随意性很大,由于没有制度保证,引起他人的不服,最后造成众叛亲离。

毛泽东强调"放手使用",蒋介石则喜好"越级指挥"。淮海战役是古今中外战争史上一次以少胜多的奇迹。之所以取得重大胜利,是同毛泽东的从善如流、"放手使用"和粟裕的战略奇思、斗胆直陈分不开的。在淮海战役的战略决策和战略指挥中，粟裕都作出了非常重要的贡献。从集中主力于长江以北打大仗，到"小淮海"以及"大淮海"的战略战役规划，毛泽东经过深思熟虑决定后，均以中央军委的名义颁布实施。孟良崮战役后，粟裕逐步形成了改变中原战局、发展战略进攻的战略构想。而中共中央在1947年12月根据战略形势，作出了分兵南进的战略决策，决定从中原战场上抽出一部分兵力渡江南下，以调动中原战场上的国民党主力部队。对此，粟裕经过认真考虑，三次致电直陈中央，提出在中原战场上集中兵力打大仗的建议。1948年1月22日，粟裕向中央军委发出"子养电"。1月31日，他向中央军委发出一份长达2000字的电报，重申"子养电"的观点和建议。4月18日，他再次"斗胆直陈"，向中央军委建议集中兵力在中原黄淮地区打几个大规模的歼灭战。粟裕的三次建议引起了毛泽东的高度重视。经过研究决定，在既定战略方针不变的前提下，采纳了粟裕的建议，这一重大决策构成了淮海战役的最初蓝图。接着，粟裕的三次关键性建议，又促成了淮海战役由"小淮海"到"大淮海"的推进演变。豫东战役胜利后，粟裕随即向中央军委提出了举行淮海战役的建议。经过一天的慎重考虑，中央军委发出了毛泽东起草的答复电报："我们认为举行淮海战役，甚为必要。"10月31日，粟裕又发电报给中央军委建议："此次战役规模很大，请陈军长、邓政委统一指挥。"毛泽东等当即研究同意。11月7日，即淮海战役发起一天之后，粟裕等分析认为必须当机立断，不失时机地使淮海战役发展为南线战略决战，并立即电告中央军委，即著名的"齐辰电"。11月9日深夜，中央军委复电同意。正是因为毛泽东数次采纳了粟裕的建议，才促成了淮海战役的最终胜利，从而成就了这一战争史上的奇迹。

与毛泽东形成鲜明对比的是，蒋介石对下级总是不能充分信任，事前迟疑不决，任命后又不让他们放手去干，常常越级指挥，使得战事最后往往朝不利的方向发展。同是三大战役之一的辽沈战役就是一个很好的例

第八章 精英汇聚的人才优势

证。抗战胜利后，蒋介石先后派熊式辉和陈诚到东北，都被解放军打得溃不成军，接连丢城失地。无奈之下，蒋介石想到了他的王牌战将卫立煌，希望借重卫立煌的军事才能和威望，挽回东北战场的颓势。卫立煌，安徽合肥人，抗日爱国将领，被日军华北最高司令香月清司视为"支那虎将"，史迪威则称他是国民党军队中最能干的将领。卫立煌被蒋介石任命为东北行辕副主任兼东北"剿总"总司令。然而，蒋介石一方面对卫委以重任，另一方面又对其充满狐疑之心。卫立煌出发去东北前，蒋介石还亲自面见了卫的秘书，审查一番。卫立煌到东北后，不管蒋介石如何一再电令其派兵解围，不管各地守军如何告急，他总是把主力集中于沈阳、锦州、长春附近，拒不出战。蒋介石见战事吃紧，卫立煌又按兵不动，就急令卫打通沈锦线，将主力撤至锦州，阻止解放军入关，必要时可放弃吉林、长春，甚至将东北全部兵力退守华北。但卫立煌坚持己见，一再拒绝蒋的命令。蒋介石对卫立煌越来越不信任，只好费尽心思在东北物色能不折不扣地执行他命令的将领。他先后属意于廖耀湘和范汉杰，但均不如意。1948年9月12日，辽沈战役打响，解放军将国民党军队压缩在锦州、锦西两个孤立的据点。蒋介石见势不妙，急飞北平亲自指挥。他命令卫立煌立刻出辽西解锦州之围。卫坚持认为锦州解围应由关内出兵解决，而没有执行蒋的命令。蒋介石见战事吃紧，于10月2日、15日、18日三飞沈阳，亲临指挥作战，将卫立煌这个所谓的东北党政军一把手完全抛到一边。为了彻底撇开卫，他任命杜聿明为东北"剿总"副司令兼冀辽热边区司令官，收复锦州。东北全境解放后，蒋介石将责任全部推给卫立煌，将其撤职查办，卫立煌只好出走，对蒋也彻底死了心。

毛泽东强调"依法用人"，蒋介石则大耍"帝王之术"。1937年10月5日，抗日军政大学第六队队长黄克功，对陕北公学女学生刘茜逼婚不成，开枪将其打死，称为"黄克功事件"。这一恶性事件引起舆论一片哗然，能否处理得当，将产生重大影响。事件发生后，黄克功被捕认罪。

他曾幻想党和边区政府会因为他资格老、功劳大，对他网开一面，从轻处罚。他还写信给毛泽东，除对自己的罪行进行忏悔外，还请求姑念他多年为革命事业奋斗，留他一条生路。当时大致有两种意见，一种认为，黄克功是红军的重要干部，对党是有功的，应让他戴罪杀敌，将功赎罪；一种认为，黄克功触犯了边区刑律，破坏了红军铁的纪律，应处极刑，以平民愤。毛泽东认为要依律严惩，后来，在陕北公学大操场，对黄克功进行了公开审判，边区高等法院仍判处黄克功死刑。在宣布法院判决后，又宣布了毛泽东于10月10日致陕甘宁边区高等法院院长雷经天的信。毛泽东在信中严肃指出："黄克功过去斗争历史是光荣的，今天处以极刑，我及党中央同志都是为之惋惜的。但他犯了不容赦免的大罪，以一个共产党员、红军干部而有如此卑鄙的，残忍的，失掉党的立场的，失掉革命立场的，失掉人的立场的行为，如为赦免，便无以教育党，无以教育红军，无以教育革命者，并无以教育做一个普通的人，因此中央与军委便不得不根据他的罪恶行为，根据党与红军的纪律，处他以极刑。""一切共产党员，一切红军指战员，一切革命分子，都要以黄克功为前车之鉴。"黄克功被开除出党并依法处决后，产生了强烈的反响。群众异口同声称赞：共产党、八路军不护短，不枉法，公正无私，纪律严明，真是了不起。

同是军队高级将领，国民党的张灵甫却是另一番命运。蒋介石为了笼络人心，大耍"帝王之术"，抛开党纪法规，对待枪杀了无辜之妻的张灵甫，采取了完全不同的态度和处理方式。张灵甫，国民党军队高级将领，曾任国民党军整编第74师师长。关于张灵甫杀妻一案，流传着多个版本，但基本的情节是差不多的：张灵甫误信谣言，怀疑爱妻吴海兰不忠，醋劲大发。除夕之夜张灵甫命令吴海兰到后院菜地摘菜包饺子。正当吴海兰弯腰摘菜时，他即掏出手枪，从背后将吴海兰击毙，酿成了轰动西安的"团长古城杀妻案"。事后，张灵甫对尸首没做任何处理，丢下刚几个月大的女儿，马上返回了部队。吴海兰的父母得知爱女无缘无故被杀，怒不可遏，递状纸上告。西安妇女界也表示极大的义愤，联合上书全国妇女部长宋美龄，要求严惩凶手。当时，宋美龄正在和蒋介石一起积极鼓吹新生活运动，旨在改造社会道德与国民精神，此事不但有违社会道德，还触犯了国法，于是向蒋介石告了御状。蒋闻之大发雷霆，命令胡宗南将张押解南京。胡宗南很无奈，却也只能让张灵甫去投案自首。这样，张灵甫只身赴南京，抵宁后，被关进老虎桥模范监狱，蒋介石声称要审后严办。七七事变的爆发成了张灵甫的转机。国民政府下令所有服刑官兵除政治犯外一律调服军役，戴罪立功，并保留原先军衔。在胡宗南、王耀武所谓爱将惜才的恳请下，蒋介石秘密释放了罪不容赦的张灵甫。为掩国人耳目，同时表达改过自新的决心，再度出山的张灵甫正式由"张钟麟"改名为"张灵甫"。抗战胜利后，张灵甫升任74军军长兼南京警备司令，74军号称"御林军"，张也被称为"御林军统领"，成为蒋介石的心腹爱将。74军后整编为74师，张灵甫任师长，曾在孟良崮与人民解放军死战。张灵甫可谓报了蒋介石不杀之恩，但却坏了国民党的党国大事。

　　共产党胜国民党败启示我们："不拘一格降人才"，是人才工作的一种高境界，是由必然王国向自由王国的飞跃。实现这一飞跃，达到人尽其才、才尽其用的境界，需要观念更新，需要制度创新，需要方方面面的细致而艰苦的努力。我们应解放思想，尊重科学，大胆探索，完善制度，形成一个科学合理、充满活力的用人机制，营造鼓励人们干事业、支持人们干成事业的社会氛围。这样，我们建设社会主义现代化国家就一定能够人才辈出、兴旺发达。

◎ 以人才强党保证人才强国

人才强党是人才强国的根本保证，是党建历史经验的科学总结，是提高党的执政能力和增强党的执政基础的现实需要。

重视吸纳优秀人才，是党的历史传统。七大召开前夕，毛泽东在谈到未来的中央委员会组成时说，不要求每位委员通晓各方面的知识，但必须要求每位委员都要通晓某一方面的知识，由此组成的中央委员会则通晓各方面的知识。这就是说，中央委员会的委员分开都是专才，合起来则构成一个通才整体。北平解放前夕，毛泽东对当时北平地下党负责人刘仁同志说："刘仁，刘仁，你要留人呀！"毛泽东还评价小平同志"人才难得"。在1978年中央召开的科学大会上，邓小平拨乱反正，提出了"科学技术是第一生产力""知识分子是工人阶级的一部分"等重要论断，解决了长期以来知识分子入党难的问题，使一大批优秀知识分子加入到党的队伍。以习近平同志为核心的党中央高度重视人才和人才工作，坚持聚天下英才而用之，加快人才强国建设步伐，实行更加积极、更加开放、更加有效的人才政策，将国内外人才聚集到中国的建设事业中来。

人才强党是提高党的执政能力的基础。党的执政能力包括五个方面的内容：一是科学判断形势的能力，二是驾驭市场经济的能力，三是应对复杂局面的能力，四是依法执政的能力，五是总揽全局的能力。显而易见，提高这五个方面的执政能力，离不开一大批德才兼备、富有实践经验的执政人才，在党的十九大报告中，习近平总书记进一步提出干部"既要政治过硬，也要本领高强"，明确指出干部需要增强学习本领、政治领导本领、改革创新本领、科学发展本领、依法执政本领、群众工作本领、狠抓落实本领、驾驭风险本领等"八项本领"。2020年秋习近平总书记又指出:"面对复杂形势和艰巨任务,我们要在危机中育先机、于变局中开新局,干部特别是年轻干部要提高政治能力、调查研究能力、科学决策能力、改革攻坚能力、应急处突能力、群众工作能力、抓落实能力,勇于直面问题,想干事、能干事、干成事,不断解决问题、破解难题。"从增强"八项本领"到提高"七种能力",既体现了新时代干部队伍建设思路的逻辑延续,又展现新形势下干部队伍建设的创新要求,是党执政理念和治国方略的鲜明体现和重要组成。特别是离不开一支忠诚实践习近平新时代中国特色社会主义思想、善于治党治国治军的中高级党政领导人才队伍。可以说,国与国之间的竞争在很大程度上是执政党执政能力之间的竞争,而执政能力的竞争说到底是执政人才的竞争。历史唯物主义既充分肯定人民群众创造历史的决定作用,也绝不抹杀杰出人物可以加速历史发展的重要作用,更正视历史上一些执政者因其能力、立场等因素延缓社会发展的深刻教训。

人才强党是提高党凝聚群众、领导社会的能力的关键。在农村,愈来愈多的地方意识到,为了增强农村基层党组织的凝聚力和战斗力,必须着力培养"自富能力强"和"带富能力强"的"双强"党员,大胆选用"双强"党员担任党支部书记和村干部。以选好带头人为突破口,"选准一个支书,激活一个班子,带富一方百姓"。着重从农村党员中的致富能手、乡村企业中的经营骨干、民营经济组织带头人中,积极、认真、慎重地培养选拔"双强"党员和"双强"党支部书记。而在企业,党组织发挥政治核心作用的一个重要渠道,是培养一大批优秀企业家,进入企业的董事会、经理层和监事会,在法人治理结构中发挥作用,保证企业的政治方向。

人才强党是推进社会主义物质文明、政治文明和精神文明建设的重要途径。人才是先进生产力的重要开拓者,是先进文化的重要创造者,是社会发展的重要推动者。市场经济是能力经济,优胜劣汰是市场的无情法则。在国际经济竞争中,如果我们没有一大批在市场竞争中善于取胜的经济人才,总是处于屡战屡败的地位,我们就不能壮大社会主义的物质基础;如果我们没有一批世界顶尖级的科学家,我们就不能提高我国的核心竞争力;在当今文化竞争中,如果我们没有一大批优秀的艺术家、理论家、作家、记者等文化人才,我们就不能巩固马克思主义在意识形态中的指导地位和满足人民群众丰富多彩的精神需求;如果我们没有一大批有本事、靠得住的政治人才,我们就不能在社会主义的民主选举、竞争上岗中处于常胜地位,领导社会主义民主政治的进程。

习近平强调,"功以才成,业由才广"。党和人民事业要不断发展,就要把各方面人才更好使用起来,聚天下英才而用之。我们要以识才的慧眼、爱才的诚意、用才的胆识、容才的雅量、聚才的良方,广开进贤之路,把党内和党外、国内和国外等各方面优秀人才吸引过来、凝聚起来,努力形成人人渴望成才、人人努力成才、人人皆可成才、人人尽展其才的良好局面。以人才强党保证人才强国是适应人民物质生活水平提高和政治热情高涨,充分发挥优秀人才在国家政治生活中作用的迫切需要,是提高党的执政能力的迫切需要,是营造人人竞相成才良好风尚的迫切需要。

以人才强党保证人才强国要以德为先,遵循正确的用人标准;以人才强党保证人才强国要量才适用,把合适的人用到合适的岗位上;以人才强党保证人才强国要学会包容,不要求全责备;以人才强党保证人才强国要重视青年人才,克服论资排辈的现象;以人才强党保证人才强国要大胆改革,打破人才的体制界限,逐步打通体制内外人才相互流动的通道。

"居高声自远,非是藉秋风。"只有把我们党建设成为优秀人才高度密集的执政党,我们党才能真正成为中国特色社会主义事业的领导核心,才能真正成为中国工人阶级和中国人民、中华民族的先锋队。人才不一定是党员,但党员一定要成为人才,中国工人阶级要成为人才高度密集的阶级,中华民族要成为人才高度密集的民族,中国共产党要成为优秀人才高度密集的执政党，这是实现中华民族伟大复兴的必由之路。

◎ 握紧组织路线的"方向盘"

党的组织路线是党根据政治路线和思想路线而规定的关于组织工作的根本方针和准则。正确的政治路线要靠正确的组织路线来保证。在革命、建设和改革的不同时期，中国共产党始终坚持组织路线服务政治路线，为党的事业发展提供坚强的组织保证。

党的组织路线在革命岁月的洗礼中逐步产生。中国共产党是按照马克思主义建党原则建立起来的。党成立伊始，党纲就对党的地方组织机构设置和中央与地方的关系做出了明确规定，这表明，我们党是一个组织严密、纪律严明的无产阶级政党。党的二大、三大对党的中央组织、组织系统与结构、党员等做出了具体规定。党的四大更是将组织建设放到首要和突出的位置。党的六大，第一次提出了"组织路线"的概念，在组织路线发展史上具有重要意义。由于共产国际的错误指导，党的最高领导人陈独秀、瞿秋白，先后犯了右倾和"左"倾的错误，同时他们都是知识分子出身，因此共产国际认为，他们之所以犯错误，与他们的出身有很大的关系。在共产国际的干预下，虽然工人出身但是政治、文化素质都比较低的向忠发被推举为党的最高领导人，而很多优秀的知识分子干部在使用中受到限制。向忠发不仅没有起到党的领袖应有的作用，而且后来在被捕中成为叛徒。之后，由于当时中央领导权落到一些根本不懂得中国国情、却得到共产国际信任的"左"倾教条主义者手中，他们在组织上采取宗派主义手段，把抱有不同意见的干部都看作"机会主义者"，开展"残酷斗争"和"无情打击"，几乎导致革命的再次失败。

1935年1月在遵义召开的中央政治局扩大会议，确立了毛泽东在中共中央和红军的领导地位。1937年11月，王明从苏联回国。由于没有正确的思想方法作为指导，7年前还是"左"倾错误代表的王明，陡然转为右倾错误的代表，他要求共产党要一切服从国民党领导，同时不断挑战毛泽东和中央的权威。1938年9月14日，从苏联回来的王稼祥，传达了共产国际的指示，共产国际高度评价中国共产党的工作，指出在中共中央内部应支持毛泽东的领导地位。党的六届六中全会召开。正是在这次全会上，毛泽东提出了"政治路线确定之后，干部就是决定的因素"的著名论断，并且提出了领导干部的标准是"才德兼备"，干部路线是"任人唯贤"而不是"任人唯亲"。这些论断和论述，标志着中国共产党正确的组织路线已经确立。组织路线确立的过程，凝结着党革命事业成败的经验教训，从某种意义上说是党的干部用智慧、鲜血铸就的。组织路线确定一年之后的1939年，我们党提出了党的建设伟大工程。在正确的组织路线的指引下，党的领导干部的素质能力得到极大提高，全党达到空前团结，并于1945年取得了抗日战争胜利，1949年取得了新民主主义革命胜利。

　　党的组织路线在建设年代的探索中曲折发展。新中国成立后，党的历史方位和历史任务发生了重大变化。早在七届二中全会上，毛泽东就指出党的工作重心由乡村转移到了城市，要求党的干部要学会建设、管理城市，各项工作都要围绕生产建设这一个中心工作来开展。1956年底，社会主义三大改造完成，我国确立了社会主义制度，为了在中国特殊的国情基础上更好地建设社会主义，1957年毛泽东提出"我们各行各业的干部都要努力精通技术和业务，使自己成为内行，又红又专"。"又红又专"成为组织路线的代表性词汇，要求干部既要提高政治敏锐性，又要尽快由各项建设事业的外行变成内行；要求知识分子既要改造政治思想，又要搞好专业研究。20世纪60年代，国际环境日趋紧张，中苏矛盾升级。1964年，毛泽东从防止"出赫鲁晓夫"的角度出发，提出培养革命事业接班人的问题。由于对形势估计过于严重，党的组织路线也随着发生严重偏差，直至发生"文化大革命"，组织路线也遭到践踏。

党的组织路线在改革开放的大潮中丰富创新。1978年召开的十一届三中全会，实现了把全党工作重点转移到现代化建设上来的伟大历史任务。邓小平在1979年7月就提出"思想路线政治路线的实现要靠组织路线来保证"的论断。1979年9月5日至10月7日，中央组织部召开了全国组织工作座谈会，会议确定党在新时期的组织路线主要内容是，使党的组织工作、干部工作促进并确保四个现代化的实现。根据这一组织路线，组织部门的每项工作，都要从有利于经济建设出发，从有利于两个文明建设出发，任何时候都不能离开这个主心骨。1980年12月，中央工作会议召开，邓小平在讲话中第一次完整提出了党的干部队伍建设的"革命化、年轻化、知识化、专业化"方针，并把实现干部队伍"四化"提到了关乎党和国家命运的高度。1981年党的十一届六中全会上，干部队伍"四化"方针首次被写入中央全会文件，后又写入十二大党章。干部"四化"方针的提出，是对党历来强调的德才兼备标准在新的历史条件下的具体应用。20世纪90年代至21世纪初，我们党依据世情国情党情的变化，着眼完成党的历史任务，对干部工作提出了与时俱进的要求。

党的十八大以来，以习近平同志为核心的党中央全面加强党的建设，以壮士断腕的气魄，推进全面从严治党，党的面貌发生了前所未有的变化，党的建设取得了卓著成效。在这种深层次、根本性的党建实践中，新时代党的组织路线应运而生。新时代党的组织路线是十八大以来党的领导和党的建设成功实践的思想结晶，是百年大党建设的历史经验的科学总结，是广泛而深刻的实践基础上的党建理论的重大创新，是对马克思主义党建学说的开创性贡献。

习近平强调："党的历史表明，什么时候坚持正确组织路线，党的组织就蓬勃发展，党的事业就顺利推进；什么时候组织路线发生偏差，党的组织就遭到破坏,党的事业就出现挫折。"新时代党的组织路线为加强党的组织建设提供了科学依据,对实现"两个一百年"奋斗目标和实现中华民族伟大复兴具有重大意义,我们要建立健全包括组织设置、组织生活、组织运行、组织管理、组织监督等在内的完整组织制度体系,握紧组织路线的"方向盘",确保党的事业不走弯路,永葆中国共产党的活力。

握紧组织路线的"方向盘"要坚持和完善党的领导,以科学理论武装全党,为党的组织路线加足"燃料"。新中国成立以来,在中国共产党的坚强领导下,在政治、经济、社会、文化、生态等方面都取得了重大的成绩,实践证明,坚持党的领导,是中国不断向前发展的重要保障。新时代新长征,我们将迎来新的挑战,全党要加强马克思主义特别是新时代中国特色社会主义思想的理论武装,让广大党员能找准政治站位、涵养为民初心、培养创新创造能力,为建立健全党的组织路线提供动力源泉。不断发挥党的组织引领作用,把广大人民群众的力量集中起来,形成团结奋斗的力量,才能全面把握世界百年未有之大变局和中华民族伟大复兴战略全局,有力应对重大挑战、抵御重大风险、克服重大阻力、化解重大矛盾。

握紧组织路线的"方向盘"要加强人才队伍建设,聚天下英才而用之,为党的组织路线储备"零件"。人才是第一资源,畅通人才引进渠道,不断健强人才队伍,是党永葆青春活力的重要途径。在党员发展、干部选用过程中,注重德、能、勤、绩、廉等多方面考察,选出肯干事、能干事、干实事的优秀人才委以重任。把提高治理能力作为新时代干部队伍建设的重大任务,推动形成能者上、优者奖、庸者下、劣者汰的正确导向。加强干部教育培训、深化干部制度改革,不断提高干部理论水平和工作能力。

握紧组织路线的"方向盘"要抓好党的组织制度建设,严密党的组织体系,为党的组织路线校准"航标"。不断建立健全党内政治生活若干准则、党组工作条例、党的工作机关条例等一系列组织建设方面的党内法规，健全维护党的集中统一的组织制度。各级党组织结合实际，让党的组织建设不断制度化、规范化、科学化。党的组织路线要有制度引领，有体系遵循，有方向指引。从中央、地方、基层的各级党组织要发挥好各自的作用，中央作为决策的"最初一公里"要发挥标杆引领作用，地方作为部署的"中间段"要发挥统筹协调作用，基层作为落实的"最后一公里"要发挥战斗堡垒作用，层层履职，层层尽责，把广大群众紧紧团结在党的周围。

◎ 打造铁一般的干部队伍

中国共产党历来十分重视干部队伍建设，并且在长期的实践过程中积累了丰富而宝贵的经验。认真总结这些经验，在新的实践中自觉加以运用并使其不断充实和完善，对于推进党的建设新的伟大工程和社会主义事业，具有重大而深远的意义。这些经验主要体现在以下方面：

制定正确的干部路线、标准和政策是加强党的干部队伍建设的基本前提。首先是实行任人唯贤的干部路线，这是我党干部队伍建设不断取得成就的重要原因。其次坚持德才兼备的干部标准，德才兼备的干部标准的确立为我党建设高素质的干部队伍指明了方向，起到了重要作用；三是贯彻知人善任的干部政策，简言之，就是要有"识才的慧眼、用才的气魄、爱才的情感、聚才的方法"。

坚持思想理论教育、专业知识培训与实践锻炼相结合。首先是不断提高干部队伍整体素质，是加强党的干部队伍建设的核心内容。加强对干部队伍的思想、理论教育。加强对干部队伍的思想教育。不断加强思想教育，是党的干部队伍能够始终保持组织坚强、纪律严密、作风优良，始终保持强大的战斗力的重要保证。加强对干部队伍的理论教育，就是要加强对干部队伍的马克思主义基本理论的教育，用马克思主义基本理论武装广大干部的头脑。其次是加强对干部队伍的专业知识培训。党的干部既要在政治上进步，又要在业务上精深。这就是历来坚持的德才兼备、又红又专的干部标准。各级党校成为培养优秀领导人才的重要阵地。通过各级党校对干部的专业培训和理论培训，使各级领导干部汲取了新的知识，充实了自己，提高了领导水平，保证了决策的科学化，并从整体上提高了党的执政水平。三是加强对干部队伍的实践锻炼，在实践中锻炼干部，是提高干部素质的一条根本途径。我们党在领导革命、建设和改革的各项实践中，锻炼和造就了一大批优秀干部。这也是党的事业能够不断取得胜利的重要原因。

抓好领导班子建设和培养选拔优秀年轻干部，是加强党的干部队伍建设的关键环节。一是抓好领导班子建设，重点是加强领导班子的思想政治建设，选好各级领导班子的"班长"，搞好领导班子的精诚团结。使各级领导班子在马克思的基础上实现和巩固党的团结和统一。二是抓好优秀年轻干部的培养选拔工作。高度重视年轻干部的发现和使用，打破论资排辈，求全责备的陈旧用人观念，拓宽用人渠道，大胆提拔重用年轻干部。加强对年轻干部的教育管理，勉励其刻苦学习，勤奋工作，勇于创新，自觉奉献。促使其发挥长处，改正缺点，弥补不足，努力提高自身素质。各级党委对年轻干部要热情关心，严格要求。敢于把一些重要的、关键性的工作压给他们，使其在实践中得到锻炼和提高；采取各种有效措施，为其健康成长提供良好条件。

建立健全各项干部制度是加强党的干部队伍建设的根本保证。加强干部队伍建设，必须走依靠制度建设的路子。制度问题，是带有根本性、全局性、稳定性和长期性的问题。邓小平曾经指出，我们过去所发生的各种错误，固然与某些领导人的思想、作风有关，但是组织制度，工作制度方面的问题更重要。加强干部制度建设最关键的是抓好以下几个方面：建立健全干部选拔任用制度，建立健全干部管理制度，建立健全干部监督制度，等等。

党的十八大以来，根据新时代对干部队伍建设的新要求，习近平总书记提出"信念坚定、为民服务、勤政务实、敢于担当、清正廉洁"的20字好干部标准，在不同场合根据不同情况又提出"三严三实""四有""四个铁一般"等要求，对党的高级干部、县委书记、政法干部、军队干部、少数民族干部、国有企业领导人员等，分别提出具体要求，细化、丰富了20字好干部标准。习近平总书记的这些要求继承了中华民族重德的优秀传统，体现了我们党对干部的一贯要求，同时赋予"德才兼备、以德为先"新的时代内涵，体现了时代性和先进性。特别是按照马克思主义先进性政党的要求，把德在新时代的要求加以具体化、明确化，强调把政治标准放在第一位，政治标准是硬杠杠。这一条不过关，其他都不过关。如果政治不合格，能耐再大也不能用。这些重要思想，抓住了新时代干部工作的核心问题，为选人用人树立了时代标杆。

政治路线确定之后，干部就是决定因素。习近平强调："实现全面建成小康社会奋斗目标、实现中华民族伟大复兴的中国梦，关键在于培养造就一支具有铁一般信仰、铁一般信念、铁一般纪律、铁一般担当的干部队伍。"深刻把握这一重要论断的精神实质，把四个"铁一般"牢固立起来，培养造就一支铁一般的干部队伍，对于我们党团结带领人民进行具有许多新的历史特点的伟大斗争，坚持和发展中国特色社会主义，具有十分重要的意义。

要把铁一般信仰牢固立起来。信仰关乎一个人的精神境界，关乎一个政党的目标指向，关乎一个民族的兴衰存亡。马克思主义是我们党的根本指导思想，是党员干部必须牢固树立的铁一般信仰。党员干部把铁一般信仰牢固立起来，就要深入学习马克思列宁主义、毛泽东思想和中国特色社会主义理论体系，要深入学习习近平新时代中国特色社会主义思想。党员干部要发自内心真信、真学、真用马克思主义特别是马克思主义中国化最新成果,不断提高辩证思维能力和战略思维能力;既学经典又讲新话,把马克思主义作为行动指南,不断推进马克思主义中国化时代化大众化。只有把铁一般信仰牢固立起来,才能在大是大非面前保持政治辨别力和前进动力,在理论创新和实践创新的良性互动中把握和运用21世纪中国的马克思主义。

要把铁一般信念牢固立起来。坚定理想信念,坚守共产党人的精神追求,始终是共产党人安身立命的根本。百年来,一代代中国共产党人正是基于对共产主义和社会主义的坚定信念,经受住了血与火的考验,经受住了国际风云变幻的风险挑战,团结带领人民夺取一个又一个胜利。新的时代条件下,党员干部把铁一般信念牢固立起来,就是要把对共产主义和社会主义尤其是中国特色社会主义的铁一般信念牢固立起来。坚定的信念来源于坚定的自信。共产党人要坚定中国特色社会主义道路自信、理论自信、制度自信、文化自信,坚信只有中国特色社会主义才能发展中国,矢志不移把我们正在做的事情做好,切实把铁一般信念转化为坚持和发展中国特色社会主义的生动实践。

要把铁一般纪律牢固立起来。我们党是靠革命理想和铁的纪律组织起来的马克思主义政党,守纪律是对党员干部党性的重要考验和对党忠诚度的重要检验。站在新的历史起点上,我们党肩负新的历史使命、面临新的复杂形势,必须把纪律建设摆在更加重要的位置,把铁一般纪律牢固立起来。严明纪律在马克思主义政党建设中具有极端重要性。如果不严明纪律,党的凝聚力和战斗力就会大大削弱,党的领导能力和执政能力就会大大削弱。要把严明政治纪律和政治规矩置于最重要、最根本、最关键位置,坚决贯彻落实习近平同志提出的"五个必须",全党向中央看齐,自觉维护中央权威;深入学习以党章为统领的党规党纪,切实把遵守纪律贯穿到日常工作和点滴言行之中,自觉做政治上的明白人,坚决维护党的团结统一。

把铁一般担当牢固立起来。国家兴亡,匹夫有责。勇于担当是中华优秀传统文化的精华,也是中国共产党人的高尚政治品格。今天,我们党自觉把实现"两个一百年"奋斗目标和中华民族伟大复兴的艰巨使命扛在肩上,把人民对美好生活的向往作为奋斗目标,传承着几代中国共产党人的责任担当意识。党员干部把铁一般担当牢固立起来,就要把党和人民赋予的职责看得比泰山还重,做到守土有责、守土负责、守土尽责;把"三严三实"要求贯穿于用权、创业、做人全过程,深刻理解有权必有责、权力受监督、滥权失职要追责;敢于坚持原则,敢于较真碰硬,面对大是大非敢于发声亮剑,面对矛盾困难敢于迎难而上,面对危机险情敢于挺身而出,面对歪风邪气敢于坚决斗争。

"培养一名飞行员要花相当于其体重一样重的黄金"。同样的道理,培养一领导干部,也需要倾注党组织的极大心血和精力,才能使其成为党和人民满意的好干部。成为党和人民满意的好干部,不仅要抵制外在的诱惑,更需要坚持内在的操守。习近平干部建设观从干部信念、干部本领、干部修养、干部作风四个方面系统论述了成为一名党和人民满意的好干部的必备条件。因此,中国共产党人应从中汲取有益经验,不忘初心、牢记使命,为推进新时代中国特色社会主义事业贡献更大的力量。

◎ 培养造就伟大复兴的接班人

我们党立志于中华民族千秋伟业,百年恰是风华正茂。实现中华民族伟大复兴,坚持和发展中国特色社会主义,归根到底在培养造就一代又一代可靠接班人。这是党和国家事业发展的百年大计。

接班人,是基于无产阶级革命事业、社会主义事业而产生的,是中国共产党为了发展和实现共产主义事业而培养的。因此,接班人具有阶级属性和意识形态属性。

首先,接班人是事业接班人。从毛泽东到习近平,一直强调接班人的"事业性"。习近平指出:"坚持马克思主义,坚持社会主义,一定要有发展的观点。我们的事业越前进、越发展,新情况新问题就会越多。"共产党培养的接班人,是着眼于这项"事业",是着眼于这项"事业"的领导权是否被真正马克思主义者所掌握。

其次,接班人是政治接班人。接班人属于无产阶级阵营,必须接受马克思列宁主义的世界观、价值观和人生观的引导。共产党培养的接班人,是党的事业的接班人,具有工人阶级先锋队色彩,体现为人民服务的政治理念。接班人中的权力接班人,就是政治接班的最直接表现。接班人手中的"权力"只能传递给同属共产党阵营的后备力量,而不能传递给其他政党、其他组织。习近平指出:"在中国特色社会主义道路上实现中华民族伟大复兴,是无比壮丽的崇高事业,需要一代又一代中国共产党人带领人民接续奋斗。今天,历史的接力棒传到我们手里。"

再次,接班人是岗位接班人。在中国革命、建设和改革的历程中,建设社会主义从来都不是凭空的口号、绚丽的装饰,而是一代又一代接班人通过自己的工作干出来的。新中国成立以来,接班人带领广大人民群众在马克思主义理论指导下,结合中国国情,不畏艰险、攻坚克难,创造出可歌可泣、波澜壮阔的社会主义宏伟大业,这无不体现了接班人的实干精神。习近平指出:"空谈误国,实干兴邦""我们一定要始终与人民心心相印、与人民同甘共苦、与人民团结奋斗,夙夜在公,勤勉工作,努力向历史、向人民交出一份合格的答卷。"可见,接班人,是事业接班人、政治接班人、岗位接班人,而不是个人接班人、领导接班人、政党接班人。社会主义事业需要"千百万"接班人去开拓,而不是仅靠"少数人"去开拓。

第八章 精英汇聚的人才优势

我们需要什么样的接班人？20世纪50年代后，毛泽东敏锐地觉察到以美国为首的帝国主义国家将"和平演变"社会主义国家的希望寄托在这些国家的第三代、第四代领导人身上的图谋，总结国际共产主义运动历史的经验教训，特别是苏联共产党的经验教训，从确保党和国家长治久安的需要出发，提出了培养千百万无产阶级革命事业接班人的战略任务。1964年，毛泽东提出了无产阶级革命接班人的五项标准。这就是：第一条，要懂得马克思主义，懂得多一些更好。就是说，要搞马克思主义，不搞修正主义。第二条，要为大多数人谋利益，为中国人民大多数谋利益，为世界人民大多数谋利益，不是为少数人，不是为剥削阶级。没有这一条，不能当支部书记，更不能当中央委员。第三条，要能够团结大多数人。所谓大多数人，包括从前反对自己反对错了的人。不管他是哪个山头的，不要记仇，不能"一朝天子一朝臣"。要团结广大群众，团结广大干部。第四条，有事要跟同志们商量，要充分酝酿，要听各种意见，反对的意见也可以让他讲出来。要讲民主，不要"一言堂"；要搞民主作风，不能搞家长作风。第五条，自己有了错误，要作自我批评。不要总认为自己对，好像真理都在自己手里。不要总是认为自己才行，别人什么都不行，好像世界上没有自己，地球就不转了。这五条标准，既包括了世界观、人生观和价值观，又包括了领导作风和工作方法。这是中国共产党在长期革命和建设实践中选拔和培养干部的经验总结，也是结合执政以来的实践和鉴于苏联的教训提出来的标准。

毛泽东认为，培养和造就无产阶级革命事业接班人的问题，从根本上说，是老一辈无产阶级革命家所开创的革命事业是不是后继有人的问题，是将来党和国家的领导权能不能继续掌握在无产阶级革命家手中的问题，是我们的子孙后代能不能沿着马克思列宁主义的正确道路继续前进的问题。毛泽东强调，无产阶级革命事业的接班人，不是在学校里、书斋里培养的，而是在社会实践中造就的，是在大风大浪中成长的。毛泽东提出，为了保证我们的党和国家不改变颜色，我们不仅需要正确的路线和政策，而且需要培养和造就千百万无产阶级革命事业的接班人。

习近平总书记指出，实现中华民族伟大复兴，坚持和发展中国特色社会主义，关键在党，关键在人，归根到底在培养造就一代又一代可靠接班人。"一代又一代"，说明我们党和国家的事业是长期的，需要一批又一批优秀年轻干部接续奋斗。我们既要着眼于近期需求，也要着眼于长远战略需要，培养选拔一定规模、数量充足的优秀年轻干部，确保我们的各条战线、各个领域、各个行业都有优秀年轻干部坐镇，为党团结带领人民进行伟大斗争、建设伟大工程、推进伟大事业、实现伟大梦想提供源源不断的人才支撑，为党和国家事业发展注入新的生机活力。

"可靠"，说明我们培养选拔的优秀年轻干部要质量优良，必须忠实贯彻新时代中国特色社会主义思想、符合新时期好干部标准、忠诚干净担当、充满活力、高素质专业化。

要将忠诚进行到底。优秀年轻干部必须对党忠诚，坚持走中国特色社会主义道路，坚定不移听党话、跟党走。要始终做到思想上认同党、政治上依靠党、工作上服从党、感情上信赖党，把自身的前途命运同国家和民族的前途命运紧紧联系在一起。这种忠诚，既是个人的，又是整体的；既是思想的，又是实践的。只有具备了绝对忠诚的品格，才能在理想信念的强大向心力下，成为让党放心的人、群众可信赖的人。

要本领过硬、令人信服。优秀年轻干部要有足够本领来接班。必须加强学习、积累经验、增长才干，提升承担重任的能力；必须自觉向实践学习、拜人民为师，坚持"纸上得来终觉浅，绝知此事要躬行"，始终做到知行合一；必须沉下心来干工作，心无旁骛钻业务，坚持"世上无难事，只怕有心人"，全心全意"干一行、爱一行、精一行"，争做党和国家事业的急先锋；必须信念如磐、意志如铁、勇往直前，坚持"宝剑锋从磨砺出,梅花香自苦寒来",遇到挫折撑得住,关键时刻顶得住,扛得了重活,打得了硬仗,经得住磨难,时刻保持昂扬向上的奋斗姿态。

要把当老实人、讲老实话、做老实事作为人生信条。"空谈误国,实干兴邦。"一代又一代可靠接班人,须是一代又一代实诚人、实干家。要树立"不让老实人吃亏"的鲜明导向,讲担当、重担当,选拔那些公道正派有能力的优秀年轻干部到领导岗位上;要教育引导年轻干部强化自我修炼,正心明道,防微杜渐,做到有原则、有底线、有规矩,说话不打"白条"、做事不打"欠条",在直面问题、解决问题的过程中撑起"可靠"的高度、让群众感受到"可靠"的温度。

硬实力、软实力,归根到底要靠人才实力。培养造就一代又一代可靠接班人工作,抓住的是当下,传承的是根脉,面向的是未来,攸关党和国家前途命运。培养一代又一代可靠接班人,非一日之功,须久久为功。每一代可靠的接班人,都要培养下一代可靠的接班人。必须增强大局意识和全局观念,健全完善年轻干部培育、选拔、管理、使用环环相扣又统筹推进的全链条机制,形成优秀年轻干部不断涌现的生动局面,把各方面各领域优秀领导人才聚集到执政骨干队伍中来,为实现中华民族伟大复兴的中国梦提供充足干部储备和人才保证,为实现中华民族伟大复兴中国梦造就一代又一代可靠接班人。

第九章

独立自主的精神优势

　　独立自主是立党兴党之魂。对中国共产党来说,"独立自主"包含着十分深刻而丰富的经历和内涵。遵义会议是中国共产党走上独立自主道路的开端和标志。回顾中国共产党走上独立自主道路的历程,经过大革命的洗礼,懂得了在中国实行民主革命必须从农村开始,并与其他力量合作建立统一战线的问题;经过土地革命战争的锻炼,找到了农村包围城市这个适合中国国情的革命道路,并系统总结出了如何走这条道路的方法。也正是在这样一个过程中,中国共产党逐步实现了党的缔造者们从建党之前就渴望已久的"独立自主"。百年来,中国共产党始终把马克思主义基本原理同中国具体实践相结合,制定正确的理论、路线和方针政策,带领全国各族人民走上中国特色社会主义道路,国家综合国力显著增强,各项事业蓬勃发展,人民生活水平不断提高,党的执政能力不断提高。

◎ 伟大而独特的精神气质

任何人都有自己的精神气质，政党也是如此。精神气质的好坏与健康，从底色上影响甚至决定着一个人的品性、一个政党的品格。政党的精神气质既是先天的、稳定的，又能够在社会实践中因后天条件影响而不断调整变化。当然，如同精神气质会受到个人世界观、价值观、人生观影响一样，政党的精神气质同样会受到其世界观、价值观、人生观的影响。不同世界观、价值观、人生观指导下的政党，其精神气质是不一样的。政党在革命斗争和社会实践中会表现出不同的精神形式，这些精神形式具有相通相融的共性和基础性的内核，而内核就是精神气质。中国共产党之所以能由小变大、从弱变强，力挽中华民族于危亡，使中华民族摆脱挨打而站起来、解决挨饿而富起来、带领全党全国人民强起来，与其精神气质有着巨大的关系。中国共产党的精神气质在中国革命、建设和改革的过程中不断得到锤炼并趋于稳定。

中国共产党作为马克思主义的无产阶级政党，中国共产党自诞生就具有一种独特的精神气质，这种精神气质决定着中国共产党的品格和精神表现。一以贯之于我们党百年历史进程中的精神气质，在不同历史时期以不同的精神形式表现出来。革命时期，我们党形成了红船精神、井冈山精神、苏区精神、长征精神、南泥湾精神、延安精神、西柏坡精神等；建设时期，我们党形成了铁人精神、大庆精神、雷锋精神、焦裕禄精神、红旗渠精神、"两弹一星"精神等；改革开放新时期，我们党形成了特区精神、抗震救灾精神、载人航天精神、抗洪精神、抗疫精神等。这一系列伟大精神无不体现出中国共产党的精神气质。正是这种精神气质支撑着我们党为求人民解放和民族独立，在革命中以各种形式的精神表现，诠释出共产党人不畏艰险、坚守信念的斗争精神；为探索建设社会主义新中国，在建设中以各种形式的精神表现，释放出共产党人艰苦奋斗、无私奉献的创业精神；为国家富强、民族振兴和人民幸福，在改革开放中以各种形式的精神表现，展现出开拓创新、求真务实的改革创新精神。

党的精神气质源自科学的理想信念。政党的精神气质，唯有在先进的科学思想指导下才能产生，才会健康。一个党员唯有树立科学而坚定的理想信念和崇高信仰，才能把党的精神气质内化为自己的精神气质，并在党组织内不断涵养。正如恩格斯所说的，"我们党有个很大的优点，就是有一个新的科学的世界观作为理论的基础"。中国共产党正是因为有马克思主义这一科学世界观作为理论基础，才与生俱来地拥有了健康的精神气质。中国共产党人正是因为树立了坚定的理想信念和崇高信仰，才会在革命、建设和改革中表现出良好的精神状态。正是因为我们党具有健康的精神气质和良好的精神面貌，才能在人民群众中产生强大的向心力和凝聚力，才能赢得广大人民群众的无私拥护和充分信任。我们加强理想信念与信仰教育，就是要解决好世界观、人生观、价值观这个"总开关"问题，使共产党人挺起精神脊梁，自觉做共产主义远大理想和中国特色社会主义共同理想的坚定信仰者和忠实实践者。为了更好地涵养共产党人对使命的忠诚精神和对责任的担当精神，党的十八大以来，我们党开展了"两学一做""不忘初心，牢记使命"学习教育，并取得了较好的效果。未来，我们要进一步加强党的先进性和纯洁性、提高党的长期执政能力、巩固党的执政地位，进一步推动全面从严治党，净化党内政治生态，培育和涵养出纯粹的精神气质和饱满的革命精神、斗争精神、改革精神、创新精神，在全面建设社会主义现代化进程中、实现"两个一百年"奋斗目标和中华民族伟大复兴的斗争中、推动人类命运共同体的构建中，勇往直前、奋发有为。

使命感与责任感是党重要的精神气质。回顾中国共产党百年的奋斗历程，使命感与责任感是共产党人最为独特而显著的精神标识。中国共产党是一个使命型和责任型相统一的政党。这些使命和责任凝结在精神气质中。党的十九大报告明确指出，"中国共产党人的初心和使命，就是为中国人民谋幸福，为中华民族谋复兴。这个初心和使命是激励中国共产党人不断前进的根本动力"。习近平总书记指出，"我们所做的一切都是为人民谋幸福，为民族谋复兴，为世界谋大同"。这些语言深刻地体现出了中国共产党的使命感与责任感，也体现了我们党的精神气质。最为关键的是，这些使命和责任体现在我们党的伟大实践中。革命时期，许多革命先辈为了民族独立解放、国家繁荣富强而作出牺牲；在建设和改革开放时期，共产党人为了人民幸福、国家富强和民族振兴而无私奉献，许多可歌可泣的英雄事迹和英雄人物不断涌现。我们党百年的历史，就是一部不断实现使命和履行责任的历史。

新时代，中国共产党担负着新的历史使命和责任。于民族、国家而言，是要团结带领全国各族人民全面建成社会主义现代化强国，实现中华民族伟大复兴。于世界而言，是要高举中国特色社会主义伟大旗帜，使科学社会主义在二十一世纪的中国焕发出强大的生机活力。于人类社会而言，是要拓展发展中国家走向现代化的路径，为解决人类问题贡献更多的中国智慧和中国方案。当然，完成这些新的历史使命和责任，会面临新的风险、新的挑战、新的困难，但只要我们党的精神气质在，就会源源不断地产生强大的精神力量，从而化解风险、战胜挑战、克服困难，逐步完成使命与责任。

革命文化是党独特的精神基因。习近平总书记强调，"在党和人民伟大斗争中孕育的革命文化，积淀着中华民族最深层的精神追求，代表着中华民族独特的精神标识。"从根本意义上讲，革命文化是中国共产党独特的精神基因，是我们党能够从小到大、由弱变强，始终走在时代前列的核心竞争力。独特的精神基因，锻造了中国共产党这一"史上最牛团队"。

首先，革命文化是中华民族革命斗争史的文化凝聚。作为中国共产党独特精神基因的革命文化，不是凭空产生的，而是在中华民族反抗侵略、追求富强民主的伟大斗争中凝聚而成的。革命文化传承和升华了中华优秀传统文化的合理内核，把马克思主义普遍真理与中国革命实践有机结合起来，成为中国文化自信的优质基因。这种优质基因决定了中国共产党在革命和发展实践中，忘我奋斗、锐意进取，带领中国人民从胜利走向胜利。因此，革命文化源于实践又引领实践。正如毛泽东所强调的，"革命文化，对于人民大众，是革命的有力武器。革命文化，在革命前，是革命的思想准备；在革命中，是革命总战线中的一条必要和重要的战线。"

其次，革命文化构建了中国共产党精神图谱的基本内核。就像人的基因决定了人的性状、功能和行为一样，中国共产党的精神基因图谱，就像一幅生命的蓝图，引领我们党在严酷的斗争中适应环境、保存优势、生存进化。它确立了"把中国引向光明"的理想目标。作为与"黑暗"相对立而存在的"光明"，体现了中国共产党所追求的根本理念、终极价值目标，是合乎全人类利益、合乎人性发展的，它以马克思主义信仰、共产主义理想信念为表征，是中国革命胜利的一种精神动力，成为中国共产党人的政治灵魂，科学回答了"我们要到哪里去""我们的未来是什么样的""我们怎样实现这一目标"的终极性问题。它确立了我们党全心全意为人民服务的根本宗旨。70多年前，毛泽东在延安的窑洞前响亮地喊出"全心全意为人民服务"，绝非空洞的说教，而是对我党核心价值的高度凝练。在改革发展时期，习近平总书记反复强调"为人服务，担当起该担当的责任"的执政理念，发出"人民对美好生活的向往，就是我们的奋斗目标"的庄严承诺，正是我们党精神基因的延续体现。它确立了中国共产党人"不怕牺牲，排除万难"的意志品质。这种不屈不挠的勇气和自强不息的志气，使共产党人无论是在革命年代还是改革时期，始终保持一种"要有肝胆，要有担当精神"的积极进取态度，始终保持一种敢于藐视和压倒一切困难，顽强拼搏,去争取胜利的精神气概。在革命年代,它体现为共产党人勇于革命、不怕牺牲的精神。在深化改革时代,则反映在不惧困难、敢啃硬骨头的"不怕苦"精神上。咬定青山不放松,任你东西南北风;不因困难而退却,不因痛苦而放弃。这些,都成为中国共产党人的精神气质。

再次,革命文化塑造了中国共产党人的理想人格。共产党人干事业,一靠真理的力量,二靠人格的力量。在延安时期,毛泽东同志用"高尚的人,纯粹的人,脱离了低级趣味的人,有道德的人,有益于人民的人"这"五种人"形象地描摹了共产党人理想的精神意象,展现了人类精神世界良好美善的崇高天地。革命文化作为中国共产党独特的精神基因,以对世界观、人生观、价值观的立场阐述,为共产党人理想人格塑造提供了指南。就世界观而言,革命文化以对生死问题的价值判断,强调"为人民利益而死,就比泰山还重;替法西斯卖命,替剥削人民和压迫人民的人去死,就比鸿毛还轻",展示了共产党人的精神永生。就人生观来看,革命文化所赞颂的毫不利己专门利人精神,彰显出共产党人对工作极端负责,对同志对人民极端热忱的精神风貌,反对那种对待同志"冷冷清清,漠不关心,麻木不仁"的极端个人主义。在价值观方面,革命文化推崇"为人民的利益坚持好的"与"为人民的利益改正错的"相统一,展现了共产党人自我完善、自我净化的内在力量。因此,源自革命文化的独特精神基因,规定着中国共产党实践的目的和方向,指导着中国共产党对理想道德"至善"的选择,决定着共产党人具体行为目标的取舍和人生力量的释放,使之为正义而崇高的事业不懈奋斗。

◎ 精神上由被动转为主动

百年前,十月革命一声炮响,给中国送来了马克思列宁主义。中国先进分子从马克思列宁主义的科学真理中看到了解决中国问题的出路。在近代以来中国社会的剧烈运动中，在中国人民反抗封建统治和外来侵略的激烈斗争中，在马克思列宁主义同中国工人运动的结合过程中，中国共产党应运而生。从此，中国人民谋求民族独立、人民解放和国家富强、人民幸福的斗争就有了主心骨，中国人民就从精神上由被动转为主动。习近平总书记指出，中国特色社会主义进入新时代，意味着近代以来久经磨难的中华民族迎来了从站起来、富起来到强起来的伟大飞跃。中国人民在精神上从被动到主动，从站起来、富起来到强起来，既是对近现代中国历史巨变的客观反映，更是对近现代中国人民精神复兴之路的生动体现，集中呈现近现代中国人民精神复兴的心路历程和奋斗轨迹。

马克思主义为中国人民精神主动提供了理论动力。十月革命的一声炮响，给我们送来了马克思列宁主义，让思想冲破牢笼，民族精神获得极大振奋。中国先进分子比较详细地介绍了马克思主义各组成部分的主要观点。在唯物史观方面，他们介绍了社会的发展根源于生产力和生产关系、经济基础和上层建筑相互矛盾运动等观点。在阶级斗争学说方面，着重阐释阶级和阶级斗争的定义，阶级的划分和阶级之间的斗争是基于经济利益的不同观点，以及国家是阶级斗争工具，无产阶级必须掌握政权，建立多数人对少数人的专政等基本思想。特别重视传播阶级斗争和社会发展学说，并把马克思的阶级斗争学说看作是联系马克思主义其他原理的一条"金线"。认识到只有用"阶级战争"和"无产阶级专政"的办法，才是"改造现世界的对症之方，中国也不能外此"，中国先进分子最终选择了马克思主义的科学社会主义作为改造中国社会的武器。马克思主义提供了一种最为整全的、将社会革命与政治革命紧密结合起来的理论，能够对中国人民起到巨大动员、鼓舞和指引作用，给中国先进分子注入了强烈的革命精神，给中国的无产阶级注入了自觉的阶级意识。一旦被中国人民所接受和掌握，就会形成精神主动的强大理论动力，转化为对中国社会进行革命改造的伟大的物质力量。

　　中国共产党的成立形成了领导中国人民精神主动的坚强组织。中国共产党是以马克思主义为指导思想的政党，旗帜鲜明地以完成中国反帝反封建的民主革命、最终在中国实现社会主义和共产主义为自己的奋斗目标和行动纲领。这使得党能以无产阶级先锋队的面貌，迅速从中国各政党和团体中脱颖而出，获得中国工人阶级和其他劳动群众的信赖，为党的建设奠定了坚实的基础，为发动和领导中国革命走向高潮提供了有力的保证。中国共产党的成立，是近代中国革命历史上划时代的里程碑，灾难深重的中国人民有了精神主动的组织者和领导者。从诞生之日起，就充满着勃勃的生机和活力，预示着中国的光明和希望。能够真正承担起领导中国革命的重大责任，成为任何敌人无法压倒的新生政治力量。满怀信心地以改造中国为己任，以坚定的信念为中国人民指明前进方向和奋斗目标。为根本改变中国各族人民被剥削、被压迫的状况，实现民族独立、人民解放和国家富强，为实现共产主义的远大理想，开始了不屈不挠、艰苦卓绝的斗争历程。中国共产党的建立形成了领导中国人民进行革命、建设和改革的领导核心，发挥自己的政治优势和组织优势，把被人视为"一盘散沙"的中国人民团结和凝聚成万众一心的不可战胜的力量，带领中国人民从最悲惨的境遇向着光明前途实现伟大的历史转变，把历史命运牢牢地掌握在自己手里。深刻改变了近代以来中国人民、中华民族的发展方向、进程、前途和命运。

　　建党精神成为中国人民精神主动的源泉。马克思主义改变中国人民精神世界是深刻改变中国的逻辑起点和先决前提，改变中国人民的精神世界既是一场思想解放运动，又是一次革命实践活动。由此而生的"开天辟地、敢为人先的首创精神，坚定理想、百折不挠的奋斗精神，立党为公、忠诚为民的奉献精神"形成了中国人民精神主动的源泉。中国共产党历史上形成的优良传统和革命精神，无不与之有着密切的关系，由它孕育形成了一系列彰显党政性质、反映民族精神、体现时代价值、凝聚各方力量的伟大精神，对党领导的革命、建设和改革事业发挥了无可替代的重要作用。中国人在精神上由被动转入主动，中国共产党把马克思主义基本原理同中国革命具体实践相结合，开创农村包围城市、武装夺取政权的革命道路，实现了马克思主义中国化的第一次历史性飞跃，形成了毛泽东思想。坚持实事求是、群众路线、独立自主，用生命和鲜血铸就了井冈山精神、长征精神、延安精神、沂蒙精神、西柏坡精神……带领中国人民取得了新民主主义革命的胜利，建立了新中国。在社会主义建设时期，党继承革命年代精神，自力更生、艰苦创业，培育而成的大庆精神、"两弹一星"精神、雷锋精神、焦裕禄精神、红旗渠精神……是中国共产党带领中国人民在建设时期精神主动的生动体现。在改革开放历史时期，中国共产党人继续把马克思主义基本原理同中国具体实际和时代特征相结合，开辟中国特色社会主义道路，实现马克思主义中国化的第二次历史性飞跃，形成中国特色社会主义理论体系，作出了决定当代中国命运的关键抉择，培育形成了伟大的改革开放精神。

从精神上由被动转为主动根源于中国共产党"主心骨"作用的发挥。回望历史，近代中国遭遇"三千年未有之大变局"，西方列强的欺凌与压迫，民族文化的自卑与质疑，道路探寻的失败与困惑，造成中国人民精神上萎靡与沉沦，使得民族危机日重、国家危局益剧。风雨如晦、黑夜漫漫中，中国共产党诞生了。这个用马克思主义科学理论武装起来、用共产主义崇高理想凝聚起来的先进的无产阶级政党，以正确的革命主张和坚强的政治领导引领方向，以铁一般的纪律、焕发"兴国之光"的优良作风赢得民心，以铁一般的担当和不怕流血牺牲的模范行动感召人民，以先进思想和理念教育、启发和武装群众，开启人民革命觉悟……在持续的伟大斗争实践中，中国共产党支撑起全民族救亡图存、谋求复兴的希望，当之无愧成为中国人民的"主心骨"。正是有了这个"主心骨"，在这个"主心骨"

坚强领导下，中国人民才一扫迷茫、步出被动的泥沼，开始以自觉、自信、自强的精神状态进行革命、开创属于自己的世界，真正成为国家、民族和自己命运的主人。

从精神上由被动转为主动体现在中国共产党带领人民坚定不移走自己的道路。中国共产党成立后，始终坚持把马克思主义基本原理同中国具体实际相结合，不被动接受、生搬硬套他国模式和道路，而是坚持推进马克思主义中国化，主动探索适合中国国情的正确道路。从新民主主义革命胜利、建立新中国，到完成社会主义改造、确立社会主义基本制度，再到进行改革开放伟大实践、开创和发展中国特色社会主义，我们党团结带领全国各族人民开辟出走得通并且走得畅、走得好的中国特色社会主义道路，引领我们的国家和民族持续走向繁荣富强。党的十八大以来，沿着这条正确道路，以习近平同志为核心的党中央继续进行理论、制度和实践创新，形成习近平新时代中国特色社会主义思想，实现马克思主义中国化的又一次飞跃，推动党和国家事业取得历史性成就、发生历史性变革，把复兴之路上的中华民族带入一个新的境界。思想如火炬，照亮更加美好的未来。今天，站起来、富起来的中国人民，既有强起来的强烈愿望，也有强起来的深厚底气和无比自信，以更加昂扬的姿态踏上新征程、迈向伟大复兴。

从精神上由被动转为主动体现在中国用更宽广的胸怀和担当融入和影响世界。改革开放以来，特别是党的十八大以来，我们党团结带领人民不懈奋斗，推动我国经济实力、科技实力、国防实力、综合国力进入世界前列，我国国际影响力、感召力和塑造力实现前所未有的提升，中华民族正以崭新姿态屹立于世界东方。

第九章　独立自主的精神优势

◎ 独立自主是兴党兴国之本

百年来，中国共产党紧紧依靠人民，不断推进马克思主义中国化，坚持独立自主走自己的路，取得革命、建设、改革伟大胜利，久经磨难的中华民族迎来了从站起来、富起来到强起来的伟大飞跃。"不论过去、现在和将来，我们都要把国家和民族发展放在自己力量的基点上，坚持民族自尊心和自信心，坚定不移走自己的路。"习近平总书记关于独立自主的重要论述，强调了无论在什么时候、什么情况下，都必须牢牢把握的立党立国、兴党兴国之本。从自立到自强，从自信到自觉，中国共产党人坚守自己的初心和使命，日益走近世界舞台中央，向世界呈现新兴大国样本。

自立："中国人的道路只能靠中国人独立奋斗来寻找"。在中华民族积贫积弱、任人宰割的时期，各种主义和思潮都想过了，结果都行不通。毛泽东在新中国成立之际郑重宣告："占人类总数四分之一的中国人从此站立起来了。"自立于世界民族之林，依靠全体人民的团结和奋斗，独立自主走自己的路，这是奠定当代中国一切发展进步的根本政治前提和精神根基。一个国家实行什么主义，关键看这个主义能否解决这个国家面临的历史性课题。邓小平曾经说过，中国的事情要按照中国的情况来办，要依靠中国人自己的力量来办。一个有着14亿人口的大国实现现代化，在人类历史上没有先例可循，中国必须走一条属于自己的道路。

自强："靠的就是中华民族自强不息的奋斗精神"。近代以来，中国在现代化进程中一路艰难行走，自立是前提，自强是基础。新中国成立初，毛泽东有一句名言：防止开除球籍。邓小平当年谈到改革开放动因时，斩钉截铁地讲，"贫穷不是社会主义"。时至今日，中华民族由衰到盛，命运被深刻改写。中国从一穷二白到成为世界第二大经济体，从曾经的封闭状态逐渐成为重要贸易国家，"彻底摆脱被开除球籍的危险"，解决了近代以来始终困扰中华民族的历史难题。建设富强民主文明和谐美丽的社会主义现代化强国，实现中华民族伟大复兴，是中华民族近代以来最伟大的梦想。只有创造过辉煌的民族，才懂得复兴的意义，也只有创造过灿烂的中华文明，为人类作出过卓越贡献的中华民族才能称得上"伟大复兴"。我们的国家，我们的民族，从积贫积弱一步一步走到今天的发展繁荣，靠的就是一代又一代人的顽强拼搏，靠的就是中华民族自强不息的奋斗精神。

自信："中国共产党、中华人民共和国、中华民族是最有理由自信的"。中国共产党一经成立，初心不改、矢志不渝，推动中华民族实现了历史上最广泛、最深刻、最伟大的社会变革，凝聚同心共筑中国梦的磅礴力量，使中华民族焕发出新的蓬勃生机。我们的道路自信、理论自信、制度自信、文化自信，来源于实践，来源于人民，来源于真理。我们比历史上任何时期都更接近、更有信心和能力实现中华民族伟大复兴的目标。自信需要战略定力，需要坚定信仰、信念和信心。自信需要刀刃向内、自我革命的勇气，勇于担当责任，敢于直面问题，善于解决问题，关键时刻才能挺直腰杆，顶住冲击，经得起实践、人民、历史检验。只有自信的国家和民族，才能在通往未来的道路上行稳致远。明确中国特色社会主义进入新时代，正是体现了我们党把握历史规律和历史趋势的高度成熟、高度自信和高度自觉。

自觉："走和平发展道路，是中国人民对实现自身发展目标的自信和自觉"。这种自信和自觉，来源于中华文明的深厚渊源，来源于对实现中国发展目标条件的认知，来源于对世界发展大势的把握。中国用几十年时间走完了发达国家几百年走过的发展历程。国际上有些人担心中国会走"国强必霸"的路子，这只是他们自身发展的陈旧逻辑。我国发展站在了新的历史起点上，从被动复兴到主动作为的渴望更为深切，彰显了我们党对人类前途命运的主动思考，也是对世界和平与发展事业的自觉担当。

第九章　独立自主的精神优势

中国共产党人的独立自主思想是在党领导人民进行革命、建设和改革的历史实践和理论探索中形成和发展起来的。它既反映在党的理论阐述中，又体现在党的路线、方针、政策中，为党和人民群众所践行。它来自实践，又指导实践。它接受了实践检验，又在实践中不断升华。它历经多年的发展，具有极为丰富的内涵，既是我们党全部理论和实践的立足点，也是党和人民事业不断从胜利走向胜利的根本保证。无论在什么时候、什么情况下，都必须牢牢把握独立自主这一立党立国、兴党兴国之本。

牢牢把握独立自主这一兴党兴国之本，最核心的，就是要深刻领会并切实做到习近平总书记提出的"三个坚持"。这就是"坚持独立自主，就要坚持中国的事情必须由中国人民自己作主张、自己来处理"；"坚持独立自主，就要坚定不移走中国特色社会主义道路，既不走封闭僵化的老路，也不走改旗易帜的邪路"；"坚持独立自主，就要坚持独立自主的和平外交政策，坚定不移走和平发展道路"。这些重要论述，体现了人类社会发展规律，是对马克思主义社会发展观和国家学说的深刻认识和把握；贯彻了中国共产党、中华人民共和国立党立国的重要原则，是对我们党带领人民进行革命、建设、改革经验的深刻总结；凝结着中华民族的光荣传统和中国人民的集体意志，增强了14亿中国人的道路自信、理论自信、制度自信；指明了中国和中国人民的前进方向，是兴党兴国、强党强国的根本遵循。

牢牢把握独立自主这一兴党兴国之本，最重要的，就是要坚定不移地走中国特色社会主义道路。世界上没有放之四海而皆准的具体发展模式，也没有一成不变的发展道路。人类历史上，没有一个国家或民族通过依赖外部力量、跟在他人后面亦步亦趋实现强大和振兴。中国共产党经过几十年独立自主的艰苦奋斗，终于找到了一条兴党兴国、强党强国之路，这就是中国特色社会主义道路。这条道路，既以经济建设为中心，又全面推进经济建设、政治建设、文化建设、社会建设、生态文明建设以及其他各方面建设；既坚持四项基本原则，又坚持改革开放；既不断解放和发展社会生产力，又逐步实现全体人民共同富裕、促进人的全面发展。"装点此关山，今朝更好看。"中国特色社会主义道路，是实现我国社会主义现代化的必由之路，是创造人民美好生活的康庄大道。我们已经走出一条兴党兴国之路，正沿着这条光明大道勇往直前。

牢牢把握独立自主这一兴党兴国之本，最紧要的，就是要坚持独立自主的和平外交政策，走和平发展道路。独立自主是中国外交一以贯之的基本原则。我们坚决维护国家主权、安全、发展利益，不信邪、不怕鬼，决不屈服于任何外来压力，我们的民族、我们的国家巍然屹立于世界的东方；改革开放以来，我们凭着"走自己的道路，建设有中国特色的社会主义"的政治勇气和理论勇气，促进了中国人民、社会主义中国、中国共产党的面貌发生了历史性变化。和平发展是中国特色社会主义的必然选择，也是兴党兴国的重要支撑。我们继续高举和平、发展、合作、共赢的旗帜，在国际关系中坚持正确的义利观，弘扬平等互信、包容互鉴、合作共赢的精神，共同维护国际公平正义，致力于维护世界和平、促进共同发展。

牢牢把握独立自主这一兴党兴国之本，最必要的，就是要通过对外开放更好发展自己。兴党兴国，既立足中华大地，也放眼五洲四海，通过扩大对外开放，消化吸收一切于我有利的先进文明成果。兴党兴国，既需稳定的国内环境，也需良好的国际环境。我们坚持奉行互利共赢的开放战略，通过深化合作促进世界经济强劲、可持续、平衡增长，与世界各国共同分享经济全球化的红利。兴党兴国，主要依靠我们自己的力量，同时也尽可能团结一切可以团结的国际人士、利用一切可以利用的国际力量，更好地发展中国、繁荣中国。

当今世界变局百年未有，人类又一次站在了十字路口。中国共产党是世界上最大的政党。大就要有大的样子。同样，大国要有大国的样子，大国要有大国的担当。独立自主办好自己的事情,就是把我国发展壮大作为最大机遇。全面用好我国发展的历史性重要战略机遇期,在大国走向强国的关键时期,统筹国内国际两个大局,推进动力转换变革,在全球治理体系深刻重塑中顺势而为,乘势而上,为构建人类命运共同体贡献中国智慧和中国方案。

◎ "中国人的事要自己干"

"中国人的事要自己干",这是毛泽东的名言。比照今天的改革开放,我们应该清楚地认识到,只有坚持改革开放和中国特色社会主义建设不动摇,我们党才可以跳出"历史周期率",中华民族终将迎来伟大复兴。党自1921年建立,至今已经走过百年艰难曲折而光辉灿烂的历程。纵观我们党带领中国人民从站起来到富起来、强起来的伟大历程,我们看到这样一条不变的线索:"中国人的事要自己干",我们党勤于在艰难困苦中实干奋进,善于在复杂斗争中开拓创新。正如习近平总书记所说:"建立中国共产党、成立中华人民共和国、实行改革开放、推进新时代中国特色社会主义事业,都是在斗争中诞生、在斗争中发展、在斗争中壮大的。"面对一切困难而从不被困难所吓倒,身处复杂斗争而不断在斗争中开创新局,这是中国共产党的典型特质。

中国共产党的诞生,就是近现代中国历史发展新局面的一个开端。从此,在中国共产党的带领下,中国革命有了正确的前进方向,中国人民有了强大的精神力量,中国社会的发展有了光明的前景。正因为有了这个新开端,才能在这片古老的土地上书写出人类发展史上惊天地、泣鬼神的壮丽史诗,创建起"中国人从此站立起来了"的新国家。艰难困苦、玉汝于成,毛泽东在新中国成立前夕曾经专门总结中国共产党已经走过的历程及其带来的变化,以充分的事实说明:"自从有了中国共产党,中国革命的面目就焕然一新了。"他还说:"中国人找到了马克思列宁主义这个放之四海而皆准的普遍真理,中国的面目就起了变化了。"毛泽东这里讲的就是马克思主义指导中国共产党人创造性地开创新局面的理论魅力;也是中国共产党人善于把马克思主义普遍真理与中国具体实际相结合,一切从实际出发、实事求是地在斗争中创造新局面的实践魅力。

我们党之所以能够在斗争中开创新局面,除了掌握马克思主义的思想武器以外,还因为她植根于人民群众当中,自觉地把人民当作自己的力量源泉,心中只有人民群众利益,并且善于团结群众、带领群众一道干事创业。我们党深深地懂得,"人民,只有人民,才是创造世界历史的动力""群众是真正的英雄""群众有伟大的创造力"。我们党百年来在伟大斗争中开创的所有新局面,都是源于"在人民中间生根、开花"的结果。

建立社会主义新国家,就是以毛泽东同志为主要代表的中国共产党人,开辟的第一轮伟大的历史新天地。在这一轮新局面中,中国共产党人把马克思列宁主义基本原理创造性地同中国革命具体实践结合起来,创立了毛泽东思想,团结带领全党全国各族人民,经过长期浴血奋斗,完成了新民主主义革命,建立了中华人民共和国。新中国成立后,我们党领导人民在进一步确立社会主义基本制度和探索社会主义建设道路的进程中开创新局面。

开启并持续推进改革开放和中国特色社会主义事业的伟大历程,是中国共产党人干出的又一片新天地,并开创出一轮又一轮伟大的历史新局面。党的十一届三中全会以后,以邓小平同志为主要代表的中国共产党人继续发扬敢于斗争、善于斗争的精神,团结带领全党全国各族人民,深刻总结我国社会主义建设正反两方面经验,借鉴世界社会主义历史经验,创立了邓小平理论,作出把党和国家工作中心转移到经济建设上来、实行改革开放的历史性决策,深刻揭示社会主义本质,确立社会主义初级阶段基本路线，明确提出走自己的路、建设中国特色社会主义，科学回答了建设中国特色社会主义的一系列基本问题，制定了到21世纪中叶分三步走、基本实现社会主义现代化的发展战略，成功开创了中国特色社会主义。这在马克思主义发展史和社会主义运动史上，都是一个伟大的创造。

党的十八大以来，中国特色社会主义进入新时代，也进入了又一片新天地，呈现出新一轮伟大的历史新局面。以习近平同志为主要代表的中国共产党人，团结带领全党全国各族人民，全面审视国际国内新的形势，进行着具有许多新的历史特点的伟大斗争，通过总结实践、展望未来，深刻回答了新时代坚持和发展什么样的中国特色社会主义、怎样坚持和发展中国特色社会主义这个重大时代课题，形成了习近平新时代中国特色社会主义思想，坚持统筹推进"五位一体"总体布局、协调推进"四个全面"战略布局，坚持稳中求进工作总基调，对党和国家各方面工作提出一系列新理念新思想新战略，推动党和国家事业发生历史性变革、取得历史性成就。新时代中国特色社会主义事业"风景这边独好"的新天地和崭新的历史局面、中华民族为实现伟大复兴而"撸起袖子加油干"的新气象，以无可辩驳的事实展现在世人面前。

"勇当先锋，敢打头阵"。中国特色社会主义进入新时代后，习近平总书记深刻指出："越是伟大的事业，往往越是充满艰难险阻，越是需要开拓创新。"并要求我们在前进道路上，要准备进行具有许多新的历史特点的伟大斗争。当今世界正处于百年未有之大变局，我们面临着更加复杂的国内国际形势以及前所未有的挑战。这是一个船到中流浪更急、人到半山路更陡的时候，是一个愈进愈难、愈进愈险而又不进则退、非进不可的时候。习近平总书记在不同场合不断提醒全党同志，中华民族伟大复兴，绝不是轻轻松松、敲锣打鼓就能实现的，实现伟大梦想必须进行伟大斗争，要充分认识这场伟大斗争的长期性、复杂性、艰巨性。

"中国人的事要自己干"要坚持马克思主义的指导地位。习近平总书记指出,"马克思主义坚持实现人民解放、维护人民利益的立场,以实现人的自由而全面的发展和全人类解放为己任,反映了人类对理想社会的美好憧憬"。中国共产党坚持以马克思主义为指导,把马克思主义基本原理同中国具体实际相结合,在实践中不断推进马克思主义中国化,为推进社会革命和自我革命提供了强大思想武器。在中国化马克思主义指导下,我们党带领中国人民推翻三座大山,建立中华人民共和国,实现了民族独立和人民解放,并且从新民主主义过渡到社会主义,取得了社会主义建设巨大成就。经过改革开放以来的不懈奋斗,进入中国特色社会主义新时代的中国人民更加自信、更有底气,在强起来的征程上不断迈出新步伐。

"中国人的事要自己干"要树立共产主义远大理想和中国特色社会主义共同理想。一个国家、一个民族要同心同德向前进,必须有共同的理想信念作支撑。我们党之所以能团结带领中国人民战胜一个个艰难险阻,创造一个个人间奇迹,中华民族迎来从站起来、富起来到强起来的伟大飞跃,一个重要原因就是有共同理想信念的凝聚和鼓舞。在共产主义远大理想和中国特色社会主义共同理想感召和激励下,一代又一代中国共产党人前赴后继、接续奋斗,给中国人民以鲜明精神指引,推动党和国家事业取得历史性成就、发生历史性变革。事实充分证明,始终坚持共产主义远大理想和中国特色社会主义共同理想,始终坚定中国特色社会主义道路自信、理论自信、制度自信、文化自信,我们就能在复杂形势、艰巨任务、严峻挑战前保持高昂斗志,汇聚起攻坚克难、奋力前行的强大精神力量。

"中国人的事要自己干"要尊重和发挥人民群众首创精神。习近平总书记强调,"人民是历史的创造者,群众是真正的英雄""要重视发挥广大基层干部群众的首创精神"。在革命战争年代,我们党把组织发动群众和改善群众生活作为重要任务,把人民群众凝聚成无坚不摧的革命力量。新中国成立后,党领导人民建立人民当家作主的社会主义制度,广大人民群众以主人翁的精神状态积极投身社会主义建设。改革开放以来,我们党坚持解放思想、实事求是、与时俱进、求真务实，充分激发人民群众的首创精神，充分释放人民群众的创造活力，带领人民群众大胆地试、勇敢地改，干出了一片新天地。党的十八大以来，以习近平同志为核心的党中央坚持在发展中保障和改善民生，充分尊重并发挥基层和群众的首创精神，鼓励支持基层结合实际大胆探索、先行先试，带领人民群众创造更加美好的生活，不断增强人民群众获得感、幸福感、安全感，让人民群众成为改革发展的主体和受益者。

我们党领导人民走过的斗争历史充分说明，我们的事业从来都不是一帆风顺的，而是在斗争中诞生、在斗争中发展、在斗争中壮大的。我们民族也是历经磨难的民族，但从来没有被压垮过，而是愈挫愈勇、越难越进，不断在磨难中成长、从磨难中奋起，坚持自己的事情自己干。

◎ 从独立自主到"四个自信"

独立自主与实事求是、群众路线，是毛泽东思想活的灵魂。这一原则直接开启了中国特色的革命道路和中国特色社会主义道路。然而，我们党对这个问题的探索经历了一个艰难的历程。回顾历史，中国共产党道路自信、理论自信、制度自信、文化自信，是从毛泽东到习近平历经百年形成与发展起来的。

毛泽东虽然没有明确提出"四个自信"的概念，但是，早在新民主主义革命时期就形成了"四个自信"的思想。1927年大革命失败后，毛泽东领导秋收起义在进军长沙途中遇挫，决定转向敌人统治力量薄弱的农村。这是毛泽东开创中国革命新道路的开端，从近代中国国情的实际出发，走上了以农村包围城市武装夺取政权的革命道路。在秋收起义以后20多年漫长而艰难的革命征途中，毛泽东对道路自信的初心始终未变。

革命道路的探索不能没有科学理论的指导，因此，道路自信必然源于理论自信。1936年，毛泽东在和埃德加·斯诺谈及1920年赴北京阅读马克思主义著作的情况时说过："我接受马克思主义，认为它是对历史的正确解释，以后，就一直没有动摇过。"这就是毛泽东最初的理论自信，并在此基础上创造性地推进了马克思主义中国化。随着革命实践的发展和认识的深入，与道路自信和理论自信相伴而生的，是毛泽东对新民主主义革命前途是建立社会主义制度的自信。对此，毛泽东在《新民主主义论》等一系列著作中有过深入的论述，其科学性已经实践证明。

中国历史悠久且古代文化发达，可当列强以坚船利炮打开近代中国封闭的大门时，有人主张中国文化本位，有人主张全盘西化。中国文化向何处去？这也就成为中国共产党领导新民主主义革命必须回答和解决的问题。因为近代中国人民选择马克思主义、中国共产党和社会主义，既是政治选择，也是文化认同，所以，毛泽东在《新民主主义论》一文中以新民主主义革命文化自信回答和解决上述问题，为新民主主义革命道路自信、理论自信和制度自信奠定了思想文化基础。

邓小平承前启后，继承毛泽东"四个自信"的思想。正如他在《坚持四项基本原则》的讲话中所说的："过去搞民主革命，要适合中国情况，走毛泽东同志开辟的农村包围城市的道路。现在搞建设，也要适合中国情况，走出一条中国式的现代化道路。"邓小平更加明确地指出："把马克思主义的普遍真理同我国的具体实践结合起来，走自己的道路，建设有中国特色的社会主义，这就是我们总结长期历史经验得出的基本结论。"这是中国特色社会主义道路自信思想的最初表述，也是中国特色社会主义"四个自信"思想形成的开端。历经以江泽民同志为核心的党的第三代中央领导集体，以胡锦涛同志为总书记的党中央的传承与发展，到党的十八大，胡锦涛提出了"道路自信、理论自信、制度自信"的概念。

习近平总书记将马克思主义与当代中国国情和时代特征相结合，丰富深化和发展了中国共产党"四个自信"思想。首先,习近平明确提出了"四个自信"的概念,"全党要坚定道路自信、理论自信、制度自信、文化自信",将胡锦涛在党的十八大上提出的"三个自信"扩展为"四个自信"。其次,习近平总书记论述了"四个自信"的相互关系。2016年5月,习近平指出:"我们说要坚定中国特色社会主义道路自信、理论自信、制度自信,说到底是要坚定文化自信。"2016年7月1日,习近平总书记特别强调:"坚持不忘初心、继续前进,就要坚持中国特色社会主义道路自信、理论自信、制度自信、文化自信……文化自信,是更基础、更广泛、更深厚的自信。"再次,习近平总书记述了"四个自信"的功能。2013年3月,习近平总书记在第十二届全国人大第一次会议的讲话中,在谈及要增强中国特色社会主义道路自信、理论自信、制度自信后接着说:"全国各族人民一定要弘扬伟大的民族精神和时代精神,不断增强团结一心的精神纽带、自强不息的精神动力,永远朝气蓬勃迈向未来。"也就是说,中华民族迈向未来是不能没有精神动力的强劲推动的。习近平总书记指出:"一个没有精神力量的民族难以自立自强。"坚定中国特色社会主义"四个自信",就是中华民族实现伟大复兴的精神动力,这是对"四个自信"功能的明确表述。综上所述,中国共产党"四个自信"思想是从毛泽东到习近平,历经百年逐步形成和发展的,是历史经验的总结,是未来发展的引擎。

从独立自主到"四个自信"这一系列成就背后的精神力量是什么?或者说,强起来的精神支撑何在?有三个关键词值得重视,那就是自主、自强、自信。

自主,即独立自主探索革命、建设、改革道路的高度自觉与一贯遵循。与一些发展中国家模仿和依附西方发达资本主义国家的发展模式不同,中国共产党和中国人民始终把国家和民族发展放在自己力量的基点上。坚持民族自尊心和自信心,坚定不移走自己的路,支撑着中国共产党和中国人民走符合中国实际的革命、建设、改革道路，创造了站起来—富起来—强起来的"中国奇迹"。历史和现实一再证明，没有一个民族和国家可以通过依赖外部力量、跟在他人后面亦步亦趋实现强大和振兴。那样做的结果，不是必然遭遇失败，就是成为他人的附庸。正是基于这一识见，习近平总书记强调：独立自主的探索和实践精神，坚持走自己的路的坚定信心和决心，是我们党全部理论和实践的立足点，也是党和人民事业不断从胜利走向胜利的根本保证。

自强，即实现中华民族伟大复兴的明确意识和担当精神。"天行健，君子以自强不息。"这种自强不息的奋斗精神，支撑着5000多年中华文明薪火相传、迭创辉煌。近代以来，中华民族饱经磨难，甚至面临亡国灭种的绝境。面对空前危难，中华儿女没有自甘沉沦，而是在困境中觉醒和振作起来，毅然决然踏上救亡图强、实现民族复兴的伟大征程。正是秉持自强不息的奋斗精神，中国共产党和中国人民众志成城、浴血奋战，付出巨大牺牲和代价，推翻"三座大山"，建立人民当家作主的新中国，取得了站起来的伟大胜利；正是秉持自强不息的奋斗精神，中国共产党和中国人民筚路蓝缕、勇毅前行，在探索和挫折中不断校正航向，实现了从一穷二白到世界第二大经济体的历史性跨越，铸就了富起来的新辉煌；正是秉持自强不息的奋斗精神，中国共产党和中国人民励精图治、富而思进，"五位一体"系统发力，"四个全面"协调推进，综合国力再上新台阶，谱写了强起来的新篇章。可以说，没有自强不息的奋斗精神，就不可能实现站起来—富起来—强起来的"三级跳"。

自信，即推进中国特色社会主义伟大事业的执着信念和战略定力。一个世纪以前，青年毛泽东写下了"自信人生二百年，会当水击三千里"的豪迈诗句。这种革命英雄主义气概后来转化为他对社会主义和共产主义的坚定信仰、对中华民族伟大复兴的执着信念。一个世纪后的今天，历经艰辛曲折的中国共产党和中国人民成功开辟和拓展中国特色社会主义道路，中华民族伟大复兴的壮丽图景已然在望。我们完全有理由充满自信、增强定力。这种自信，就是道路自信、理论自信、制度自信、文化自信；这种定力，就是坚持和拓展中国特色社会主义道路、丰富和发展中国特色社会主义理论体系、坚持和完善中国特色社会主义制度、繁荣和发展中国特色社会主义文化的战略定力。有了这份自信和定力，我们才能"乱云飞渡仍从容""千磨万击还坚劲"，创造强起来的丰功伟绩。

一个国家和民族的发展之路虽然漫长，但关键处常常只有几步。在实现中华民族伟大复兴的关键历史节点上，进一步确立强起来的精神支撑，进一步明确自强、自信、自主的内涵和要求，能使我们在复兴之路上行稳致远，持续书写强起来的辉煌篇章。

◎ 高擎自力更生的伟大旗帜

习近平总书记多次强调"自力更生"。他指出，"中华民族奋斗的基点是自力更生，攀登世界科技高峰的必由之路是自主创新"。新中国成立以来，中华大地发生了翻天覆地的变化，这是亿万中国人民依靠自己的力量取得的辉煌成就，是自力更生的史诗。前进道路上，我们要实现"两个一百年"奋斗目标、实现中华民族伟大复兴的中国梦，必须一如既往地继承和发扬自力更生精神，靠自己的拼搏，齐心合力、砥砺奋斗。

独立自主、自力更生是坚持实事求是，一切从实际出发，依靠人民群众进行革命和建设的必然结论。独立自主、自力更生和实事求是、群众路线一起，成为贯串毛泽东思想各个组成部分的基本立场、观点和方法，是中国共产党一切工作的立足点、出发点。

独立自主、自力更生，最根本的是：一个国家的共产党要领导革命和建设取得胜利，必须首先立足于本国，从本国的实际出发，依靠本国的革命力量和人民群众的奋斗，把马克思主义基本原理同本国的具体实际结合起来，走出一条适合本国国情的正确道路，把本国的革命和建设事业做好。

自力更生的基本要求就是艰苦奋斗、奋发图强。在几千年的悠久历史中，中华民族一次次在逆境中奋进崛起，彰显了自力更生、奋发图强的精神，正如毛泽东深刻指出的那样："我们中华民族有同自己的敌人血战到底的气概，有在自力更生的基础上光复旧物的决心，有自立于世界民族之林的能力。"

自力更生体现了深刻的马克思主义基本原理。一是群众史观原理。历史是人民群众创造的，人民群众创造了物质财富、精神财富，是社会变革的决定力量。一个国家、一个民族的革命建设成就，归根结底是依靠自己的人民实实在在干出来的。这是自力更生精神的核心。二是内外因原理。辩证法认为，事物发展的根本原因是内因，外因是条件，外因通过内因起作用。一个国家、一个民族的发展也需要内外因两个条件。自力更生就是强调事物的内因。

风雨如磐近百年，我们党在领导革命、建设、改革的长期实践中，形成了"自力更生、艰苦奋斗"的优良传统。党在领导革命、建设、改革长期实践中，历来坚持独立自主开拓前进道路，高擎自力更生的旗帜。《关于建国以来党的若干历史问题的决议》指出，"独立自主，自力更生，是从中国实际出发、依靠群众进行革命和建设的必然结论"。诞生于民族危亡之际的中国共产党，将"自力更生"同党、国家、民族的命运紧密联系在一起，运用马克思主义科学理论，客观分析中国实际，创造性地赋予这一精神以新的内涵。这就是：一个党、一个国家、一个民族的革命建设事业，归根结底还是要依靠最广大人民群众，把立足点放在依靠自己力量的基础上。其核心要义是自信、自立、自强，独立自主地探索适合自己的发展道路，奋发图强把握自己的命运，艰苦奋斗办好自己的事情。在领导中国革命和建设的道路上,毛泽东同志强调:我们的方针要放在什么基点上?放在自己力量的基点上,叫作自力更生。在改革开放过程中,邓小平同志指出:中国的事情要按照中国的情况来办,要依靠中国人自己的力量来办。独立自主,自力更生,无论过去、现在和将来,都是我们的立足点。

党的十八大以来,习近平总书记多次强调"自力更生"。他指出,"不论过去、现在和将来,我们都要把国家和民族发展放在自己力量的基点上,坚持民族自尊心和自信心,坚定不移走自己的路""现在,国际上单边主义、贸易保护主义上升,我们必须坚持走自力更生的道路"。高擎自力更生的旗帜,我们党始终坚持改革开放的政策。中华大地发生了翻天覆地的变化,亿万中国人民依靠自力更生、艰苦奋斗的力量,取得了举世瞩目的辉煌成就。

独立自主、自力更生与对外开放并不矛盾。首先,独立自主、自力更生并不是自我孤立和封闭,更不是盲目排外。中国共产党从成立伊始,就有着世界性的眼光,绝不是自我封闭的政党。其次,中国的对外开放是在独立自主、自力更生基础上的对外开放。40多年来,我们坚持从自身国情出发,摸着石头过河,独立自主地进行探索,走出了一条中国特色社会主义道路。这条道路最鲜明的特征就是改革开放,建立了社会主义市场经济体系。从另一方面来说,当代中国的改革开放也与过去被帝国主义列强侵略而强迫开放有着根本不同。我们是立足于基本国情,从中国人民的根本利益出发的,是为了吸收世界上一切有利因素以促进自身的发展而做出的抉择。正因如此,才使得我国综合国力稳步增强,人民群众的幸福感和获得感稳步提升。这实际上也正是习近平总书记提出的要"不忘改革开放的初心"的重要内涵。可以说,独立自主、自力更生既是改革开放的立足点,也是改革开放过程中形成的重要经验。

独立自主、自力更生是中国革命和建设取得成功的一条基本经验。中国共产党人在长期艰苦卓绝的斗争中逐步领会到,在中国这样一个人口众多和经济文化相当落后的东方大国进行革命和建设,必须把立足点放在自己力量的基础上,走自己的路。抗日战争时期,中国共产党在坚持统一战线中的独立自主原则的同时,发动了"自己动手,丰衣足食"的大生产运动,渡过了难关,为抗日战争的胜利创造了条件。众多的革命经验和教训告诉我们,外部的援助固然重要,但是基本立足点还是要放在自己身上,"要依靠自己的努力和正确的政策,依靠群众,来争取战争的胜利。"正是因为有了这种独立自主、自力更生的精神气质和决心,中国共产党人才能带领广大人民群众在极端困苦的条件下推翻三座大山,建立起新中国,并且在一穷二白的基础上建立起了比较完整的工业体系。邓小平同志在总结我国社会主义建设的历史经验时着重指出:"中国的经验第一条就是自力更生。我们很多东西是靠自己搞出来的。"然而"这并不是说不要争取外援,而是要以自力更生为主。这样,就可以振奋起整个国家奋发图强的精神,把人民团结起来,就比较容易克服面临的各种困难。"

独立自主、自力更生也是实现自身发展,推动全面深化改革、转型发展、脱贫攻坚等的基本立足点和不竭动力。从国际环境来看,和平与发展的时代主题虽然为我们提供了可以集中精力进行经济建设的基本外部条件,但天下并不太平,国与国之间的矛盾纷争从未停歇,局部战争和经贸等方面的斗争日趋激烈。在这样的条件下,唯有把立足点置于自身力量上,放在发展壮大自身的目标上,才能掌握主动权。就国内形势而言,要在一个拥有13亿多人口的国家深化改革,绝非易事。必须既要立足于自身的实际情况和特点,把准方向,审慎而妥善地推进改革,又要敢于担当,敢于啃硬骨头。只要是符合中国人民的根本利益的,只要是有助于增强人民群众的获得感和幸福感的,再难的改革也要敢于向前推进,再难的改革也就有了向前推进的动力、勇气、底气和信心。这也就是习近平总书记所说"我们已经找到了一条适合中国国情的正确发展道路,只要我们紧紧依靠13亿多中国人民，坚定不移走自己的路，我们就一定能战胜一切艰难险阻，不断取得新的成绩，最终实现我们确立的目标"的意义所在。又如，在推动各类企业转型发展过程中，特别是在单边主义、贸易保护主义上升的国际环境下，要始终清醒地认识到，核心技术靠化缘是要不来的，只有依靠自己的力量，通过自力更生倒逼自主创新能力的提升，才能把关键技术、大国重器掌握在自己手里。

在实现中华民族伟大复兴的征程中，毫无疑问，我们还将遇到各种各样的困难、挑战和考验，习近平总书着重提出坚持"走自己的路"和"自力更生"，也表明党对此已有所预见。我们既不能被前进路上的困难和挑战所吓倒，也不能陶醉于已经取得的成绩，看不见前路之艰难。"不论过去、现在和将来，我们都要把国家和民族发展放在自己力量的基点上，坚持民族自尊心和自信心，坚定不移走自己的路"。

◎ 在改革开放中坚持独立自主

改革开放是决定当代中国命运的关键一招，对外开放是中国努力融入世界的一项基本国策。如何在坚持国家主权独立的前提下加入到当代全球化进程，在为人类做出更大贡献的同时发展自己，不仅是世界各发展中国家的追求，也是当代中国共产党人的夙愿。改革开放40多年来，中国共产党人坚持把对外开放与独立自主结合起来，开展自主性对外开放，这既为中国自身发展赢得了广阔的国际舞台，也为世界的稳定和发展作出了巨大贡献。

实践雄辩地证明，独立自主是立党立国、兴党兴国之本，中国的事情要由中国人自己按中国情况来办。民主革命时期中国共产党内多次出现"左"倾和右倾错误，就是因为当时中国共产党的领导人没能从中国的实际出发，独立自主地解决中国问题，而是受外国党的操纵和干预，教条主义地照抄照搬别国的理论和经验，结果给党和党的事业带来极大的危害，甚至几乎葬送中国革命的前程。但是，自从独立领导武装斗争起，中国共产党就开始了对中国革命基本问题的艰难探索，最终得出"农村包围城市，武装夺取政权"的中国革命新道路。从中华人民共和国建立到改革开放前夕，面对帝国主义国家封锁包围、修正主义国家的恫吓威胁时，以毛泽东同志为代表的中国共产党人不怕鬼，不信邪，一直坚持既反帝又反修，捍卫了中国独立自主地位，巩固了中国的大国地位。没有独立自主，就没有中国的大国地位，就没有在世界多极化中一极的地位。

40多年来我们党既坚持改革开放又奉行独立自主，经济建设取得巨大成就，国家主权也得以捍卫。中国民主革命的胜利证明，在中国这样一个人口众多和经济文化相对落后的东方大国进行革命和建设，决定了我们只能走自己的路。而社会主义建设探索的教训也证明，中国不可能在与世隔绝的条件下发展社会主义。中国既不能走封闭僵化的老路，也不能走改旗易帜的邪路，而要走改革开放的新路。

改革开放初期，"左"的错误固然来自于原苏联僵化的传统社会主义体制，但也来自中国根深蒂固的封建专制主义思想观念，在邓小平理论指导下，中国人民解放思想，实事求是，按照独立自主方针，首先克服了来自改革开放前20年间极左思潮泛滥的危害，纠正了像"文化大革命"这样从理论到实践的历史性错误。改革开放40多年，我们党捍卫指导思想上独立自主的斗争主要有三次。一是反对西方发达国家和平演变的斗争。反对和平演变的斗争贯穿着改革开放的全过程，在改革开放中坚持反对和平演变，是我们党在改革开放的历史进程中捍卫独立自主精神的第一次伟大实践，表明中国共产党既吸收世界文明的优秀成果又捍卫民族独立，既坚持独立自主自力更生又坚持对外开放争取外援，明确昭示了中国共产党既不走封闭僵化的老路，也不走改旗易帜的邪路，而要走中国特色社会主义新路的坚定意志,从而推动了中国特色社会主义事业沿着正确的轨道健康发展。二是中国加入世贸组织漫长而又艰难的谈判历程。因中国坚持以发展中国家身份加入世贸组织,并坚持权利与义务平衡、循序渐进开放市场的原则,以确保国家控制国民经济命脉,维护国家经济安全和国家主权。从1986年中国首次提出加入世贸组织的前身——关税与贸易总协定(GATT)开始,就一直遭到以美国为首的西方国家的阻挠,致使谈判极其艰难,历时15年之久,黑发人谈成白发人。最终得以成功加入了这个世界主权国家政府间的经济贸易组织,为深化改革扩大开放、促进经济社会发展赢得了重要的战略机遇期。三是当前正在应对的中美贸易摩擦的艰难斗争。中美贸易摩擦是当今世界上最大的发达国家和最大的发展中国家之间在发展历程中必不可少的一场经济较量,是迟早要来的。其实质就是中国要捍卫可持续发展权利的摩擦和斗争。一方面,2017年1月美国特朗普政府上任提出"美国优先"口号,开始抛弃相互尊重、平等协商等国际交往基本准则,实行单边主义、保护主义和经济霸权主义;另一方面,2017年10月中国共产党十九大明确提出未来建成社会主义现代化强国实现中华民族伟大复兴的发展目标,这场斗争就注定要来。对于这场斗争,我们党既明确宣示"八个坚定"的敢于斗争、独立自主的态度,又表示了"不愿打、不怕打、必要时不得不打"的有理、有利、有节的斗争方针。

概而言之,当代中国的独立自主,既不是退守封闭僵化的传统社会主义老路,也不是重回以对抗代替对话的冷战状态,而是要合理运用国际关系的基本准则和国际组织的运行规则,在独立自主条件下实行对外开放,把自力更生和对外开放结合起来,调动一切积极因素,构建人类命运共同体,为推进新时代中国特色社会主义事业、建成社会主义现代化强国、实现中华民族伟大复兴服务。

未来世界的发展何去何从,取决于我们共同的选择。坚持独立自主与对外开放具有实现中华民族伟大复兴、推动构建人类命运共同体的一致目标，具有增进人民福祉、实现共同发展的相同愿景，对外开放是中国一项长期的基本国策。纵观40多年改革开放历史，独立自主作为中华民族、中国人民和中国共产党的核心气质，将一直成为当代中国改革开放的精神法宝。正如党的十九大报告指出，在改革开放中坚持独立自主，使当代中国走出了一条既实现国家强大又捍卫民族独立的中国特色社会主义道路，拓展了发展中国家走向现代化的途径，给世界上那些既希望加快发展又希望保持自身独立性的国家和民族提供了全新选择，为解决人类问题贡献了中国智慧和中国方案。站在新的历史起点上，中国将继续努力为构建人类命运共同体作出新贡献。

◎ 从独立自主到人类命运共同体

新中国成立70多年来，中国与世界的关系发生了深刻的变化。回顾新中国参与全球化的历史进程，可以分为三个阶段：第一阶段是1949-1978年的独立自主和避免全球化陷阱时期，第二阶段是1979-2001年的主动参与的全球战略时期，第三阶段是2002年至今的积极引领的全球化战略和倡导"人类命运共同体"时期。在真正掌握党、国家、人民、民族命运的独立自主的基点上，使中华民族自立于世界民族之林、实现中华民族的强国梦，是历代中国共产党人不懈追求的奋斗目标之一。

在民主革命时期，毛泽东指出："我们中华民族有同自己的敌人血战到底的气概，有在自力更生的基础上光复旧物的决心，有自立于世界民族之林的能力。"同时，他又强调："只有自力更生，自立自强，自己有办法，自己立于不败之地，然后国际与国内各方助我力量，方能发生作用，才是可靠地取得和平，否则就是不可靠的，是危险的。"

新中国成立前夕，毛泽东提出："任何外国政府，只要它愿意断绝对于中国反动派的关系,不再勾结或援助中国反动派,并向人民的中国采取真正的而不是虚伪的友好态度,我们就愿意同它在平等、互利和互相尊重领土主权的原则的基础之上,谈判建立外交关系的问题。中国人民愿意同世界各国人民实行友好合作,恢复和发展国际通商事业,以利发展生产和繁荣经济。"

在社会主义改造完成、工业化建设顺利起步之际,毛泽东又向全党全国人民提出:"事物总是发展的。一九一一年的革命,即辛亥革命,到今年,不过四十五年,中国的面目完全变了。再过四十五年,就是二千零一年,也就是进到二十一世纪的时候,中国的面目更要大变。中国将变为一个强大的社会主义工业国。中国应当这样。因为中国是一个具有九百六十万平方公里土地和六万万人口的国家,中国应当对于人类有较大的贡献。"

转眼到了毛泽东所说的21世纪。如今的世界,结束了彼此隔绝、彼此封闭的历史,在经济全球化、信息革命、文明文化交流互鉴的推动下,联系日益紧密。正如习近平总书记指出:"人类生活在同一个地球村里,生活在历史和现实交汇的同一个时空里,越来越成为你中有我、我中有你的命运共同体。"和平、发展、合作、共赢已成为时代潮流。与此同时,如今的世界正处在百年未有的大变局之中,各种矛盾相互激荡,各种不确定因素相互交织,各种力量相互博弈相互角逐。治理赤字、信任赤字、和平赤字、发展赤字,成为摆在全人类面前的严峻挑战。"世界怎么了、我们怎么办",成为世纪之问。人类又一次站在了十字路口。合作还是对抗?开放还是封闭?互利共赢还是零和博弈?如何回答这些问题,关乎各国利益,关乎人类前途命运。

当今世界面对的难题,很多都是整体性问题、普遍性问题。正如习近平总书记指出:"没有哪个国家能够独自应对人类面临的各种挑战,也没有哪个国家能够退回到自我封闭的孤岛。""让和平的薪火代代相传,让发展的动力源源不断,让文明的光芒熠熠生辉,是各国人民的期待,也是我们这一代政治家应有的担当。中国方案是:构建人类命运共同体,实现共赢共享。"

什么是构建人类命运共同体?习近平主席在联合国日内瓦总部的演讲中,第一次全面阐明了构建人类命运共同体主张:第一,坚持对话协商,建设一个持久和平的世界。第二,坚持共建共享,建设一个普遍安全的世界。世上没有绝对安全的世外桃源,一国的安全不能建立在别国的动荡之上,他国的威胁也可能成为本国的挑战。第三,坚持合作共赢,建设一个共同繁荣的世界。发展是第一要务,适用于各国。各国要同舟共济,而不是以邻为壑。经济全球化是历史大势,促成了贸易大繁荣、投资大便利、人员大流动、技术大发展。推动建设一个开放、包容、普惠、平衡、共赢的经济全球化,既要做大蛋糕,更要分好蛋糕,着力解决公平公正问题。第四,坚持交流互鉴,建设一个开放包容的世界。人类文明多样性是世界的基本特征,也是人类进步的源泉。让文明交流互鉴成为推动人类社会进步的动力、维护世界和平的纽带。第五,坚持绿色低碳,建设一个清洁美丽的世界。人与自然共生共存,伤害自然最终将伤及人类,不断开拓生产发展、生活富裕、生态良好的文明发展道路。

2019年3月26日,习近平总书记又紧紧围绕如何把人类前途命运掌握在自己手中,提出了破解四大赤字的主张:第一,坚持公正合理,破解治理赤字。我们要坚持共商共建共享的全球治理观,坚持全球事务由各国人民商量着办,积极推进全球治理规则民主化。第二,坚持互商互谅,破解信任赤字。信任是国际关系中最好的黏合剂。把对话协商运用起来,坚持求同存异、聚同化异,通过坦诚深入的对话沟通,增进战略互信,减少相互猜疑。第三,坚持同舟共济,破解和平赤字。我们要秉持共同、综合、合作、可持续的新安全观,摒弃冷战思维、零和博弈的旧思维,摒弃弱肉强食的丛林法则,以合作谋和平、以合作促安全,坚持以和平方式解决争端。第四，坚持互利共赢，破解发展赤字。我们要坚持创新驱动，打造富有活力的增长模式；坚持协同联动，打造开放共赢的合作模式；坚持公平包容，打造平衡普惠的发展模式，让世界各国人民共享经济全球化发展成果。全球治理，要符合全人类共同价值理念。和平、发展、公平、正义、民主、自由，是全人类的共同价值，也是联合国的崇高目标。目标远未完成，我们仍须努力。当今世界，各国相互依存、休戚与共。我们要继承和弘扬联合国宪章的宗旨和原则，构建以合作共赢为核心的新型国际关系，打造人类命运共同体。

习近平总书记关于构建人类命运共同体的主张，是习近平外交思想的独创性内容，很好地继承和发展了毛泽东外交思想和国际战略思想中有关中华民族要对世界和平和人类进步做出更大贡献的论述，具有十分丰富的内容。第一，建立平等相待、互商互谅的伙伴关系。习近平总书记反复强调，世界的前途命运必须由各国共同掌握。世界各国一律平等，不能以大压小、以强凌弱、以富欺贫。我们要坚持多边主义，不搞单边主义；要奉行双赢、多赢、共赢的新理念，扔掉我赢你输、赢者通吃的旧思维。协商是民主的重要形式，也应该成为现代国际治理的重要方法，要倡导以对话解争端、以协商化分歧。我们要在国际和区域层面建设全球伙伴关系，走出一条"对话而不对抗，结伴而不结盟"的国与国交往新路。大国之间相处，要不冲突、不对抗、相互尊重、合作共赢。大国与小国相处，要平等相待，践行正确义利观，义利相兼，义重于利。第二，营造公道正义、共建共享的安全格局。我们要摒弃一切形式的冷战思维，树立共同、综合、合作、可持续安全的新观念。我们要充分发挥联合国及其安理会在止战维和方面的核心作用，通过和平解决争端和强制性行动双轨并举，化干戈为玉帛。我们要推动经济和社会领域的国际合作齐头并进，统筹应对传统和非传统安全威胁，防战争祸患于未然。第三，谋求开放创新、包容互惠的发展前景。要用好"看不见的手"和"看得见的手"，努力形成市场作用和政府作用有机统一、相互促进，打造兼顾效率和公平的规范格局。大家一起发展才是真发展，可持续发展才是好发展。要实现这一目标，就应该秉承开放精神，推进互帮互助、互惠互利，共同营造人人免于匮乏、获得发展、享有尊严的光明前景。第四，促进和而不同、兼收并蓄的文明交流。人类文明多样性赋予这个世界姹紫嫣红的色彩，多样带来交流，交流孕育融合，融合产生进步。人类历史就是一幅不同文明相互交流、互鉴、融合的宏伟画卷。我们要尊重各种文明，平等相待，互学互鉴，兼收并蓄，推动人类文明实现创造性发展。第五，构筑尊崇自然、绿色发展的生态体系。我们要解决好工业文明带来的矛盾，以人与自然和谐相处为目标，实现世界的可持续发展和人的全面发展。建设生态文明关乎人类未来。国际社会应该携手同行，共谋全球生态文明建设之路，牢固树立尊重自然、顺应自然、保护自然的意识，坚持走绿色、低碳发展之路。

习近平总书记指出："这个世界，各国相互联系、相互依存的程度空前加深，人类生活在同一个地球村里，生活在历史和现实交汇的同一个时空里，越来越成为你中有我、我中有你的命运共同体。"中国的发展离不开世界，世界的和平发展、繁荣稳定离不开中国。世界好，中国才能好；中国好，世界才更好。中国始终把自身发展置于人类发展的坐标系中，始终把自身命运与世界各国人民命运紧密相连，始终把中国人民利益同各国人民共同利益结合起来，始终做世界和平的建设者、全球发展的贡献者、国际秩序的维护者，为构建人类命运共同体、建设更加美好的世界贡献智慧和力量。

第十章

奋斗不息的传承优势

　　中国共产党在长期的革命斗争中，形成了许多优良传统。这些传统深刻反映了我们党的性质和宗旨、理想与信念，是无数革命先烈用鲜血和生命凝结而成的，表达了千千万万共产党人对人民事业的忠诚和牺牲精神，也凝聚了广大人民群众对党的事业支持、参与所表现的革命精神和智慧。这些优良传统，具有鲜明的无产阶级政党的特色，是党的光荣传统和独特优势，是党的精神力量所在，是党之魂。在近百年奋斗历程中，一代又一代中国共产党人始终坚守为中国人民谋幸福、为中华民族谋复兴初心使命，团结带领全国各族人民进行艰苦卓绝的斗争，中华民族迎来了从站起来、富起来到强起来的伟大飞跃。新时代的任务依然艰巨复杂，当代中国共产党人要在习近平新时代中国特色社会主义思想的指引下，以永不懈怠的精神状态和一往无前的奋斗姿态，继续朝着实现中华民族伟大复兴的宏伟目标奋勇前进。

◎ 弥足珍贵的优良传统

　　党的优良传统是指党在革命和建设实践中形成的政治风范、党的领导风范、党的自身建设风范、共产党员风范和党群关系风范等一系列优良的精神品质，是党的价值取向与共产党人优秀品质的集中体现，是全面从严治党的宝贵财富。党的优良传统不是从天而降，它是党在长期的革命和建设中逐步形成的，是在党成长的过程中所逐渐丰富与发展的，是经过风雨铸就、经过时间考验的宝贵精神财富。党的优良传统在历史与时代发展当中不断融合与进步，体现出内在的本质特征与强大的影响力和生命力。

　　我们党已走过了百年的光辉历程。党在各个不同历史时期所形成的优良传统与作风，既是中华民族传统政治文化的组成部分，也是世界政党发展历史上的重彩之笔。纵观中国共产党百年的光辉历程，有那些弥足珍贵的优良传统。

　　"理论联系实际"，实事求是，有的放矢。"实事求是"是一个古老成语，被毛泽东赋予深刻的现实意义："'实事'就是客观存在的一切事物，'是'就是客观事物的内部联系，即规律性，'求'就是我们去研究"。他还把实事求是形象地比喻为"有的放矢"。邓小平说，"实事求是是马克思主义的精髓"。在新时代，习近平强调，"实事求是，是马克思主义的根本观点，是中国共产党人认识世界、改造世界的根本要求，是我们党的基本思想方法、工作方法、领导方法"。毛泽东在民主革命时期，为党确立的"实事求是"的思想路线，一直是我们党各项工作的重要指针。

　　"密切联系群众"，服务人民，为了人民。毛泽东说："我们共产党人区别于其他任何政党的又一个显著的标志，就是和最广大的人民群众取得最密切的联系。全心全意地为人民服务，一刻也不脱离群众；一切从人民的利益出发，而不是从个人或小集团的利益出发；向人民负责和向党的领导机关负责的一致性；这些就是我们的出发点"。邓小平说，"我们党提出的各项重大任务，没有一项不是依靠广大人民的艰苦努力来完成的。"习近平说，"群众路线是我们党的生命线和根本工作路线。"这种"密切联系群众"的作风是党的力量之源、胜利之本。

"批评和自我批评"，坚持真理，修正错误。毛泽东说："共产党人必须随时准备坚持真理，因为任何真理都是符合于人民利益的；共产党人必须随时准备修正错误，因为任何错误都是不符合于人民利益的。""有无认真的自我批评，也是我们和其他政党区别的显著的标志之一。""任何政党，任何个人，错误总是难免的，我们要求犯得少一点。犯了错误则要求改正，改正得越迅速，越彻底，越好。"在新时代，习近平强调，"批评和自我批评是解决党内矛盾有力武器"。从谏如流，察纳雅言，坚持真理，修正错误，开展批评和自我批评，是我党取得胜利的一个重要因素。

"重视生产力发展"，发展经济，强国富民。早在战争年代，毛泽东就提出，"发展经济，保障供给。""关心群众生活，注意工作方法"。在改革开放的新时期，邓小平深刻指出，"发展才是硬道理。""抓住时机，发展自己，关键是发展经济。""社会主义经济政策对不对，归根到底要看生产力是否发展，人民收入是否增加。这是压倒一切的标准。""贫穷不是社会主义，发展太慢也不是社会主义。"在新时代，习近平强调，"稳中求好、稳中求优，促进经济持续健康发展"，"使发展成果更多更公平惠及全体人民，在经济社会不断发展的基础上，朝着共同富裕方向稳步前进。"

"注重改革创新"，革故鼎新，与时俱进。毛泽东说，"人类总得不断地总结经验，有所发现，有所发明，有所创造，有所前进。停止的论点，悲观的论点，无所作为和骄傲自满的论点都是错误的。"邓小平说，"不解放思想不行，甚至于包括什么叫社会主义这个问题也要解放思想。""一个党，一个国家，一个民族，如果一切从本本出发、思想僵化，迷信盛行,那就不能前进,它的生机就停止了,就要亡党亡国。"习近平说,"改革开放是当代中国的鲜明标志和活力源泉,是发展中国特色社会主义的必由之路。"中国改革发展的实践证明,"惟创新者进,惟创新者强,惟创新者胜。"

"坚定不移走自己的路",独立自主,外援为辅。1958年毛泽东曾在一份报告上批示:"自力更生为主,争取外援为辅,破除迷信,独立自主地干工业、干农业、干技术革命和文化革命,打倒奴隶思想,埋葬教条主义,认真学习外国的好经验,也一定研究外国的坏经验——引以为戒,这就是我们的路线。"在新时代,习近平强调,"独立自主是我们党从中国实际出发、依靠党和人民力量进行革命、建设、改革的必然结论。不论过去、现在和将来,我们都要把国家和民族发展放在自己力量的基点上,坚持民族自尊心和自信心,坚定不移走自己的路。"

"打开窗子实现空气对流",开放包容,融入世界。邓小平说:"总结历史经验,中国长期处于停滞和落后状态的一个重要原因是闭关自守。经验证明,关起门来搞建设是不能成功的,中国的发展离不开世界。"其实,我国对外开放在毛泽东时代就开始了,实际情况正如邓小平所说:"毛泽东同志在他的晚年还提出了关于三个世界划分的战略思想,并且亲自开创了中美关系和中日关系的新阶段,从而为世界反霸斗争和世界政治前途创造了新的发展条件。"在新时代,习近平强调,"中国的发展离不开世界,世界的发展也需要中国。""打开窗子,才能实现空气对流,新鲜空气才能进来"。

勤于学习,善于学习,善于学习,是党始终走在时代前列、引领中国发展进步的决定性因素。毛泽东有段名言,"情况是在不断地变化,要使自己的思想适应新的情况,就得学习。即使对马克思主义了解得比较多的人,无产阶级立场比较坚定的人,也还是要再学习,要接受新事物,要研究新问题。"我们党自建党初始,就积极倡导全党的学习教育。每当历史转折时期，更加重视开展干部的大规模的学习培训。党的十八大提出建设学习型、服务型、创新型的马克思主义执政党，第一位的是"学习型"。习近平强调，中国共产党人依靠学习走到今天，也必须依靠学习走向未来。并指出：我们党历来重视抓全党特别是领导干部的学习，这是推动党和人民事业发展的一条成功经验。

"坚持两手抓"，统筹兼顾，战略思维。毛泽东曾强调，党委的同志必须学好"弹钢琴"。邓小平多次提出"坚持两手抓，两手都要硬。"在新形势下，习近平曾以弹钢琴形容治国理政。他说，"在中国当领导人，必须在把情况搞清楚的基础上，统筹兼顾、综合平衡，突出重点、带动全局，有的时候要抓大放小、以大兼小，有的时候又要以小带大、小中见大，形象地说，就是要十个指头弹钢琴。"他励精图治，提出了"协调推进全面建成小康社会、全面深化改革、全面推进依法治国、全面从严治党"的治国总战略，开辟了治国理政的新境界。

"坚持党的领导"，民族复兴，关键在党。毛泽东说："既要革命，就要有一个革命的党。没有一个革命的党，没有一个按照马克思列宁主义的革命理论和革命风格建立起来的革命党，就不可能领导工人阶级和广大人民群众战胜帝国主义及其走狗。""没有中国共产党的努力，没有中国共产党人做中国人民的中流砥柱，中国的独立和解放是不可能的，中国的工业化和农业近代化也是不可能的。"邓小平说："没有中国共产党，就没有社会主义的新中国。"习近平说，"实现中华民族伟大复兴，关键在党"。历史反腐证明，中国的问题关键在于党，在于坚持党的领导。

这些不能忘却的优良传统，是我们党从胜利走向胜利的重要法宝，其中最重要的是"服务人民，为了人民"。因为，得到人民拥护，使人民群众支持党、相信党，才能永葆党的生机，巩固党的执政地位。

◎ 从"绰号"中看优良作风

在党的历史上,一些革命先辈因在长期的学习工作和革命生涯中展现出极大的革命精神和智慧,而被人民群众以亲切的"绰号"相称。这些称呼背后,蕴含的是党和人民的信任,立起的是党的光辉形象,彰显的是党的优良传统作风。

崇高远大的理想追求。"志不立,天下无可成之事。"共产党人向来把崇高远大的理想追求作为精神支柱和政治灵魂,作为安身立命的根本。毛泽东在湖南省立第一师范学校就读时曾主张:"大丈夫要为天下奇,读奇书,交奇友,做奇事,做个奇男子。"故同学们给他起了一个绰号叫"毛奇"。"毛奇"凸显了青年毛泽东的志向追求,也正是在这种为国为民的理想追求下,毛泽东后来成为坚定的马克思主义者,成为伟大的无产阶级革命家、战略家和理论家,为中华民族和中国人民立下了赫赫"奇功"。

不惧牺牲的革命意志。真正的共产党人是能够在关键时刻挺身而出,不惧枪林弹雨,冒死捍卫信仰。在共和国的开国将军中,彭绍辉、贺炳炎、余秋里、晏福生、彭清云、左齐、陈波、童炎生、苏鲁、廖政国等10人因在惨烈的战斗中身先士卒、英勇作战而失去一条手臂,故有"独臂将军"之称。"独臂将军"这一称谓反映了他们为革命事业不惧牺牲的大无畏精神,正如余秋里在失去左臂后所说:"敌人打断了我的左臂,我还有右臂,只要还有一口气,我就要将革命进行到底。"毛泽东曾感慨地说:"中国从古到今,有几个独臂将军呢?旧时代是没有的,只有我们的部队,才能培养出这样独特的人才。"

百折不挠的奋斗品格。"咬牙渡过难关",这是宋任穷在艰难的革命斗争环境中带领人民不断取得胜利的法宝,宋任穷因此而得"咬牙干部"之称。"咬牙干部"这一称谓,把宋任穷顽强的革命意志和乐观主义精神给清晰地刻画了出来,他面对困难从不退缩,总是咬紧牙关,以百折不挠的毅力,去赢得胜利。

善作善成的担当品质。王震有一个习惯,在接到上级下达的任务后必然要开始蓄须,直到任务完成才肯剃须,他因此而被人称为"王胡子"。"王胡子"这一绰号突出反映了王震做事善始善终、善作善成的性格特点。王震也因这一性格特点而抒写出了波澜壮阔、功勋卓著的一生。

可亲可敬的形象特质。在井冈山革命斗争时期,朱德因穿着简朴、一身风尘、和蔼可亲而得一名号"伙夫头"。对此称呼,陈毅曾在向中央所作的报告中描述道:"红军的官兵夫薪饷吃穿一样,所以官兵不能有什么区别。群众及敌兵俘虏初次看见鼎鼎大名的四军军长那样芒鞋草履、十分褴褛莫不诧异,若不介绍,至多只能估量他是一个伙夫头,同时到现在伙夫头三字恰成了四军军长的诨号。"

以身作则的精神风范。刘亚楼性烈如火,有"雷公爷"之称。他治军甚严,在空军中流传着这样一句话:"苦不怕,死不怕,就怕刘司令来训话。"实际上,他对自己要求更为严格,"领导者要言传身教,身先士卒,要严于律己,唯有自己行得正,才有权严格要求下级,才能'严'之有理、令人信服"。他曾严词拒绝有关部门为他更换"大红旗"轿车,并斥责道:"我最厌恶那种房子越住越宽敞,汽车越坐越讲究,心思不用在工作上,而专门在享受待遇上打转的庸俗作风!"

艰苦朴素的生活操守。徐向前因一向节衣缩食,不讲究吃穿,显得有些"土气",故得"布衣元帅"之称。这个绰号反映了徐向前一心为民、严于律己、不搞特殊化而和群众打成一片的美德。战争年代,徐向前曾给自己缝补衣服,他还亲手为自己织了一件毛衣,这件毛衣一穿就穿了30多年。徐向前曾感叹:"历览前朝兴与亡,成由勤俭败由奢。"

优良传统作风,内容非常丰富,集中起来看,党风问题的核心,就是党和群众的关系问题。在新时代，面对艰巨繁重的改革发展任务，面对日趋复杂的内外环境和长期执政的严峻考验，只有把这些优良传统和作风发扬光大，我们才能永远保持党的纯洁性，我们党才能团结带领全国各族人民奋勇前行，把中国特色社会主义伟大事业不断推向前进。

◎ 战无不胜的"东方魔力"

20世纪30年代，美国著名记者、《西行漫记》作者斯诺前后两次到延安采访，当他看到毛泽东住着简陋的窑洞、周恩来睡着生硬的土炕、彭德怀穿着用缴获的降落伞改制的背心、林伯渠戴着用线绳系着断了腿的眼镜等细节后，斯诺由衷感慨中国共产党人有一种战无不胜的"东方魔力"，断言这是兴国之光、胜利之本。

艰苦奋斗、勤俭节约既是中华民族的传统美德，也是我们共产党人的优良品质。纵观中国共产党百年的奋斗历程，艰苦奋斗作为我党的优良传统，不仅是党在艰苦卓绝的革命斗争中生存、发展、壮大直至取得革命胜利的强大精神武器，也是党领导中国人民执政兴国的重要法宝。在革命战争年代，共产党人领导人民群众铸就的井冈山精神、苏区精神、延安精神、西柏坡精神，一条艰苦奋斗的红线贯穿我们党的革命史。新中国成立后，中国共产党领导全国人民继续发扬艰苦奋斗的精神，在社会主义建设的各个阶段，相继发扬了抗美援朝精神、"一五"精神、大庆精神、"两弹一星"精神、创业精神、抗洪精神、航天精神、抗震救灾精神，这些精神都是我党艰苦奋斗精神与时代精神的集中升华。艰苦奋斗作为我们党的优良传统和政治本色，随着社会的进步和时代的变革，其内容也不断丰富和发展。艰苦奋斗作为一种精神力量，一种奋发向上、一往无前的精神状态，一种刻苦钻研、勇于攀登的坚强意志，一种开拓进取、蓬勃向上的精

第十章 奋斗不息的传承优势

神风貌，不论是过去、现在和将来都是我党执政兴国的重要法宝。

艰苦奋斗、勤俭节约是中国共产党在长期的革命、建设和改革过程中形成的光荣传统和优良作风，也是党保持正确政治方向的"航标灯"。毛泽东指出："没有坚定正确的政治方向，就不能激发艰苦奋斗的工作作风；没有艰苦奋斗的工作作风，也就不能执行坚定正确的政治方向。"一是昭示了党的前途和希望。二是密切了党和人民群众的血肉联系。三是考验了党员干部是否忠诚干净。

艰苦奋斗、勤俭节约是实现化危为机和克敌制胜的"传家宝"。中国共产党的历史就是一部伟大的斗争史和创业史。艰苦奋斗、勤俭节约的光荣传统就是在无数次伟大斗争的过程中历史地形成的，并已经成为我们党化危为机和克敌制胜的"传家宝"。一是打破军事"围剿"和经济技术封锁。土地革命时期，党领导红军和革命群众发扬艰苦奋斗、勤俭节约的光荣传统，坚持把武装斗争、土地革命和根据地建设统一起来。面对蒋介石屡次发动的军事"围剿"和经济封锁，中央苏区提出，"浪费一文钱实等于革命罪人""节减一文钱即是对革命的帮助""节省每一个铜板为着革命战争"等口号，艰苦奋战、厉行节约，成功粉碎了敌人的四次"围剿"和封锁。抗战时期，蒋介石故技重施，在"皖南事变"后开始对陕甘宁边区进行严密封锁。毛泽东号召全党"自己动手，丰衣足食"，开展了轰轰烈烈的大生产运动，再次成功打破了敌人的阴谋。新中国成立之后，"两弹一星"、载人航天、嫦娥探月、火星探测等重大工程的胜利，无一不是依靠自力更生、艰苦奋斗获得的。二是发展壮大自身力量。回顾百年历史，党如何能够从小到大、从弱到强，打不倒、拖不垮、困不住？就是因为党始终发扬艰苦奋斗、勤俭节约的精神，扎根于中国人民、深耕于中华沃土，自觉自信，自立自强。1928年4月，朱毛会师井冈山时，红四军尚不足万人。经过数年耕耘，鼎盛时期的红军达到30余万人，革命根据地面积约40万平方公里，人口约3000万人。长征结束后，红军剩余不到3

万人。抗战初期，八路军仅4.6万余人，新四军仅1.03万人；历经多年艰苦奋斗，到抗战胜利时，人民军队已发展到约132万人，民兵达260余万人，解放区面积近100万平方公里，人口约1亿。三是成功克服疫情的不利影响。目前，面对全球新冠疫情肆虐的严峻形势，习近平总书记高屋建瓴地提出："形成以国内大循环为主体、国内国际双循环相互促进的新发展格局"。事实证明，只有坚持立足国内，自力更生，艰苦奋斗，勤俭兴国，走可持续发展道路，才能在危机之中育新机、于变局之中开新局。仅以2020年第二季度的GDP为例，我国经济强势复苏，同比增长3.2%；反观西方国家，美国同比下降9.6%，德国同比下降11.7%，法国同比下降19%，英国同比下降21.7%，日本则同比下降27.8%。

艰苦奋斗、勤俭节约是敬终如始和励精图治的"清醒剂"。历览前贤国与家，成由勤俭败由奢。如何才能经受住各种风险考验，跳出国富必奢、长盛必衰的历史周期律是中国共产党需要长期破解的课题。而大力发扬艰苦奋斗、勤俭节约之风则是我们时刻提醒自己要敬终如始、励精图治、戒骄戒躁、居安思危的"清醒剂"。一是增强忧患意识，铭记历史教训。习近平总书记指出，"我们党是生于忧患、成长于忧患、壮大于忧患的政党。"1949年3月，在党的七届二中全会上，面对即将到来的胜利，毛泽东警告全党："务必使同志们继续地保持谦虚、谨慎、不骄、不躁的作风，务必使同志们继续地保持艰苦奋斗的作风"。"两个务必"带有强烈的忧患意识和战略清醒，如黄钟大吕，振聋发聩。回顾人类历史，古今多少政权，国富必奢、长盛必衰似乎已成铁律，无论祸起萧墙之内还是强敌入侵于外，皆因缺乏忧患意识、鲜有战略清醒，贪图享受、骄奢淫逸，不顾人民死活，不虑强敌环伺，最终王冠落地、荆棘铜驼。只有常怀忧患和敬畏之心，尊重历史大道，把握历史大势，兢兢业业，如履薄冰，才能不重蹈历史的覆辙。二是拼搏进取，以创业精神完成守成大业。创业难，守成更难。习近平总书记指出："过去我们党靠艰苦奋斗、勤俭节约不断成就伟业,现在我们仍然要用这样的思想来指导工作。"放眼世界,我国取得的伟大成就虽然令世界瞩目,但却依然是最大的发展中国家,不平衡不充分的发展矛盾依然突出。在社会生产力、经济发展质量、科学技术、文化教育和人民生活水平等方面与发达国家相比仍有较大差距。因此,我们绝不能有任何喘口气、歇歇脚的想法,必须要继续发扬自力更生、艰苦奋斗的拼搏精神和战斗姿态去完成守成大业。三是放眼未来,做好青年教育工作。"青春由磨砺而出彩,人生因奋斗而升华。"2020年五四青年节前夕,习近平总书记寄语新时代青年坚定理想信念,站稳人民立场,练就过硬本领,投身强国伟业。广大青年是社会主义事业的建设者和接班人,是中华民族伟大复兴的亲历者、见证者和参与者。广大青年的教育和成长关系到社会主义伟大事业的兴衰成败,在新时代大力发扬艰苦奋斗、勤俭节约之风要从娃娃抓起,这是最大的战略清醒。用艰苦奋斗精神汇聚实现中国梦的强大正能量,把发扬艰苦奋斗、勤俭节约精神的宣传教育工作贯穿于家庭教育、学校教育和社会教育之中,在历史中找素材,在知情意行上下功夫,使其内化于心、外化于行,并在新时代发扬光大、蔚然成风,把艰苦奋斗精神一代一代传承下去。

艰苦奋斗是现代化建设的力量源泉。作为党员干部要充分发挥示范带动作用,不仅要过紧日子,而且要过好紧日子;不仅要继承优良传统,而且要树立好榜样,真心真意为民担忧、为民服务,让兴国之光长明,让"艰苦奋斗"成为"时代之风"。

◎ 从历史中汲取营养和智慧

历史是最好的营养剂,对我们共产党人来说,中国革命历史是最好的营养剂。多重温我们党领导人民进行革命的伟大历史,心中会增添许多正能量。党的历史,是中国共产党的宝贵财富,是可以转化运用于现实的强大精神力量。回望百年历史,中国共产党的成立,使曾经在迷茫中经历无数屈辱和困惑的中华民族在抗争和求索中找到了一条光明的道路。从此,这个用马克思主义科学理论武装起来的政党勇挑历史重担,用信念、智慧和坚持在中华民族伟大复兴的道路上竖立起了一座座巍巍丰碑。

党的光辉历史能让我们永续红色基因,牢记初心使命。习近平总书记说过:"走得再远、走到再光辉的未来,也不能忘记走过的过去,不能忘记为什么出发。"在党的光辉历史上,老一辈革命家以其实际行动,为我们树立了践行初心和使命的典范。毛泽东在青年时代就树立了"改造中国与世界"的初心。刘少奇在生命的最后岁月依然坚持:"一个革命者,生为革命,死也永远为共产主义事业,一心不变。"任弼时一辈子以"党的骆驼"自居,任劳任怨,廉洁奉公。时至今日,我们重温党的光辉历史,传承红色基因,就能进一步彰显中国共产党人的人民情怀和为民本质,时刻不忘"为中国人民谋幸福,为中华民族谋复兴"的初心和使命,增强为人民服务的精准性和实效性。湖南作为红色热土,更加有必要在传承红色基因,发扬革命传统方面发挥既有优势,体现新的作为。

党的光辉历史能让我们坚定"四个自信",明确前进方向。习近平总书记指出:"历史是最好的教科书,也是最好的清醒剂。"近代以来,无数仁人志士为了实现民族独立与国家富强,进行了不懈探索。洋务运动、戊戌维新、辛亥革命此起彼伏,地主阶级改革派、资产阶级维新派、资产阶级革命派你方唱罢我登场,英、法、美、日等西方国家都曾一度是中国效法和学习的榜样,但这些都没能帮助中国实现国家独立与民族解放。只有中国共产党在其百年波澜壮阔的历史征程中,从仅50多人的组织发展壮大成为拥有超过9000多万党员的大党;将中国从落后挨打、积贫积弱的半殖民半封建社会,建设成"比历史上任何时期都更接近中华民族伟大复兴的目标"的东方大国;探索出了中国特色社会主义道路,让马克思主义在新世纪重新焕发出勃勃生机。党的光辉历史充分体现了中国道路的正确性，体现了中国制度的优越性，证明了社会主义的强大生命力，充分说明了中国人民选择中国共产党是历史的必然，是完全正确的选择。熟悉党的光辉历史，就能深化对中国革命和社会主义建设规律的认识和理解，更深刻认识到红色政权来之不易、新中国来之不易、中国特色社会主义来之不易，就会更加珍惜今天的幸福生活，更加珍视新时代中国特色社会主义的成就，进一步坚定"四个自信"。

党的光辉历史能让我们强化责任和担当，勇担时代重任。知其史方能激其志，激其志方能尽其责。一代人有一代人的使命，一代人有一代人的担当。党的光辉历史给予我们最深刻的印象，是中国共产党人对于历史使命的担当。在时代挑战面前，他们初心不改，矢志不渝，团结带领人民历经千难万险，付出巨大牺牲，敢于面对曲折，勇于修正错误，攻克了一个又一个看似不可攻克的难关，创造了一个又一个彪炳史册的人间奇迹。以毛泽东同志为核心的党的第一代中央领导集体带领全党全国各族人民经过28年的浴血奋斗，建立了新中国，完成了国家独立与民族解放的历史使命。以邓小平同志为核心的党的第二代中央领导集体带领全党全国各族人民开创了改革开放的伟大事业，开辟了中国特色社会主义道路，使中国大踏步赶上时代。时代发展到了今天，人类面临许多共同挑战，正站在新的十字路口，新冠肺炎疫情全球大流行使百年未有之大变局加速演进，人民日益增长的美好生活需要和不平衡不充分的发展之间的矛盾日益突出，时代带给我们的挑战更加复杂和艰巨。以习近平同志为核心的党中央以"我将无我，不负人民"的历史担当，团结带领全国各族人民向着实现中华民族伟大复兴，建设社会主义现代化强国的目标阔步前行。

在党的历史中，值得汲取的历史经验太多了。当前特别需要倡导的：一是要始终保持实干的劲头。"空谈误国，实干兴邦"。现在我们党面临的改革发展稳定任务如此艰巨繁重，要想有所作为，只能靠实干，"不干，半点马克思主义都没有"。二是要始终保持学习的态度,依靠学习走向未来。从一定意义上说,我们党一路走来,都是依靠学习。当今世界和当代中国发展变化都很快,新情况新问题新事物层出不穷,只有通过加强学习,才能提高本领,增强工作的科学性、预见性、主动性,才能使我们的工作体现时代性、把握规律性、富于创造性。三是要始终密切联系群众,始终依靠人民、为了人民、尊重人民。"得民心者得天下,失民心者失天下"。与人民群众在一起,关键是心要在一起,想人民之所想,急人民之所急,只有这样才能换得人民的拥护和爱戴。四是要始终保持强烈的忧患意识。中国共产党是在中华民族灾难深重的历史时刻诞生的,是在不断克服各种困难、战胜各种风险挑战中日益走向成熟的。我们要牢记习近平总书记的教诲,历史使命越光荣,奋斗目标越宏伟,执政环境越复杂,我们就越要增强忧患意识,越要从严治党,使我们党永远立于不败之地。五是始终保持管党治党一刻不能松懈。党要管党、从严治党是我们党的优良传统和政治优势,是我们党风雨辉煌百年取得的宝贵历史经验。新的时代条件下,我们党面临的"四大考验"是长期的、复杂的、严峻的,"四种危险"更加尖锐地摆在全党面前,落实党要管党、从严治党的任务比以往任何时候都更为繁重更为紧迫。因此,习近平总书记强调:"如果管党不力、治党不严,人民群众反映强烈的党内突出问题得不到解决,那我们党迟早会失去执政资格,不可避免被历史淘汰。""打铁还需自身硬"。今天,我们站在一个重要时间节点上,党要管党、从严治党只有进行时,没有完成时,全面从严治党永远在路上。

党的历史,是中国共产党的宝贵财富,是中华民族的历史瑰宝、中国文化软实力的重要组成部分,是可以转化运用于现实的强大精神力量,是推进中国特色社会主义伟大事业和党的建设新的伟大工程的重要资源。在新的历史条件下,党中央总揽全局,作出了加强和改进党史工作的部署。按照党中央的要求,我们要倍加珍惜党的历史、认真学习党的历史,坚持不懈地用党的伟大成就激励人,用党的优良传统教育人,用党的成功经验启迪人,用党的历史教训警示人,努力从党的历史中汲取丰富的营养、智慧和开拓前进的力量。

◎ 永远值得珍视的历史经验

中国共产党是在中华民族灾难最深重的历史时刻诞生的。我们党就是为了拯救国家危难、民族苦难而建立的。百年来,正是在不断克服各种困难、战胜各种风险挑战中,我们党才日益成熟坚强,成为全国各族人民的主心骨;我们党领导的革命、建设、改革事业,才日益生机蓬勃,不断从胜利走向胜利;我们党的理论才日益丰富发展,更加充满智慧、更加充满生机活力。我们党战胜艰难困苦的历史经验,永远值得珍视。

"以史为鉴,可以知兴替。"全面抗战之初,我们党面临困难重重,处境异常艰险。毛泽东当时把一大部分时间和精力投入到统一全党思想和鼓舞抗日军民的士气上。1938年4月9日,毛泽东向抗大学员提出了能够最后战胜敌人的重要法宝:"你们在这里要学到坚定正确的政治方向,艰苦奋斗的工作作风,加上灵活的战略战术。有了这三样东西,我们便能够最后战胜敌人。"1939年毛泽东在纪念抗大成立3周年的文章中,把"坚定正确的政治方向,艰苦奋斗的工作作风,灵活机动的战略战术"概括为抗大的教育方针。这"三样东西"成为我党我军始终倡导的优良传统和作风,也是人民军队克敌制胜的重要法宝,影响深远。今天,重温毛泽东同志对抗大的题词、文章和讲话,品味"坚定正确的政治方向,艰苦奋斗的工作作风,灵活机动的战略战术"的深刻含义,对于我们在惊涛骇浪中破浪前行,战胜困难,仍具有重要指导意义。

战胜艰难困苦之魂——坚定正确的政治方向。方向决定道路,道路决定命运。方向问题是一个根本性的问题，事关党的前途命运和事业兴衰成败。一定的政治方向，集中反映一个民族或一个阶级的根本利益和共同意志。中国共产党人始终不渝的大目标、总方向，就是为实现共产主义而奋斗；而我们党在现阶段所要坚持的政治方向，则是团结和带领全国人民建设中国特色社会主义，实现"两个一百年"奋斗目标。面对日益严峻的外部环境和艰巨繁重的建设发展任务，党员干部必须时刻保持政治警觉，牢记党的初心和使命，着力练就政治慧眼、把准政治方向、保持政治定力、站稳政治立场、恪守政治纪律。在理论修养中强化坚定正确的政治方向。马克思主义是共产党人认识世界和改造世界的强大思想武器，"中国之治"的密码，需用中国化的马克思主义理论来破解。只有夯实马克思主义理论根基，学深悟透党的创新理论，对举什么旗、走什么路时刻保持清醒头脑，才能在纷繁复杂的斗争中，善于透过现象看清本质，才能明辨大是大非问题，在变幻莫测的形势变化中把准政治方向不偏航；在躬亲实践中强化坚定正确的政治方向。实践是增强政治素质的"磨刀石"。实践创新为理论创新提供不竭的动力源泉，理论创新为实践创新提供科学的行动指南，坚持理论创新和实践创新的良性互动，才会不断坚定正确的政治方向。历史经验证明，没有深入基层，深入实际，没有对底层群众的浓厚感情和民情民意的深刻把握，不经过艰苦环境的历练，很难树立起正确的世界观和人生观，政治上也不会成熟、坚定。在健全制度中强化坚定正确的政治方向。制度具有根本性和稳定性。共产党人增强"四个意识"、坚定"四个自信"、做到"两个维护"，必须在思想上政治上行动上同党中央保持高度一致，坚决听从党中央命令、服从党中央指挥，确保绝对忠诚、绝对纯洁、绝对可靠，需要依靠思想觉悟支撑，更要有缜密的制度机制做保障。要进一步规范、健全相关制度，通过发挥各级党组织战斗堡垒作用、加强党内民主等途径，保证党员干部在政治上健康成长。

战胜艰难困苦之力——艰苦奋斗的工作作风。"人无俭不立，家无俭不旺，党无俭必败，国无俭必亡。"艰苦奋斗的工作作风，是共产党人为实现共产主义，不怕困难、不怕牺牲、百折不挠、终身奋斗的崇高的表现，它集中反映在共产党员对待党的事业、对待艰难困苦、对待物质生活的态度上，它永远是社会发展不可或缺的基因。70多年前，毛泽东就告诫全党务必保持谦虚、谨慎、不骄、不躁的作风，务必保持艰苦奋斗的作风。艰苦奋斗的工作作风，是坚定正确的政治方向的重要保证。毛泽东同志指出："这种坚定正确的政治方向，是与艰苦奋斗的工作作风不能脱离的，没有坚定正确的政治方向，就不能激发艰苦奋斗的工作作风；没有艰苦奋斗的工作作风，也就不能执行坚定正确的政治方向。"在现阶段大力弘扬艰苦奋斗的工作作风，就是要具有敢于负责、勇于担当、迎难而上、发愤图强的拼搏精神；有崇尚俭约、勤俭办事、艰苦创业的朴素作风；有肯钻肯干、攻坚克难、扎实勤奋的工作和学习态度；有不计较个人得失，坚持人民至上，为了人民利益勇于牺牲的奉献品质；有吃苦在前，享受在后，为党和人民的事业甘愿吃亏的高尚品德。其实，在全面推进深化改革开放的新形势下，人们所需要的不仅仅是金钱、物质、娱乐、享受，新的长征离不开艰苦奋斗精神的导航；当今社会转型发展快、价值取向多元，并不意味着可以不再高扬主旋律、唱响主题曲，因为国家发展、民族进步决不能缺少钢铁意志、雄风浩气；信息化、智能化和现代化对社会发展至关重要，并不意味着可以弱化艰苦奋斗精神的能动作用，因为中华民族的崛起，既是"硬实力"的打拼，更是"软实力"的较量；人们渴望和追求和平安宁，并不意味着可以淡化艰苦奋斗的政治本色，因为只有铸造出足以遏制干扰破坏、赢得胜利的民魂国魄、铮铮铁骨，帝国主义才不敢轻易在我们的家门口耀武扬威、寻衅滋事。

战胜艰难困苦之法——灵活机动的战略战术。毛泽东同志每次谈到战略战术，要害总是"灵活机动"。他说："指导一切战争，都应当依据敌我情况运用灵活机动的战略战术，而在敌强我弱的战略防御和战略相持阶段对日作战,更要有高度的灵活性、机动性,才能有效地打击敌人,消耗敌人。"中国共产党领导下的人民军队,无论是在革命战争年代,还是在抗美援朝战场上,都运用灵活机动的战略战术"演出一幕一幕精彩的戏"。如今,面对干扰破坏,我们要实现中国梦,必须高度重视战略战术问题,保持足够的战略定力。注重战略战术要旗帜鲜明讲政治。就是要不断强化政治意识,始终保持坚定正确的政治方向,站稳坚定的政治立场,牢牢把握鲜明的政治观点,严格遵守政治纪律,努力提高政治鉴别力和政治敏锐性,做到增强"四个意识"、坚定"四个自信"、做到"两个维护",全党步调一致,全国精诚团结。注重战略战术的核心是坚持党的领导。越是在艰难困苦、纷繁复杂的情况下,越是要坚持党的绝对领导。坚持党的领导,归根结底要靠各级党组织和广大党员的纯洁性、先进性和战斗力,做到党组织个个是战斗堡垒,党员人人是先锋模范。注重战略战术的关键是灵活机动。在这次经济社会领域专家座谈会上,中央再次明确要推动形成"以国内大循环为主体、国内国际双循环相互促进"的新发展格局,这也表明,中国对外开放的大门将永远是敞开的。同样,我们也一如既往欢迎包括美国企业在内的外国企业来华投资兴业,愿与他们分享中国发展的机遇和红利,实现互利共赢。

百年未有之大变局,也是百年未有之机遇。我国发展的内部条件和外部环境正在发生深刻复杂变化,困难前所未有。实现中华民族伟大复兴的中国梦,必将进一步激励中国人民在惊涛骇浪中万众一心,勇于开顶风船,驶向胜利的彼岸。

◎ 赓续"永久奋斗"的伟大传统

"幸福都是奋斗出来的"。习近平总书记其言谆谆,拨动了人们心灵的琴弦，感染了无数普通劳动者。创业维艰，奋斗以成。回溯历史，中国共产党筚路蓝缕、攻坚克难，建立起焕然一新的人民共和国，靠的是艰苦奋斗。我们从一穷二白、千疮百孔起步，成为唯一拥有联合国产业分类目录中所有工业门类的国家，奋斗是重要法宝。40年改革开放波澜壮阔的不凡征程，反复印证一个道理：越是艰苦卓绝、困难如山，越需要坚忍不拔、踏实奋斗。实践表明，守成者没有未来，奋斗者书写传奇。

中国共产党是实现中华民族伟大复兴、实现中国现代化的坚强组织者和领导者。建党以来，我们党把马克思主义基本原理与国内时代特征相结合，领导全国人民孜孜求索，接力奋斗，不惧艰辛，勇往直前，最终迎来新民主主义革命的伟大胜利。同时，社会主义建设取得巨大成功，改革开放的时代号角响彻中华大地。面对实现"两个一百年"宏伟目标和中华民族伟大复兴的崇高使命，学习和科学把握党的奋斗历程，继承并不断发扬光大党的优良传统，对于增强信心、坚定信念、赢得信任，把党领导的新时代中国特色社会主义伟大事业推向全新的高度具有历史和现实的意义。

1939年5月，延安召开庆贺模范青年大会。毛泽东以"永久奋斗"为题发表讲话，号召全体共产党员、模范青年要把革命干到底，不达目的誓不罢休，树立永久奋斗的价值理念，让奋斗成为一种自觉、一种习惯。电视剧《初心》生动刻画了甘祖昌的感人事迹。他戎马半生荣膺将军之衔，却主动放弃大城市的生活，回到故乡当农民，带领乡亲拔穷根。他淡泊名利、为党为民，真正做到了"共产党人不能享清福，要艰苦奋斗一辈子"，因而被世人永远铭记。"人生谁能无忧愁，抱怨不如多奋斗。"朴素的民谚，映照着积极的处世态度，启示人们高扬奋斗的风帆。

提起奋斗，不少人的脑海里会浮现出先辈们筚路蓝缕、以启山林的情景。正是一代又一代中华优秀儿女的接续奋斗，才使得中华民族生生不息、兴旺发达，巍然屹立于世界民族之林。奋斗是中国共产党人的精神标识。在这支光荣的队伍里，时时刻刻活跃着青年奋斗的身影。从战争年代的杨靖宇、赵一曼、陈树湘、刘胡兰、江竹筠、邱少云、黄继光,到和平建设和改革时期的雷锋、王继才以及航天报国的嫦娥团队、神舟团队、北斗团队……一代又一代青年才俊用热血和生命谱写了壮丽的青春之歌,展现出永久奋斗的人生风采。

宏伟目标、伟大梦想,始于不懈奋斗、成于不懈奋斗。因为奋斗,我们推翻了压在中国人民头上的"三座大山",迎来了天安门前五星红旗高高飘扬;因为奋斗,我们改变了一穷二白的落后面貌,实现了从站起来、富起来到强起来的伟大飞跃;因为奋斗,我们日益走向世界舞台的中央,昂首阔步迈入中国特色社会主义新时代。正如习近平总书记所指出,"中国人民和中华民族从斗争实践中懂得,中国飞跃发展,中华民族振兴,中国人民幸福,必须依靠自己的英勇奋斗来实现,没有人会恩赐给我们一个光明的中国"。

马克思在《青年在选择职业时的考虑》一文中写道:"历史承认那些为共同目标劳动因而自己变得高尚的人是伟大人物;经验赞美那些为大多数人带来幸福的人是最幸福的人。"对个体而言,为崇高目标而奋斗,不仅托举起成功的意义,也让拼搏的过程凝结成宝贵的精神财富。奋斗本身就是一种幸福;只有奋斗的人生才称得上幸福的人生。踏准时代的节拍,为国家的富强民主文明和谐美丽孜孜以求,为人民对美好生活的向往勤勉奉献,这样的人生,才可谓更崇高的人生;这样的奋斗,才能通达更高远的境界。

"信仰是大海航行的灯塔,信念是破浪前进的引擎,信心是迎风蓄力的风帆。"信仰、信念、信心,是永久奋斗的不竭动力,任何时候都至关重要。青年一代要担当历史重任,不负人民重托,必须坚定理想信念,筑牢精神支柱,到人民群众中去,到新时代新天地中去,把个人的理想追求与国家和民族的命运紧密联系在一起,让理想信念在创业奋斗中升华,让青春在创新创造中闪光,用信仰、信念、信心激发的不竭动力,为人民幸福、民族复兴建功立业。

理想越是远大,奋斗越是艰辛。今天,中国站在新的历史起点上,亿万人民正在为实现中华民族伟大复兴中国梦而顽强拼搏。当此"船到中流浪更急,人到半山路更陡"之时,"一切视探索尝试为畏途、一切把负重前行当吃亏、一切'躲进小楼成一统'逃避责任的思想和行为,都是要不得的,都是成不了事的,也是难以真正获得人生快乐的"。新时代的青年只有树立勇于奋斗、不懈奋斗的思想,以愚公"挖山不止"的精神激励自己,勇挑重担、勇克难关、勇斗风险,方能斩关夺隘、一往无前,用奋斗的犁铧开辟希望的原野。

勇于自我革命,是中国共产党最鲜明的品格,也是最大的优势所在。以永远在路上的精神推进自我革命,关键就在于做到永不懈怠、永远奋斗。周恩来曾说:"每个党员从加入共产党起,就应该有这么一个认识:准备改造思想,一直改造到老。"奋斗,堪称统一知行、通向真理的桥梁。凡属过往,皆为序章,绝不是"功劳簿"的注脚。天上不会掉馅饼,美好愿景无法自动实现。撸起袖子加油干、一步紧跟一步行,相信奋斗、矢志奋斗、永远奋斗,才能攻克一个个"娄山关""腊子口",走好我们这一代人的长征路。

◎ 永葆"赶考"的清醒和坚定

"赶考"原指古代读书人参加科举考试。1949年3月23日,中共中央机关离开西柏坡之际,毛泽东对周恩来说:今天是进京的日子,进京赶考去。周恩来笑答:我们应当都能考试及格,不要退回来。毛泽东说:退回来就失败了,我们决不当李自成!如今,70多年过去了。虽然我们党已经带领全国人民取得了巨大的发展成就,但是,党面临的"赶考"远未结束。我们要全面把握"进京赶考"的时代内涵,在新的"赶考"征程中,不忘初心,继续前进。历史表明,始终保持"赶考"心态,是中国共产党能够不断取得社会主义革命和建设伟大成就的重要法宝。

"进京赶考"的使命意识是近代以来中华民族为实现民族独立、国家富强艰辛探索的延续。鸦片战争以后,由于外敌入侵及封建统治的腐败,中华民族遭受了百年苦难。与此同时,中国人民以百折不挠的精神,为实现民族独立、国家富强进行了前仆后继的艰辛探索。1921年诞生的中国共产党,一经成立就将自己"目前的奋斗"目标确定为"建设国内和平""达到中华民族完全独立"。之后,党团结带领中国人民经过28年浴血奋战,到"进京赶考"之时,民族独立、人民解放的使命即将完成。然而,党的历史使命并没有终结,她还要为实现国家富强继续奋斗——"建设起一个崭新的强盛的名副其实的人民共和国","使中国稳步地由农业国转变为工业国,把中国建设成一个伟大的社会主义国家"。"进京赶考"的使命意识是中国共产党建党初心的延续。中国共产党刚成立,就表明自己的目的:要按照共产主义者的理想,创造一个新的社会;铲除私有财产制度,渐次达到一个共产主义的社会。应该说,只要共产主义社会没有实现,中国共产党的使命就不会终结,就要一直为实现初心奋斗到底。"进京赶考"的使命意识是中国共产党汲取"李自成进北京"教训的延续。1944年3月,郭沫若写的《甲申三百年祭》一文引起了中共中央的高度重视,认为该文指出李自成之败在于"进入北京后,忽略敌人,不讲政策,脱离群众,妄杀干部,'纷纷然,昏昏然,大家都像以为天下就已经太平了的一样',实为明末农民革命留给我们的一大教训"。1949年3月,中国共产党人也要进北平了。毛泽东一再强调:"我们进北平,可不是李自成进北平。他们进了北平就变了,我们共产党人进北平,是要继续革命。"

"不要退回来"的自我警醒源于中国共产党人对历史教训的深刻总结。明末李自成领导农民起义16年,马踏幽燕、定鼎京城,摧毁了大明,建立了"大顺"。然而,李自成仅在紫禁城待了42天就被"退回"了。疏忽之间的王朝兴衰背后,有着其必然的规律——胜利面前的骄傲与麻痹。前车覆,后车诫。历史的教训启迪着中国共产党人只有时刻保持自我警醒,才能防止"被退回来"这样的历史悲剧在共产党人身上重演。"不要退回来"的自我警醒源于中国共产党人对现实问题的清醒认识。西柏坡时期,面对即将到来的全国执政,长期过惯苦日子的党员干部能否继续保持革命时代的艰苦朴素、廉洁奉公,是党要极力应对和解决的问题。特别是,随着一些城市的解放,享乐、腐化、厌战的情绪一度在党内军内出现苗头:争夺公共房产或家具的有之,设立私人公馆的有之,取用家具或以家具赠人、搬入乡村的有之……直面这些问题,中国共产党认识到:"可能有这样一些共产党人,他们是不曾被拿枪的敌人征服过的,他们在这些敌人面前不愧英雄的称号;但是经不起人们用糖衣裹着的炮弹的攻击,他们在糖弹面前要打败仗。"因此,中央提醒全党,"务必使同志们继续地保持谦虚、谨慎、不骄、不躁的作风,务必使同志们继续地保持艰苦奋斗的作风"。

"决不当李自成"的执政自信源于人民的信任与支持。"最后的一碗米,送去做军粮;最后的一尺布,送去做军装;最后的老棉被,盖在担架上;最后的亲骨肉,含泪送战场"。这首感人至深的平山民谣,反映的正是西柏坡时期人民群众对中国共产党的无比信赖与支持。进京后不久,曾有人问毛泽东:共产党能胜利是肯定的,然而让人意想不到的是,胜利得会这样快,你们用的是什么妙计?毛泽东回答:得民心者得天下,人民的支持就是最大的妙计!这也正是"进京赶考"前共产党人"决不当李自成"执政自信的根基所在。"决不当李自成"的执政自信源于对未来发展的顶层设计。这主要体现在党的七届二中全会上。全会说明了在全国胜利的局面下,党的工作重心必须由乡村转移到城市,城市工作必须以生产建设为中心;规定了党在全国胜利以后在经济、政治、外交方面应当采取的基本政策；指出了中国由农业国转变为工业国，由新民主主义社会转变为社会主义社会的发展方向。此外，全会还着重对全国执政后党的建设问题提出了新要求。可以说，七届二中全会所作的"顶层设计"，为中国共产党的全国执政从政治、思想、理论和政策上都做了充分准备，这是中国共产党人"决不当李自成"执政自信的底气所在。"决不当李自成"的执政自信源于对党自身的信心。新中国成立前夕，毛泽东在总结中国革命成功经验时指出："一个有纪律的，有马克思列宁主义的理论武装的，采取自我批评方法的，联系人民群众的党。一个由这样的党领导的军队。一个由这样的党领导的各革命阶级各革命派别的统一战线。这三件是我们战胜敌人的主要武器。"这其中，一个"这样的党"显然是核心要素。正是因为有一个"这样的党"，中国共产党人在"进京赶考"之际才可以豪迈地宣称：我们"决不当李自成"！

党的十八大以来，习近平总书记在多个场合提到"赶考"，告诫全党要以"赶考"的清醒和坚定走好新时代长征路。深刻领会习近平总书记的重要讲话精神，要着重把握"清醒"和"坚定"两个关键词，以思想上的冷静清醒，坚定行动上的勇毅执着。

始终保持"赶考"的清醒认识党的性质，坚定人民立场。任何政党都以一定的阶级为基础，具有鲜明的阶级性。中国共产党从成立之日起，就是中国工人阶级的先锋队，同时是中国人民和中华民族的先锋队，是中国特色社会主义事业的领导核心。百年来，这一性质从未改变，也永远不会改变，这是无数共产党人历尽千辛万苦、历经千难万险，用鲜血和生命证明了的事实。中国共产党的阶级性声明了它代表的就是工人阶级和最广大人民的根本利益；中国共产党的人民性决定了它从一而终、矢志不渝的永恒初心和奋斗目标，就是为人民谋幸福，实现人民对美好生活的向往；中国共产党的先进性赋予了它始终保持旺盛生命力的不竭动力，敢于自我革命，破除顽瘴痼疾，走在时代前列，担当历史使命。"党政军民学，东西

第十章 奋斗不息的传承优势

南北中，党是领导一切的。"任何一个组织、一个党员都必须毫不动摇地站稳脚跟、坚定立场、严肃态度。在党的领导这个重大原则问题上，绝不能有任何含糊和动摇。

始终保持"赶考"的清醒认识红色政权，坚定革命精神。"吃水不忘挖井人"，只有懂得来之不易，才会懂得倍加珍惜。在风雨如晦的革命岁月，共产党人冒着被逮捕的危险从上海辗转至嘉兴南湖，共商建党救国事宜，点燃了中国革命的星星之火，种下了红色政权的第一颗种子；在艰苦卓绝的斗争岁月，共产党人与国内外反动派、敌对势力开展了一次又一次生与死的较量，千千万万革命前辈用鲜血换来了红色政权的新生；在激情燃烧的建设岁月，共产党人面对百废待兴的局面，自力更生、自强不息，一不怕苦、二不怕死，不惧西方列强的封锁与打压，重建家园，壮大国家，使红色政权得以巩固加强；在改革开放的承平岁月，共产党人审时度势，抓住时代格局的新变化，大胆开放国门，热情拥抱世界，使国家的发展一日千里，红色政权发出了耀眼的光芒。从多少次走在亡党亡国的边缘到如今肩扛起民族伟大复兴的重任，从一个在夹缝中生存的小党、弱党到如今执政14亿人口70多个年头的大党、强党，红色政权来之不易。党史、新中国史永远记载着，是历史和人民选择了红色政权，这是任何"主义"都无法抹杀的。"宜将剩勇追穷寇，不可沽名学霸王"，我们要保持革命精神、革命斗志，绝不轻言放弃，将革命进行到底，把"红色政权"继续巩固下去。

始终保持"赶考"的清醒认识时代变局，坚定奋斗姿态。中国特色社会主义进入新时代，这是我国发展新的历史方位。但这绝不意味着我们可以歇歇脚了。当今世界正在经历百年未有之大变局，当代中国正处于近代以来最好的发展时期。中国人民太多磨难、太多牺牲、太多拼搏积累的能量都已在这个时刻爆发出来了。中国共产党能不能打仗，新中国的成立已经说明了；中国共产党人能不能搞建设搞发展，改革开放的推进也已经说明了；中国共产党人能不能在日益复杂的国际国内环境下坚持住党的领导、坚持和发展中国特色社会主义，这个还需要一代一代共产党人继续作出回答。以"赶考"的清醒深刻认识和把握时代之大变局带来的机遇与挑战，一方面，要坚定信心、充满斗志，有党的坚强领导，有亿万人民的衷心拥护，有来自群众的无穷智慧，我们的事业一定能取得伟大胜利，中国梦一定要实现，也一定能够实现。另一方面，绝不能骄傲自满、故步自封，要树立斗争意识、危机意识、困难意识，以更优良的工作作风，更奋勇的进取精神，克服"四大考验""四种危险"，始终保持同人民群众的血肉联系，增强党性意识，锤炼党性修养，在实践中淬炼政治能力，在发展中提高执政本领。

我们坚信，在新的"赶考"征程中，只要我们不忘使命，保持警醒，秉承自信，我们党一定能够在经受和将要经受的各种"考试"中，继续谱写出中华民族伟大复兴的壮丽篇章。

◎ 努力建设世界上最强大的政党

习近平总书记明确提出："我们党要搞好自身建设，真正成为世界上最强大的一个政党。"这一重要论述，鲜明表达了中国共产党推进党的建设新的伟大工程的崇高志向和远大追求，体现了以习近平同志为核心的党中央管党治党的坚定决心和高度自信，反映了我们这样一个马克思主义政党的宽阔眼界和历史担当。

习近平总书记关于把中国共产党建设成为世界上最强大的一个政党的重大命题，具有丰富而深刻的内涵。"世界上最强大的一个政党"，是对党的建设的严格要求和党的建设达到目标的严格规定："最"意味着程度最高最深，表示在程度上达到极点，超过一切同类的人和事物。"强大"表明力量坚强雄厚,意味着党的建设要追求数量和质量的统一,形式和内容的统一,当下性和持续性的统一,规模和效能的统一。建设世界上最强大的一个政党,是在全世界范围内提出了中国共产党建设追求最高标准和最佳质量的目标任务。建设世界上最强大的一个政党的战略思想体现了强烈的问题意识、忧患意识、责任意识和对策意识,是由党领导的建设社会主义现代化强国的任务决定的,是以世界性视野探索政党建设规律,从而在全世界塑造我们党良好执政形象的必然要求。

当代中国共产党人正处在从执政走向长期执政的重要历史节点上。中国共产党已经执政近70多年,通过了从革命到执政的入门大考,取得优异成绩。如何从执政走向长期执政,向人民交出新的更加优异的答卷,是中国共产党面临的新的考验。"真正成为世界上最强大的一个政党","真正成为"的深刻内涵在于,成为世界上最强大的一个政党,是一个过程,需要经过持续不断的努力,必须不断推进强党进程。其一,要推进党不断强大。中国共产党经历革命、建设和改革开放时期,已经由小到大,由弱变强。但是,政党强大是相对的,强党进程是与时俱进的。政党建设永远在路上。必须不断推进强党进程,破除执政党长期执政之后容易出现的思想僵化、官僚主义、行政化、纪律松弛、脱离群众、能力下降、信任流失等问题,不断增强对各类外部"颠覆"与"演变"的抵御能力,推进党不断与时俱进。其二,要推进党真正强大。中国共产党已经成为世界上最大发展中国家、人口最多国家的执政党。但是,我们党面临着各种企图弱化党的领导的危险。不改变这种局面,就会削弱党的执政能力,动摇党的执政基础,甚至会断送我们党和人民的美好未来。如果不从严治党,不断强党,还存在被历史淘汰的危险。必须顺应党的建设规律,有针对性地解决党的建设面临的主要矛盾和挑战,全面推进强党进程,建设真正强大的执政党。作为马克思主义政党,中国共产党应该"强"在三个方面。一是党的自身素质强,即党员队伍的思想素质、能力素质、作风素质强。二是党的领导能力强，包括党的决策能力强、党的组织体系强、党的制度体系强、党的执行体系强。三是党的领导地位强，即人民拥护度高、对国家和社会的治理能力强等。这三个方面逻辑上是一体的。其中，党的自身素质强是根本，党的领导能力强是基础，党的领导地位强是保障。三者相辅相成，互相支撑，缺一不可，构成强党的完整体系。

最强大的政党不是自然形成的，不是一蹴而就的，也不是一成不变的。过去强大不等于现在强大，现在强大不等于今后强大，更不意味着永远强大。在兴党强党问题上，必须坚持不忘初心，牢记使命，从严治党，砥砺前行。

努力建设世界上最强大的政党一定要稳固强党之魂。共产党人的政治灵魂和精神支柱是什么？就是对马克思主义的信仰，就是对社会主义和共产主义的信念。世界社会主义实践的曲折历程告诉我们，马克思主义政党一旦放弃马克思主义信仰、放弃社会主义和共产主义信念，就会土崩瓦解。共产党人如果没有信仰、没有理想，或信仰、理想不坚定，精神上就会"缺钙"，就会得"软骨病"。魂在党在，魂亡党亡，魂固党固，魂强党强。思想建党是中国共产党的优良传统和固魂强魂之道。必须加强对全党的理想信念教育，丰富教育内容，创新教育形式，把信仰的工作做到人心里去。要用当代中国的发展实践、用马克思主义中国化最新成果教育共产党人，坚定"四个自信"，增强"四个意识"，旗帜鲜明讲政治，严守政治纪律和政治规矩，在思想上政治上行动上同以习近平同志为核心的党中央保持高度一致。只有这样，才能形成强大的政治引领力，最大限度地凝聚全党全国人民的意志和力量。这是建设世界上最强大政党的思想政治保障。

努力建设世界上最强大的政党一定要广聚强党之源。这个"源"，就是民心。民心所向就是中国共产党的努力方向。习近平总书记指出，我们党作为马克思主义执政党，根基在人民，血脉在人民，力量在人民。无论过去、现在和将来,密切联系群众都是我们党从胜利走向胜利的最大政治优势,而脱离人民群众是我们党执政面临的最大危险。密切党群关系,广聚民心,要做到"堵疏并举"。"堵",就要锲而不舍反对形式主义、官僚主义、享乐主义和奢靡之风,以永远在路上的精神旗帜鲜明同腐败现象作斗争,持续深入解决人民群众反映强烈的突出问题,不断以解决问题的实际成效取信于民。"疏",就要加强对共产党人的群众路线教育,引导共产党人切实明白我们党"为了谁"、"依靠谁"、"我是谁",保持对人民群众的赤子之心,切实解决群众困难,改进联系群众方法,维护群众切身利益,保护群众合法权益,切实做好新形势下群众工作。堵疏结合,就能更好地保持党的性质和宗旨,就能调动起一切积极因素,化解掉一切消极因素,把同心圆做得更大,使我们党的"人气"变得更加旺盛。

努力建设世界上最强大的政党一定要夯实强党之基。中国共产党组织庞大,党员众多,基层基础建设尤为重要。习近平总书记指出,党的工作最坚实的力量支撑在基层,最突出的矛盾问题也在基层,必须把抓基层打基础作为长远之计和固本之举,努力使每个基层党组织都成为坚强战斗堡垒。对中国共产党这座宏伟大厦、这棵参天大树、这一超级巨人来说,基层党组织和党员干部就是基石、就是根须、就是细胞。只有基石稳固、根须繁茂、细胞健康,党才能更加坚强有力。这些是建设世界上最强大政党的主要硬件。因此,必须加强党的基层组织建设,落实主体责任,发挥好基层党组织的政治功能和服务功能,使广大的基层党组织真正成为服务人民的坚强阵地。要处理好党员规模和质量的关系,把党员质量放在突出位置,推动党员充分发挥先锋模范作用。要按照"好干部"标准,克服"四唯"倾向,防止"逆淘汰",推动形成能者上、庸者下、劣者汰的用人导向,进一步形成风清气正、英才辈出、人才济济的良好局面。

努力建设世界上最强大的政党一定要把握强党之要。这个"要",就是制度。建设好、管理好一个有460多万个党组织、9000多万名党员的执政党，离开党内法规、离开健全的制度是难以想象的。党的十八大以来，党中央把制度治党、依规治党作为全面从严治党的重要内容统筹谋划和部署，一系列具有标志性、关键性、引导性的法规制度陆续出台，进一步夯实了全面从严治党的制度基础。"把权力关进制度的笼子里""把纪律挺在前面""坚决防止'破窗效应'""党纪国法不能成为'橡皮泥'、'稻草人'"，如此等等新观念深入人心。关键是各项制度要落地生根，要成为管党治党的硬约束，成为共产党人的硬责任。

"长风破浪会有时，直挂云帆济沧海。"中国共产党已经走过百年波澜壮阔的奋斗历程。当年那个诞生在上海石库门里、全国党员总数不足60人的新生政党，已蔚然成为一个在14亿人口的发展中大国连续执政70多年的世界第一大党。中国共产党，肩负着人民和民族的重托，承载着人类文明发展进步的希望。这个"世界第一大党"，还要成为"世界上最强大的政党"。今天，在以习近平同志为核心的党中央坚强领导下，中国共产党正满怀豪情和信心，阔步走在兴党强党的大路上。